经管出版　　传播管理理念　创造经济价值

集 刊 名：乡村振兴研究

主 编：邓国胜

执行主编：韩俊魁

主办单位：清华大学公共管理学院社会创新与乡村振兴研究中心

RURAL REVITALIZATION RESEARCH NO.3

联系电话：010-62793567

通信邮箱：xczhxpl@126.com

通信地址：北京市海淀区双清路30号清华大学公共管理学院

清华大学公共管理学院
Tsinghua University School of Public Policy and Management

社会创新与乡村振兴研究中心
Research Center for Social Innovation and Rural Revitalization

乡村振兴研究

第 3 辑

RURAL REVITALIZATION RESEARCH No.3

合作经济、共同体建设与乡村振兴

COOPERATIVE ECONOMY, COMMUNITY BUILDING AND RURAL REVITALIZATION

主　　编　邓国胜

执行主编　韩俊魁

经济管理出版社
ECONOMY & MANAGEMENT PUBLISHING HOUSE

图书在版编目（CIP）数据

乡村振兴研究. 第 3 辑，合作经济、共同体建设与乡村振兴/邓国胜主编 . —北京：
经济管理出版社，2023. 5
ISBN 978-7-5096-9048-2

Ⅰ. ①乡…　Ⅱ. ①邓…　Ⅲ. ①农村—社会主义建设—中国—文集　Ⅳ. ①F320. 3-53

中国国家版本馆 CIP 数据核字（2023）第 091695 号

组稿编辑：高　娅
责任编辑：高　娅　王玉林
责任印制：许　艳
责任校对：王淑卿

出版发行：经济管理出版社
　　　　　（北京市海淀区北蜂窝 8 号中雅大厦 A 座 11 层　100038）
网　　址：www. E-mp. com. cn
电　　话：(010) 51915602
印　　刷：唐山玺诚印务有限公司
经　　销：新华书店
开　　本：720mm×1000mm/16
印　　张：15. 25
字　　数：243 千字
版　　次：2023 年 5 月第 1 版　　2023 年 5 月第 1 次印刷
书　　号：ISBN 978-7-5096-9048-2
定　　价：98. 00 元

主编寄语

　　早在 19 世纪中期，28 名曼彻斯特的工人为了实现自身的经济利益、改善自身的家庭状况与社会地位，以"一人一英镑"的方式集资开办了世界第一家合作社——罗奇代尔公平先锋合作社。他们希望开风气之先河，以公平交易的方式改变市场上假冒伪劣的乱象，以团结合作提升自身的福祉，由此引发了世界范围内的合作经济运动。经过上百年的发展，如今，合作社或合作经济已经遍布世界各国，并演变为全球普遍性的现象。特别是 20 世纪末 21 世纪初以来，在合作经济发展的基础上，社会经济或社会团结经济正在成为一股新的潮流，"承载着一种与自由市场经济完全不同的历史和哲学传统，尝试将经济活动与社会公益目标相结合，突出基于公平参与和对社会负责的管理逻辑，倡导个体和群体的伦理价值"①。这种新经济形式促使人类重新审视、变革现有的发展模式，反思人类发展的终极目标和意义。无论是合作经济还是社会经济、社会团结经济，其本质特征都是个体在自愿基础上创立的，并在平等、民主、互助合作的基础上共同参与。合作经济组织往往不以盈利为主要目标，而是将满足个体成员需求和成员福祉以及服务于社会效用作为第一目标，即维护社员的平等权利，强化不同社员之间的联系和整体的凝聚力，促进不同社会之间的合作以及人类社会与自然环境之间的共生共荣。如今，合作经济、社会经济或社会团结经济正在深刻影响与改变着人类社会的生产、生活以及一国的经济增长与社会公平。

　　如果将合作经济置于更为广阔的共同体建设进程中，更能看出发展合作经济的深意和价值。进入现代工业社会以来，随着个体化和消费主义的盛行，传统共同体日趋衰微，人与人之间的关系日益疏离。因此，就不难理解合作经济之兴起和 19 世纪古典社会学理论家们关心的主题之间同声相应、同气相求了。夯实共同体建设动力学的基础，除了需要不断探索包

---

① 庄晨燕、邓椒：《共生、共建、共享：法国的社会团结经济发展模式》，《探索与争鸣》2021 年第 4 期。

括政府在内的多元主体良性互动、互为补充与同舟共济，基于社群自治和社会政治学的共同体建设运动，还需要试图重建社会连接，强化社会团结，并塑造共同之善。在合作经济、支持系统重建、传统主义再造等多种多样的建设路径之外，文化模式、象征符号的并接、重组乃至创造，也是共同体获得合法性及凝聚力的重要手段。

党的二十大报告指出，全面建设社会主义现代化国家最艰巨、最繁重的任务仍然在农村，要巩固和完善农村基本经营制度，发展新型农村集体经济，发展新型农业经营主体和社会化服务，发展农业适度规模经营。合作社是新型农业经营主体之一，发展合作经济也是我国乡村振兴的必由之路。2018 年 9 月，习近平总书记在中共中央政治局就实施乡村振兴战略进行第八次集体学习时强调，要突出抓好农民合作社和家庭农场两类农业经营主体发展，赋予双层经营体制新的内涵，不断提高农业经营效率。此外，中共中央、国务院不仅下发《中共中央　国务院关于加强和完善城乡社区治理的意见》，还印发《关于实施中华优秀传统文化传承发展工程的意见》等一系列文件。这都是发展合作经济、建设共同体的题中应有之义。

实践证明，合作经济和共同体建设是推动乡村振兴和促进共同富裕的重要路径和有效方式。它不仅从生产方式的角度去解决小生产与大市场的矛盾，更重要的是从思想观念、生产生活方式出发对乡村的社会文化领域进行再造，以满足人民对物质与精神生活的美好需求。但是，要发展合作社、促进共同体建设还需要破解"规模效益""信任""领导力"或"凝聚力"等制约发展的瓶颈。因此，相关学科的学者有必要加强对这一领域的研究，扎根我国乡村振兴的实践，把论文写在祖国大地上。

基于此，本期《乡村振兴研究》决定以专刊的形式开展"合作经济、共同体建设与乡村振兴"的专题研究，希望作者们揭示合作经济与共同体建设的内在逻辑，就相关热点问题、难点问题和重大瓶颈问题进行深入探讨，回应更为基础性的理论命题，进而通过合作经济、共同体建设在乡村振兴的一些案例分析及经验总结，为解决好乡村振兴问题提供新思路。总而言之，我们希望这一专辑能够从理论、方法及案例层面为合作经济、共同体建设在乡村振兴进程中发挥建设性作用，提供一些智力支撑，为政府部门和各类社会力量主体提供可供参考的经验教训以及为行动策略贡献绵薄之力。诚然，专辑可能研究得还不够全面和深入，但贵在抛砖引玉，以期激发学界和相关人士的共同探讨兴趣，推动我国乡村共建、共治、共享，促进乡村振兴与共同富裕。

C 目录 ONTENTS

他山之石

书评

专稿　合作经济、共同体
建设与乡村振兴

对高质量乡村振兴的几点认识和思考[*]

对高质量乡村振兴的几点认识和思考[*]

张 琦 庄甲坤 孔 梅[**]

摘 要 高质量乡村振兴是推动农村高质量发展、实现农民农村共同富裕的重要抓手。为防止乡村振兴战略被简单化为乡村工程项目建设，确保乡村振兴的成色更足、底色更亮，我们必须对高质量乡村振兴有全方位的理解和把握。首先，本文在阐述高质量乡村振兴科学内涵的基础上，分析了高质量乡村振兴的多维性、时代性和动态性特征；其次，本文进一步阐述了高质量推进乡村振兴的重大意义和关键原则；最后，本文从高效能的制度供给、高起点的规划布局、高水平的城乡统筹和高标准的指标体系四个方面分析了高质量乡村振兴的战略重点，以期为国家高质量推进乡村振兴战略提供可行建议。

关键词 高质量乡村振兴 科学内涵 关键原则 战略重点

乡村振兴是党中央、国务院准确把握新发展阶段特征、深入贯彻新发展理念、加快构建新发展格局做出的重大战略决策，是新时期实现全体人民共同富裕的基础性、战略性、历史性任务。共同富裕是一个历史范畴，在不同的历史阶段具有不同的内涵[①]。2021 年 8 月，习近平总书记主持召开中央财经委员会第十次会议时强调，"共同富裕是社会主义的本质要求，是中国式现代化的重要特征，要坚持以人民为中心的发展思想，在高质量发展中促进共同富裕"。习近平总书记的重要讲话，深刻阐述

* 本文为中央高校基本科研业务费专项资金资助（项目编号：310422102）的研究成果。

** 张琦，北京师范大学经济与资源管理研究院教授，博士研究生导师；庄甲坤，北京师范大学经济与资源管理研究院博士；孔梅（通讯作者），北京师范大学中国教育与社会发展研究院助理研究员。

① 杜江、龚浩：《新时代推进共同富裕实现的理论思考——基于财政的视角》，《求是学刊》2020 年第 3 期。

了现阶段共同富裕的时代特征和实践路径，为新形势下开展乡村振兴工作提供了科学指引和根本遵循。当前，共同富裕被赋予了高质量发展的内涵，同时作为高质量发展的重要组成部分，高质量乡村振兴也就成为共同富裕在新时代新阶段的重要使命。本文在习近平总书记论述的指引下，紧紧围绕"高质量乡村振兴"这一核心命题，分析什么是高质量乡村振兴、在理论上怎么认识高质量乡村振兴、在具体路径上如何实现高质量乡村振兴、在评价体系上怎么测度高质量乡村振兴；重点从高质量乡村振兴的深刻内涵、具体特征、重大意义、关键原则和战略重点等方面进行深入系统地研究，探讨我国高质量乡村振兴的本质特征与内在逻辑，并就具体发展方略和制度建设提出对策建议，以期解决我国高质量乡村振兴在思想认识方面的怎么看和实际操作方面的怎么办的问题。

一、高质量乡村振兴的内涵及特征

高质量乡村振兴是乡村振兴战略基础上更高标准的乡村发展要求，是对新时代乡村发展面临现实问题的科学有力回应，具有丰富而深刻的思想内涵和明确的实践指向。

（一）高质量乡村振兴的深刻内涵

就内涵和本质而言，高质量乡村振兴是一种新的农业农村发展理念和发展方式。与脱贫攻坚不同，高质量乡村振兴面向的是全国各类乡村，针对的是所有农村区域和农村人口[①]。本文认为，高质量乡村振兴就是要坚持以人民为中心，更高维度、更高标准、更高水平推进农业农村现代化，全面实现农业强、农村美、农民富，促进全体人民共同富裕。高质量乡村振兴的内涵关键在"高"，具体来说，就是高标准、高效率地实现产业兴旺、生态宜居、乡风文明、治理有效、生活富裕的总要求，高品质构建产业发展新体系，高水平提升乡村人居环境，高标准营造乡风文明新氛围，高水准推进乡村治理现代化，高效能创造农民美好生活新品质；实现乡村更高质量、更有效率、更加公平、更可持续、更为安全的发展，推动乡村发展由量的积累转向质的飞跃，不断满足农民对美好生活的向往，全体人民共同富裕取得更为明显的实质性进展。

---

① 汪三贵、冯紫曦：《脱贫攻坚与乡村振兴有效衔接的逻辑关系》，《贵州社会科学》2020年第 1 期。

高质量乡村振兴是乡村的综合性全面改革。在增加农民收入方面，高质量乡村振兴以产业兴旺为着力点，延长农业生产的产业链、价值链，同时强化第一、第二、第三产业的融合发展，加快农业的现代化改革，不断提升农业生产效率，提高农民的收入水平，逐渐缩小城乡收入差距；在提高农民生活质量方面，高质量乡村振兴战略通过推动乡村建设行动，提升乡村基础设施和公共服务水平，优化生产生活生态空间，持续改善村容村貌和人居环境，改善农民的生活环境质量，进而提高农民的幸福感和获得感；在提升农村文明程度方面，高质量乡村振兴以社会主义核心价值观为引领，以制定村规民约、开展移风易俗等行动为抓手，培育文明乡风、淳朴民风和良好家风，推动建设风尚美、人文美的文明乡村①。从供需的视角来看，高质量乡村振兴是供求平衡的乡村高质量发展。第一，在需求侧，新时代我国社会主要矛盾已经转化为人民日益增长的美好生活需要和不平衡不充分的发展之间的矛盾。这一主要矛盾表明当前农民对于生产生活等各方面产生了新的需求，包括农业生产、信贷资金、生活保障、精神情感、文化娱乐等方面。经过改革开放以来大规模的扶贫开发，特别是党的十八大以来，以精准扶贫、精准脱贫为基本方略，脱贫攻坚取得了全面胜利，农村人口的物质生活水平得到了极大提高。以此，高质量乡村振兴应该着眼于满足农村群众个性化、多样化的需求升级。第二，在供给侧，高质量乡村振兴要着眼于解决农村社会物质富裕和精神富裕不平衡不充分的问题，着力解决当前农村地区经济发展和文化建设相对落后的现实问题，大力提升农村精神文明建设和文化建设的水平，实现物质富裕与精神富裕同落实、同部署、同发展。

（二）高质量乡村振兴的具体特征

高质量乡村振兴是创新发展、协调发展、绿色发展、开放发展和共享发展的统一，是一个多维度、动态的概念。

1. 高质量乡村振兴具有多维性

高质量乡村振兴不只是经济维度的发展要求，而是囊括政治、经济、社会、文化和生态发展等方方面面的总要求②。只有乡村的经济、社会、文化、生态等各领域都体现高质量发展的要求，才能促进农民全面共享经济社会发展成果。从目的来看，高质量乡村振兴是为了不断促进乡村

---

① 黄承伟：《乡村振兴的时代价值》，《红旗文稿》2021 年第 23 期。
② 费利群、张耕：《乡村振兴与区域政策评析》，《河南社会科学》2018 年第 6 期。

的高质量发展，包括乡村经济增长、政治发展、文化服务、生态环境、群众生活等各领域、各层面的质量，更好地满足农村居民日益增长的美好生活的需要。其中，乡村经济高质量发展的内涵更为丰富，它不仅强调经济发展的总量，还强调对乡村经济发展的结构、效率以及稳定性和持续性等方面的多维衡量，是量与质相协调下的演进发展①。从标准来看，高质量乡村振兴是乡村发展质量和效率的提升，包括劳动生产率、农业机械化和现代化水平、教育水平、医疗水平、绿色发展指数等的全方位提高。

2. 高质量乡村振兴具有时代性

高质量乡村振兴是新的历史条件下我国"三农"工作的必然选择，具有鲜明的时代性。脱贫攻坚的全面胜利标志着我们党在团结带领人民创造美好生活、实现共同富裕的道路迈出了坚实的一大步，也标志着乡村振兴进入了高质量发展的新阶段，乡村发展有了全新定位，其内涵更丰富，要求更高。具体而言，高质量乡村振兴既要考虑乡村社会的转型及乡村人口结构的变化，也要考虑乡村人口身份和权利结构的时代转变；既要考虑乡村新业态的培育，也要考虑产业发展本身转型升级的时代需求；既要考虑当前乡村社会基础设施和公共服务的扩大与完善，也要考虑后续的可持续运营和维护。

3. 高质量乡村振兴具有动态性

高质量乡村振兴是一个从低级到高级、从不均衡到均衡的渐进过程，不可能一蹴而就。与共同富裕的推进逻辑一致，由于各地乡村的自然条件、发展水平等的不同，高质量乡村振兴存在时序和区域上的差别。尽管我国已经实现了全面小康，但是生产力发展水平还不高，发展不平衡、不协调、不可持续问题还比较突出，尤其是乡村在实现共享发展与农民的现实需求之间尚存在一定的差距。因此，高质量乡村振兴要分阶段实现。一是高质量乡村振兴要实现巩固拓展脱贫攻坚成果同乡村振兴有效衔接、平稳过渡。二是高质量乡村振兴要在实现有效衔接的基础上不断推进公共服务均等化，全力推动农业农村现代化，实现城乡同步发展，不断解决城乡经济社会发展的不均衡问题，使人民群众都能够享受到改革发展成果，最终实现全体人民共同富裕的目标。

---

① 张丽伟：《中国经济高质量发展方略与制度建设》，中共中央党校博士学位论文，2019 年。

二、高质量乡村振兴的重大意义

高质量乡村振兴是在全面脱贫后乡村发展的新抓手，有助于更好地践行习近平新时代中国特色社会主义思想，高水平、高效率地推进乡村发展，加速破解新时代社会主要矛盾，最终实现共同富裕。

（一）高质量乡村振兴是对乡村振兴战略的深刻把握

乡村振兴战略是基于中国乡村发展不平衡、不充分的历史背景提出的，是迈向社会主义现代化强国的需要而确定的，是中国特色社会主义建设进入新时代的客观要求，是为了从国家战略和发展全局的高度来科学处理工农关系和城乡关系，从根本上解决城乡"一条腿长、一条腿短"的问题。自2017年党的十九大报告提出乡村振兴战略以来，乡村振兴取得了一定成效，但离乡村的全面振兴尚存在较大差距，也存在不少问题，义务教育、医疗、公共卫生、就业、养老等基本公共服务不均等的问题依旧存在。此外，有些地区对于乡村振兴的认识尚不到位。因此，在乡村振兴的基础上提出高质量乡村振兴，有助于更加充分地认识乡村振兴的重要性。高质量乡村振兴是乡村振兴战略在新的历史条件下的新把握和新要求，对乡村振兴设定了更高目标，提出了更高标准。高质量乡村振兴的提出不仅有助于增加农民收入，更有助于追求和实现农业农村的全面发展，实现农村在基础设施、公共服务、民生事业及其他生活条件上的全面改善，高质量、高标准地实现乡村振兴战略的目标。

（二）高质量乡村振兴是高质量发展阶段的必然要求

现阶段，我国经济社会发展已经迈入了以高质量为特点的新时代。习近平总书记在党的十九届五中全会上对高质量发展做出精辟而深刻的论述："当前，我国社会主要矛盾已经转化为人民日益增长的美好生活需要和不平衡不充分的发展之间的矛盾，发展中的矛盾和问题集中体现在发展质量上。这就要求我们必须把发展质量问题摆在更为突出的位置，着力提升发展质量和效益。"经历改革开放以来40多年的高速发展，人民的物质生活得到极大改善，但发展质量问题也不断凸显，城乡发展差距逐渐拉大，这就要求现阶段在追求发展速度的同时更加重视质量的提升。与此同时，随着经济社会的发展，农民对美好生活的需要不断升级。改革开放以来，农民的需求实现了从"求温饱"到"求小康"的转变，现阶段农民的需求已经进入"求富裕""求美好"阶段，农民群众不仅对物质和精神文化生活提出了更高的要求，对民主、法治、公平、正义等方面的需求也在日益增长①。由此，乡村的振兴要全面落实我国高质量发展的要求，不断满足农民群众的需求，充分发挥乡村地区的特性与潜力，促进农村综合、高效发展，改善农民生活质量，以乡村振兴为战略支撑，实现乡村高质量振兴。

（三）高质量乡村振兴是实现共同富裕的根本要求

缩小城乡差距是共同富裕的关键。高质量乡村振兴的一项重要任务就是缩小城乡差距，实现城乡共同发展和共同富裕。因此，高质量乡村振兴与共同富裕具有发展理念和目标方向的一致性。与脱贫攻坚一致，高质量乡村振兴同属于迈向共同富裕的关键步骤，其内在逻辑具有高度的一致性。具体来说，脱贫攻坚与高质量乡村振兴都承载着缩小区域、城乡及群体发展差距和促进社会公平正义的使命，是让人民群众共享发展成果的重大举措，终极目标都是为了实现共同富裕。高质量乡村振兴作为脱贫攻坚的接续任务，是"三农"工作重心的历史性转移②。因此，推进共同富裕是高质量乡村振兴的根本目的，高质量乡村振兴也是实现共同富裕的必然选择。高质量乡村振兴不仅要满足人民对经济、政治、社会、文化和生态等方面的需求，还要通过解决区域发展差距、城乡发展差距等问题，进而提升发展的平衡性、协调性和包容性，实现乡村的高质量发展，并最终实现共同富裕③。

三、高质量乡村振兴的关键原则

高质量乡村振兴是攻坚战，也是持久战，有必要在坚持乡村振兴基本原则的基础上充分体现"高质量"的特质和要求。因此，本文从"产业兴旺、生态宜居、乡风文明、治理有效、生活富裕"的总要求角度出发，对乡村振兴战略提出的坚持党管农村工作，坚持农业农村优先发展，坚持

---

① 杜家毫：《奋力谱写新时代湖南乡村全面振兴新篇章》，《新湘评论》2018 年第 6 期。

② 黄承伟：《论乡村振兴与共同富裕的内在逻辑及理论议题》，《南京农业大学学报》（社会科学版）2021 年第 6 期。

③ 施红、程静：《在高质量发展中扎实推进共同富裕》，《光明日报》2021 年 10 月 26 日。

农民主体地位，坚持乡村全面振兴，坚持城乡融合发展，坚持人与自然和谐共生，以及坚持因地制宜、循序渐进的原则，从总要求的五个方面进行提升和完善，阐述高质量乡村振兴应该坚持的关键性原则。

（一）在产业兴旺与农业现代化相结合中实现农业农村优先发展的科学有效落实

产业兴旺是高质量乡村振兴的重点，而农业又是乡村产业振兴的关键。因此，产业振兴和发展现代农业是"十四五"时期高质量乡村振兴的基础工程。在推动高质量乡村振兴过程中，关键是要深化对产业兴旺和农业现代化的认识，并将二者相结合，以农业供给侧结构性改革为主线，构建支撑乡村全面振兴的现代农业产业体系，加快推进农业产业升级，充分挖掘农业产业发展的潜力和空间，以农业为基础加快实现三产融合发展，为产业兴旺提供强支撑。[①] 政府可以从提升生产者、消费者积极性方面做出引导，通过加强宣传、政策鼓励、强化监督等方面推动生态农业、有机农业的发展[②]；要突出重点、多措并举，从项目、科技、市场、主体、品牌、政策、体制机制等方面，推进乡村产业振兴和农业农村现代化；建立健全现代农业产业体系、生产体系、经营体系，突出乡村优势特色，用现代设施、装备、技术手段武装传统农业，调整产业结构，大力发展高附加值、高品质的农产品生产加工业。

（二）在生态宜居与绿色发展相融合中实现人与自然和谐共生的再深化再提升

资源生态环境是绿色发展、生态富民的底色。我们在建设生态宜居乡村的同时还要考虑一个至关重要的问题就是经济如何发展，山清水秀但贫穷落后并非是高质量的乡村发展方式。因此，在促进乡村生态宜居的过程中，我们要深刻把握"两山"理念的精髓，充分挖掘乡村多元要素价值，坚持引入市场机制，将宜居生态作为产业组成部分、乡村发展休闲旅游等生态产业的基础条件，将环境公共品转变为市场品的同时促进乡村生态环境的可持续性，实现人与自然和谐共生的现代化，一方面，要加快推动绿色低碳发展，持续改善乡村环境质量，提升生态系统质量和稳定性；另一

---

① 何磊：《新时代乡村振兴战略的主攻方向与实践要求——学习习近平关于乡村振兴战略重要论述》，《中国延安干部学院学报》2019 年第 12 卷第 3 期。

② 张曦：《双循环格局下河南省农业高质量发展的路径探析》，《农业经济》2021 年第 10 期。

方面，在绿色发展理念的指导下，通过产业结构优化升级，助推生态旅游农业、高端服务业等绿色产业的发展，促进乡村经济健康持续增长，为生态宜居乡村奠定物质基础。

（三）在乡风文明与治理现代化相协同中实现乡村全面振兴的稳健高效推进

乡风文明是乡村治理现代化建设的重要内容，也是提升乡村治理体系和治理能力现代化的重要力量。因此，高质量乡村振兴过程中推进乡风文明建设，除了弘扬社会主义核心价值观和强化乡村文化基础设施建设，还必须将乡风文明与乡村有效治理紧密结合，把乡风文明建设提升到乡村治理高度，并将其融入乡村治理体系建设中，完善法治与德治在乡村治理中的有效匹配，构建高效的治理结构与体系，实现乡风文明建设的可持续性，进而促进乡村全面振兴。具体来说，一是加强乡村物态文化建设，改变传统生活方式，增加文化消费，提升文化需求，为乡村治理现代化打好物质基础；二是加强乡村精神文化建设，开展公民道德、文明礼仪、婚育新风等主题教育，移风易俗，树立新风，传播美德，弘扬正气，为乡村治理现代化提供智力支持；三是加强乡村制度文化建设，建立符合法律精神和自治规范的现代乡规民约，建立良好的监督和运行机制，为乡村治理现代化提供制度保障。

（四）在治理有效与农民主体地位相统一中实现党对"三农"工作的全面领导和群众路线的真正发挥

坚持民主管理、充分发挥农民的主体作用才能真正实现乡村的有效治理。长期以来，共产党的路线就是人民的路线①。因此，实现高质量乡村振兴，要坚持农民主体地位，不断提升乡村治理体系和治理能力的现代化水平。一方面，要以加强农村基层党组织建设为抓手，充分发挥基层党组织的战斗堡垒作用，运用法治思维和法治方式服务群众，同时注重激活和调动社会各方面积极性，健全党组织领导的自治、法治、德治相结合的乡村治理体系；另一方面，要增强村民自治组织能力，坚持农民主体地位，尊重农民意愿，保障农民民主权利，维护农民根本利益，调动农民的积极性、主动性、创造性，不断激发乡村振兴的活力。具体来说，一是将农民

---

① 毛泽东：《抗战十五个月的总结（1938 年 10 月 12 日）》，载《毛泽东军事文集》（第 2 卷），军事科学出版社、中央文献出版社，1993 年。

作为高质量乡村振兴的评价主体，把群众满意度作为衡量乡村振兴质量高低的重要尺度，全面保障农民群众的知情权、参与权和监督权；二是充分发挥农民群众的首创精神，激发农民群众的智慧和力量，从实践、思考、提升到再实践、再思考、再提升，破解难题，把握规律，积极开辟实现高质量乡村振兴的新路径、新方法。

（五）在生活富裕与创新发展相促进中实现因地制宜、循序渐进的突破提升

创新是引领发展的第一动力，是高质量乡村振兴的催化剂。只有始终坚持创新驱动发展，充分发挥创新在乡村振兴中的支撑引领作用，才能真正实现农民富起来。因此，在因地制宜、循序渐进的基础上，要坚持走中国特色的创新驱动高质量乡村振兴之路，以科技创新破解乡村经济发展的技术难题，提高科技创新能力，促进乡村经济发展，加快农民生活富裕的脚步；通过加强农业科技体制机制创新，用好科技创新先进技术，不断提升农业生产与农产品营销模式的科技化水平，促进农机装备现代化，发展智慧农业、智慧林业、智慧水利等，因地制宜带动乡村转型升级，源源不断地为乡村提质提供新动力，进而提高乡村经济发展的创新力和竞争力，大幅提升农民的生活水平。

四、高质量乡村振兴的战略重点

实现高质量乡村振兴，必须要将高效能的制度性供给作为保障、将高起点的规划布局作为基础、将高水平的城乡统筹作为关键、将高标准的指标体系作为约束。

（一）高效能的制度性供给为高质量乡村振兴提供有力保障

如何解决乡村发展中的矛盾和问题，打通高质量乡村振兴的痛点、堵点、难点，必须首先为乡村的发展提供全方位、多角度的政策供给和制度供给。就当下乡村所处的发展阶段而言，能够促进高质量乡村振兴的关键性动力机制应该是什么？现阶段，乡村发展所面临的困境在一定程度上可以归结为制度性的障碍，制度层面的约束一定程度上导致了高质量乡村振兴动力受阻。因此，高质量乡村振兴的前提是保障乡村的高水平制度供给。其中，重点要围绕巩固和完善农村基本经营制度，深化农村土地制度

改革，深化农村集体产权制度改革，深化"三位一体"农合联改革，深化农村金融体制改革，完善市场化多元化生态补偿机制，推进乡村治理机制创新，健全和完善村党组织领导的村级重大事项、重要问题、重要工作讨论决定机制等，多维度推进农业农村体制机制创新。此外，实现高质量乡村振兴，增强发展的平衡性、协调性和包容性，必须实现基本公共服务的优质共享。要找准农民需求，加强农村基础设施和公共服务体系建设，增强农村基础设施保障能力；瞄准人民群众所忧所急所盼，在更高水平上实现幼有所育、学有所教、劳有所得、病有所医、老有所养、住有所居、弱有所扶；以"一老一小"两个群体为重点，以义务教育和医疗服务为抓手，建立和完善全生命周期的均等、高效和专业的优质公共服务体系。

（二）高起点的规划布局为高质量乡村振兴绘制宏伟蓝图

作为一项系统工程，高质量乡村振兴必须在因地制宜的基础上，针对乡村的特征、优势与短板，高标准规划、高起点布局，明晰各村庄的发展定位。高质量乡村振兴的前瞻性主要体现在规划上。长期以来，村庄规划在实际中并不被重视。但是为了实现高质量乡村振兴，做好村庄规划势在必行。当下，全国都在有序开展"一张蓝图"的国土空间规划，村庄规划也应该纳入国土空间规划，制订一个完整的针对区域内乡村地区的建设总体规划，既作为乡村建设的总体性指导，为下一步具体的村庄规划定调，也作为乡村与城镇之间发展衔接的桥梁，使乡村与城镇不脱节。村庄规划应探索多村联编的编制模式，从区域视角统筹各村的空间布局，推进乡村空间结构调整，全面整合优化乡村产业结构、产业链和产业网络，凸显不同乡村的发展重点和特色，实现空间上的错位发展；与此同时，应特别关注城乡互动与发展融合[1]，打造与城市群相匹配，集生产、生活、生态建设于一体，公共服务空间有效覆盖的乡村群[2]，进而形成高质量乡村振兴的合力。为保证乡村规划的科学性和有效性，必须充分发挥党组织引领作用，统筹和引导相关行政部门、村庄共同体、小农户、市场力量、社会力量等多元主体共同参与村庄规划，确保乡村振兴回归乡村本位，保留乡村振兴的乡土底色，完成"有用、好用、管用"的乡村规划编制。

---

① 黄承伟：《推进乡村振兴的理论前沿问题》，《行政管理改革》2021 年第 8 期。
② 黄祖辉：《高质量、高效率推进乡村振兴战略》，《中共南京市委党校学报》2019 年第 3 期。

（三）高水平的城乡统筹为高质量乡村振兴提供双循环良性对流机制

在以国内大循环为主体、国内国际双循环相互促进的新发展格局下，构建城乡双循环机制是高质量乡村振兴的重要任务和关键环节。一方面，高质量乡村振兴有助于扩大消费需求和投资需求，进而提升其在社会总需求中的结构性占比，最终形成国内大循环畅通无阻的新格局①。当前，我国经济发展越来越受到需求侧的制约。国际金融危机以后，世界经济陷入停滞状态，加之新型冠状病毒肺炎疫情的影响，部分国家开始奉行保护主义等政策，逆全球化趋势加剧，我国经济发展处于错综复杂的国际环境中②。因此，实现高质量发展，要求构建以国内大循环为主体、国内国际双循环相互促进的新发展格局，以扩大内需为战略基点，推进高质量乡村振兴，提升乡村经济发展水平，有助于实现国内国际供给需求的良性循环。另一方面，提高城乡统筹水平，推进城乡要素融合、服务融合、设施融合、市场融合，创新"人""地""钱"等生产要素配置运行体制机制，有助于打通乡村振兴的堵点、痛点。

因此，实现高质量乡村振兴要继续深化城乡融合发展，走符合中国国情和现代化规律的城乡一体化高质量协调发展道路③，从根本上改变农村在国家整体经济发展中的地位，实现城乡组织形式、发展能力、发展利益的协同，促进乡村发展与人口、资源、环境、生态的协调，形成城乡相互促进的良好格局。城乡统筹的关键在于以推进城乡双向开放为切入点，推进城乡要素平等交换、合理配置和基本公共服务均等化④。一是统筹推进城乡资源、人口等要素的双向流动和平等交换，充分挖掘乡村潜力优势，实现要素互补、协调发展。挖掘乡村空间资源、山水资源、绿色资源等稀缺资源，提升乡村价值，为乡村经济发展注入新活力。二是促进基础设施建设的一体化和公共服务的均等化，在政府公共资源配置和公共服务体系建设上优先考虑农村⑤，推动小城镇加快连接城市、服务乡村，实现县乡村功能衔接互补，加快缩小城乡发展差距，全面促进共同富裕。

---

① 李子联：《中国经济高质量发展的动力机制》，《当代经济研究》2021年第10期。
② 蔡昉：《在高质量发展中促进共同富裕》，《实践（思想理论版）》2021年第11期。
③ 刘荣增：《基于城乡统筹的城市群发展阶段划分与判定》，《统计与决策》2008年第13期。
④ 师博、张冰瑶：《全国地级以上城市经济高质量发展测度与分析》，《社会科学研究》2019年第3期。
⑤ 丁忠兵：《乡村振兴战略的时代性》，《重庆社会科学》2018年第4期。

（四）高标准的指标体系为高质量乡村振兴提供评价标准

党的十九大做出了我国经济高质量发展的战略抉择，并制定了相应的战略方针、宏伟蓝图，特别提出要加快形成高质量发展的指标体系、政策体系、标准体系、统计体系、绩效评价体系、政绩考核体系及制度环境。作为高质量发展的重要组成部分，高质量乡村振兴的实现也必然要有一套科学有效的评价体系，其中指标体系是关键性的评判体系。科学合理的指标体系要以高质量乡村振兴的内涵为基础并与之相匹配。结合前文对于高质量乡村振兴的定义，本文认为高质量乡村振兴的指标体系应具有以下几个特质：一是具有综合导向功能，指标设置要综合考虑质量效益和创新发展、协调发展、绿色发展、开放发展、共享发展等。二是具有多维特征，注重总量指标和人均指标、效率指标和持续发展指标、乡村经济高质量发展与社会高质量发展相结合。三是微观与宏观相结合，既有质量变革、动力变革、效率变革等微观评价指标，又有乡村经济发展、社会进步、生态文明等宏观评价指标。

从绝对贫困到相对贫困：我国贫困治理
范式的嬗变[*]

万　君　杨铭宇[**]

摘　要　2020 年底，我国在现行贫困标准下消除了绝对贫困，相对贫困问题已成为我国贫困治理的重点和难点。本文创新之处在于构建一个"主体—手段（方式）—目标"三维解释框架，较为系统、全面地梳理了我国贫困治理范式的变迁，研究结论如下：我国贫困治理范式完成了全方位转型，治理目标方面实现了"物质贫困—能力贫困—权利贫困"的转变；治理方式方面实现了"救济式扶贫—开发式扶贫—参与式扶贫"的转变；治理主体方面形成了政府、市场、社会多元协同的扶贫格局。此外，基于研究结论，本文对 2020 年后相对贫困治理提出相应对策和建议。

关键词　绝对贫困　相对贫困　贫困治理范式

一、引言

"贫困"是一个古老而又富有时代感的概念，《说文解字》中注解道："贫，财分少也。从贝从分，分亦声。"蕴意收入少，物质短缺匮乏。"困，故庐也。从木在框中。"本义指陷在艰难痛苦或无法摆脱的环境中，两字相互组合可用来形容家庭或个人的生活状态以及居住环境的艰难。显然，贫困是内外交织相生的结果，既有个体内在的一面，也有剥离不开的

---

[*]　本文为国家社科基金重大项目"伟大脱贫攻坚精神研究"（项目编号：22ZDA091）和 2021~2022 学年"清华农村研究博士论文奖学金"（项目编号：202102）的阶段性研究成果。

[**]　万君，北京师范大学副教授，中国扶贫研究院副院长；杨铭宇，浙江财经大学讲师。

结构性因素。

从早期的"三西计划""国家八七脱贫攻坚计划"到 2000 年以来的"整村推进""精准扶贫"等项目，国家对反贫困事业可谓之殚精竭虑。历经几代人 70 余载的孜孜不倦，我国反贫困事业取得非凡成就。党的十八大以来，平均每年 1000 多万人脱贫，近 2000 万贫困群众享受低保和特困救助供养，2400 多万困难和重度残疾人拿到了生活和护理补贴，110 多万贫困群众当上护林员，贫困人口收入水平显著提高，全部实现"两不愁三保障"①。

学术界对贫困治理范式研究硕果丰富，虽然不同的范式话语体系和学科体系对贫困治理范式的观点存在差异，但总体层面对我国农村贫困治理范式的观点仍是共通的。第一类观点是从减贫机制层面讨论贫困治理。基于治理主体的能动性而言，治理机制经历了救济式扶贫治理、开发式扶贫治理，再到参与式扶贫治理的历史演进②。从贫困脆弱性治理的层面来看，扶贫机制经历了以脆弱性治理为重点的减贫阶段、以包容性治理为重点的扶贫阶段，再步入以韧性治理为重点的反贫阶段③。也有学者从宏观层面依据治理政策的适用范围将贫困治理总结为广义性减贫、发展性扶贫、精准脱贫攻坚的阶段性机制④。

第二类观点是从国家政策和战略体系的视阈讨论贫困治理。从政策的瞄准对象来看，农村扶贫政策经历了区域瞄准→村级瞄准→农户瞄准的转型⑤；从政策治理目标来看，目标调整经历了保障生存、体制改革、解决温饱、巩固温饱，再到全面小康演进⑥；从政策结构演变来看，从早期的生存型政策、支持型政策，至今已经形成以开发型扶贫为核心的完整政策体系⑦；从战略体系的变化来看，扶贫战略经历了计划经济体制下的广义

---

① 新华社：《习近平：在全国脱贫攻坚总结表彰大会上的讲话》，2021 年 2 月 25 日，https：//baijiahao. baidu. com/s？id＝1692670742063214981&wfr＝spider&for＝pc。

② 张玉：《在社会治理中实现精准扶贫》，《光明日报》2016 年 5 月 8 日第 6 版。

③ 翟绍果、张星：《从脆弱性治理到韧性治理：中国贫困治理的议题转换、范式转变与政策转型》，《山东社会科学》2021 年第 1 期。

④ 李小云、于乐荣、唐丽霞：《新中国成立后 70 年的反贫困历程及减贫机制》，《中国农村经济》2019 年第 10 期。

⑤ 汪三贵、Albert Park、Shubham Chaudhuri、Gaurav Datt：《中国新时期农村扶贫与村级贫困瞄准》，《管理世界》2007 年第 1 期。

⑥ 曾小溪、汪三贵：《中国大规模减贫的经验：基于扶贫战略和政策的历史考察》，《西北师大学报（社会科学版）》2017 年第 54 卷第 6 期。

⑦ 王春光：《社会治理视角下的农村开发扶贫问题研究》，《中共福建省委党校学报》2015 年第 3 期。

扶贫→农村经济体制变革推动减贫→区域开发式扶贫→综合性扶贫攻坚→整村推进与"两轮驱动"扶贫→精准扶贫与精准脱贫六个阶段①。

第三类观点是从贫困治理主体的角度讨论贫困治理范式。中华人民共和国成立初期，政府主导的救济式扶贫是一种"家长式""政府独揽"及"责任独担"的"单中心"政府包办模式②，其在决策、组织、政策执行、信息传递等多方面存在功能缺陷问题③。进入改革开放时期，家庭联产承包责任制变革和农产品价格制度改革等一系列措施极大地激发了市场在资源配置中的功能，公司等市场主体逐步参与到反贫困事业中，并逐步承担贫困治理的重要职责。21世纪以后，我国贫困治理范式开始由以等级为特征的传统治理模式和以市场为主导的新公共管理治理模式向以网络为主导的公共价值途径转型，强调政府、市场和公民社会网络协调参与④。基于多元主体参与思想，国家不断探索构建政府、社会、非营利组织、贫困者积极参与的府际合作反贫困与"政府—社会"协同反贫困和多方联动的多中心协同治理体系⑤。

综合而言，现有贫困治理范式的研究成果关注的范畴局限于绝对贫困，对2020年后相对贫困的治理范式着墨甚少，缺乏理论层面的探析。此外，现有贫困治理范式的提炼多立足于主体、机制、政策工具等操作层面，缺乏能够统合上述维度的整体性视角与宏观理论性解释。基于此，本文尝试构建一个综合性的贫困治理范式分析框架，囊括贫困治理的主体、贫困治理方式和手段、贫困治理的政策目标，从"主体—手段（方式）—目标"三维框架解释我国从绝对贫困到相对贫困两个阶段贫困治理范式的转换，并结合实践和理论对2020年以来贫困治理范式的转型提出相应建议。

---

① 黄承伟：《中国扶贫开发道路研究：评述与展望》，《中国农业大学学报（社会科学版）》2016年第33卷第5期。

② 冯朝睿：《连片特困地区多中心协同反贫困治理的初步构想》，《云南社会科学》2014年第4期。

③ 张凤凉、蒲海燕：《反贫困治理结构中政府功能的缺陷及完善对策》，《理论探讨》2001年第6期。

④ Todorut A V and Tselentis V，"Designing the Model of Public Value Management"，*Proceedings of the 9th International Management Conference*，No. 1，2015.

⑤ 张欣、池忠军：《反贫困治理结构创新——基于中国扶贫脱贫实践的思考》，《求索》2015年第1期。

二、我国贫困治理体系的历史演进

历经 70 多年的政策调整和开发实践，我国的贫困治理经历了多阶段的探索创新，在党和政府的领导下走出了一条符合新时代中国特色社会主义的扶贫开发道路，形成了一套以政府为主导多元主体协同参与的贫困治理体系。

（一）改革开放之前的全区域贫困治理阶段（1949~1978 年）

改革开放之前的全区域贫困治理可以细分为两个决定性阶段。第一阶段是土地改革推进农村贫困治理。1950~1952 年，全国土地改革较为有效地改善农村社会积贫积弱的贫困环境。国家统计局公开数据显示：1949 年粮食总产量约为 11318 万吨，人均粮食产量约为 208.9 千克；到 1955 年粮食总产量约为 18394 万吨，人均粮食产量约为 299.3 千克，粮食产量实现巨幅增长，有效地缓解了农村温饱问题。第二阶段是人民公社促进农村农业发展，改善农村家庭生产生活状况。1956 年，全国范围内基本完成了"三大改造"，人民公社成为农村经济和社会管理的主体。"政社合一"的农村贫困治理和发展模式、"生产队为基础"的管理体制以及劳动生产的集体化、军事化特征，在一定程度上降低了贫困群体规模的相对比重，但也造成了平均主义下的普通贫困状态[①]。

此阶段全国处于经济和恢复的发展时期，贫困治理在全域内展开，主要方式是政府的财政救济。例如，教育、医疗、社会保障各方面均来自单位的帮扶，特困群体的生活保障主要来自民政部门的救济。

（二）体制改革推动的扶贫阶段（1978~1985 年）

1978 年党的十一届三中全会的召开推动了全国经济社会改革的浪潮，贫困领域也走向了各项体制改革推动贫困治理的道路。首先，土地制度改革由人民公社集体管理形式转变为家庭联产承包责任制。农地的分产到户独立经营给予农民发展生产充分的自主权，激发了农户的内在创造性，推动了土地产能的极大释放。从粮食产量来看，1977 年全国粮食总产量和人均粮食产量分别约为 28273 万吨和 298 千克，到 1979 年分别约增长到

---

① 张琦、张涛、李凯：《中国减贫的奇迹：制度变革、道路探索及模式创新》，《行政管理改革》2020 年第 5 期。

33212 万吨和 340 千克，极大地促进了粮食产量的提高，缓解了家庭温饱困境。其次，围绕财政分权，国家推出了一系列的经济改革措施，放宽市场准入、推行价格制度、给予农民农业生产自主权等多种农业经济的改革，盘活了农村资源，促进了农村经济水平的迅猛发展，贫困状况有所改善。最后，政府着重关注"老、少、边、穷"地区，有目的、有规划地治理农村贫困问题。财政方面，1980 年，政府设立"支援经济不发达地区发展资金"的专项资金，服务于贫困地区的反贫困事业；机构方面，1982 年，国务院专门成立了"三西"地区农业建设领导小组，有组织化地推动"三西"扶贫计划；政策方面，1984 年，中共中央、国务院发出《关于帮助贫困地区尽快改变面貌的通知》，鼓励贫困地区探索内源式发展。这一系列的措施表明，我国扶贫体制开始步入正规化和组织化，扶贫方式开始由救济式扶贫向开发式扶贫转变。

（三）开发式扶贫推动的减贫阶段（1986~2013 年）

开发式扶贫就是通过利用贫困地区自然资源，进行开发性生产建设，形成贫困地区和贫困农户的自我积累和发展能力以解决温饱、脱贫致富的扶贫方式，最显著特征为"造血式"扶贫，即通过产业化发展培育、自我能力生成、发展能力培养等的全面提升进行的扶贫开发[①]。这一时期按照标志性事件可以进一步划分为如下三个阶段：第一阶段是探索以县域为治理主体的扶贫体制。1986 年，中央政府成立国务院贫困地区经济开发领导小组及办公室，以县为治理单位，将全国贫困地区划定为 18 个集中连片贫困地区和 331 个国家贫困县，初步形成中央统筹管理地方协作瞄准县域的贫困治理模式。第二阶段是区域瞄准性扶贫开发阶段。1994 年 3 月，国务院颁布《国家八七扶贫攻坚计划》，逐步形成了"四个到省"（资金、任务、权利、责任）的扶贫工作责任制，探索了"东中西部"区域协调发展的东西扶贫协作机制，以县为治理单位推行综合性扶贫攻坚战略。第三阶段是农村扶贫开发的整村推进时期。标志性文件是 2001 年印发的《中国农村扶贫开发纲要（2001—2010 年）》（以下简称《纲要》）。《纲要》确定未来整村推进时期，扶贫开发治理单元从贫困县转向贫困村，精确瞄准扶贫单位，提高贫困治理效率。至此，扶贫战略转向探索以村为治理单位，依托基础设施建设工程、产业扶贫和就业培训等项目推进扶贫战

---

① 张琦、冯丹萌：《我国减贫实践探索及其理论创新：1978~2016 年》，《改革》2016 年第 4 期。

略，有效地盘活贫困区域资源，引导贫困农户积极参与，培养区域的内生发展动力。

（四）精准扶贫阶段（2013 年以后）

2013 年，习近平总书记提出了精准扶贫思想，倡导因地因户制宜，运用科学有效程序对扶贫对象实施精确识别、精确帮扶、精确管理。全国范围内精准扶贫大幕的拉开，标志着我国贫困治理方式开始由开发式扶贫转向参与式扶贫。

这一时期扶贫工作发生以下变化：一是以片区为治理单位，以户为帮扶单位。在 14 个片区内，依托项目支持，通过一揽子工程解决"两不愁三保障"的绝对贫困问题。二是五级书记抓扶贫，组织齐力推进脱贫攻坚。选派第一书记和驻村工作队，以党建引领群众发展，五级书记齐心协力谋划扶贫事业。三是科技助力推进建档立卡信息化工程，精准掌握贫困家庭信息，因户施策。截至 2014 年底，全国共采集录入了 8962 万贫困人口、2946 万贫困户、12.8 万个贫困村的基础信息，形成全国扶贫对象基础信息数据库，在贫困信息基础上，因户施策，精准帮扶。四是创新了一批行之有效的制度成果。例如，依托大数据的建档立卡贫困识别体系、第一书记和定点帮扶的帮扶责任体系，基于项目库统筹的政策资金投入体系、第三方和社会各界监督的考核评估体系等，为精准扶贫理念的实际贯彻提供了指导和保障。五是倡导各界参与脱贫攻坚，齐心构建大扶贫格局。六是实施"五个一批"项目工程，制定差异化的帮扶政策，满足贫困群体多样性的发展需求，有针对性地解决贫困家庭住房难、教育难、医疗难、发展难的致贫困境，从根本上消除家庭绝对贫困。

（五）相对贫困治理阶段（2020 年以后）

党的十九届四中全会提出："坚决打赢脱贫攻坚战，巩固脱贫攻坚成果，建立解决相对贫困的长效机制"。2020 年消灭绝对贫困以后，我国扶贫工作进入相对贫困的治理阶段，减贫工作的目标和策略皆发生全方位的转变。

对于绝对贫困而言，相对贫困具有多元性、长期性和比较性的特征，这意味着相对贫困治理必须采取更为持续性和发展性的治理策略，故应做好脱贫攻坚与乡村振兴的有效衔接。《中共中央关于制定国民经济和社会发展第十四个五年规划和二〇三五年远景目标的建议》和《关于巩固拓展医疗保障脱贫攻坚成果有效衔接乡村振兴战略的实施意见》给出了指导性意见，具体包括以下几点：一是建立长效的财政帮扶机制，保持欠发达地区财政投入力度稳定；二是健全防止返贫监测和帮扶机制，如设立防贫险、做好易地扶贫搬迁后续帮扶工作；三是建立遏制返贫的兜底机制，完善农村社会保障和救助制度；四是建立激发活力的长效动力机制，支持一批乡村振兴重点帮扶县，增强其巩固脱贫成果及内生发展能力；五是完善社会帮扶机制，坚持和完善东西部协作和对口支援、社会力量参与帮扶。

三、我国贫困治理范式的结构变迁

纵观农村贫困治理全景，我国对扶贫开发体制机制进行了多阶段的适应性调整：中华人民共和国成立初期是以各类政策供给为代表的政府减贫行动；改革开放后形成了以市场经济发展为根本的市场策略减贫；党的十八大以后构建了以多元参与、合作互惠为特点的公共治理减贫范式（见表1）。经过70多年的脱贫攻坚，我们形成了一套较为完整的贫困治理体系。从理论层面来看，每个阶段的扶贫范式皆具有中国特色的亮点，值得学界总结和探讨。

表 1　贫困治理范式的演变

时间	治理主体	治理方式	治理目标
1949~1986 年	政府	救济式扶贫	物质贫困
1986~2013 年	政府/市场	开发式扶贫	物质贫困/能力贫困
2013 年以后	政府/市场/社会	参与式扶贫	物质贫困/能力贫困/权利贫困

（一）治理主体的转变

中华人民共和国成立初期到改革开放之前，我国基本推行的是政府绝对主导的"救济式扶贫"或称为贫困治理的政府主导范式。此范式的最鲜明特征是以贫困制度供给为核心，中央政府制定扶贫政策和项目，而后遵循着政府层级式减贫路径，自上而下地投入资金、技术、人力等资源，推动政策和项目落地，解决区域和家庭贫困问题。政府主导范式的治理目标是物质贫困，其主要治理方式是救济式扶贫，以物质支援的方式帮助贫困群体缓解温饱困境。由于没有把救助与增强贫困者可行能力联系起来，政府主导贫困治理范式呈现"输血式扶贫"的特征，治理手段和效果皆缺乏长久性和可持续性。

从"三西"扶贫计划开始，我国政府扶贫政策开始放弃传统的单纯救济政策，尝试引入市场机制来推行开发式扶贫，意图通过产业发展和劳动力技能培训的方式，促进贫困地区的经济发展和就业。此种模式追求资源配置的效率，旨在凭借市场化的手段开发和利用贫困地区的资源禀赋，推进产业发展，支持当地发展资源消耗大企业，促进区域经济发展，通过经济涓滴效应辐射到贫困户群体。虽然市场主导的范式取得的成就斐然可观，但市场的趋利性和盲目性引发资源过度开采和环境破坏问题，其贫困治理的边际效益递减，减贫的持久性效果弱化。

减贫的实践历程证明政府或市场均难以可持续性地发挥减贫效应，究其原因是此两类贫困治理范式呈现"中心—边缘"形态，政府或市场处于贫困治理体系，单向地追求社会公正或经济效率，制度设定忽视贫困主体自身的实际性需求，将贫困群体置于边缘化的地位。基于贫困群体的中心论，贫困治理逐步形成了公共治理的主导范式，即以贫困群体的实际需求为导向，事实性扶贫代替政治性扶贫，让贫困群体参与到扶贫实践工作中，社会、政府和市场多元主体合力推进扶贫事业。

政府主导范式和市场主导范式讨论的核心问题是"资源配置效率"和"社会公平正义"问题，政府主导范式在实践中倾向于社会公平而削弱了扶贫资源的效率，市场主导范式坚持利润至上而忽视了其所肩负的贫困治理社会责任。公共治理的范式跳出"效率"和"公平"两点的悖论陷阱，将治理的中心问题聚焦于贫困群体的实际需求，整合多元性价值观，用事实性导向代替政治性或经济性导向。

公共治理的范式倡导多元主体共同参与，尤其强调贫困主体和社会力量的实质性参与，进入精准扶贫阶段这一特征更为凸显。精准扶贫阶段强调政策的精准性，以贫困群体的需求为导向，从制度层面上为贫困群体的参与构建了可行路径。例如，"五个一批"工程，以项目为媒介形成了政府政策引导、社会力量帮扶、市场企业执行和贫困户参与的多元互动格局，彼此之间凝结成利益共同体，互利互惠。

2020 年后，我国逐步迈入巩固拓展脱贫成果和探索缓解相对贫困的长效机制阶段，扶贫主体发生显著变化。第一，巩固拓展脱贫成果期，贫困治理主体由建档立卡户逐步转移到贫困监测户和收入边缘户两类群体，做好防贫返贫工作。第二，城市贫困将成为治理焦点，低收入及弱保障的农村流动人口群体，城市"三无"人员，城市失业人员和受自然灾害、突发疾病、突发事故等因素造成贫困的群体等都是相对贫困治理阶段需要重点关注的群体①。

（二）治理方式的转变

从贫困治理过程来看，我国贫困范式主体的转变引发治理方式的转变：1985 年之前主推救济式扶贫；"三西"扶贫计划之后开始引入市场机制治理贫困，向开放式扶贫转变；"国家八七扶贫攻坚计划"以后基本确立了市场范式主导的开发式扶贫；进入"十三五"时期，精准扶贫政策的推进构建大扶贫格局，公共治理范式成为主流，参与式扶贫和协同式扶贫成为主要方式。

据《中国财政年鉴》数据显示，从 1950 年到 1977 年的 28 年间，国家财政用于农村救济的费用累计高达 127.73 亿元，其中，1964 年、1976 年国家财政用于农村救济费用突破 10 亿元，超过 5 亿元的年份占比近 40%②。救济式扶贫主要包括两种模式：一种是国家层面安排的财政性救济，主要旨在帮助经济水平不发达的贫困地区，帮助贫困家庭解决衣、食、住、行生活困境，如生产赈灾、购买救济粮等。另一种是兜底保障，国家通过专项财政供养低保、五保、残疾人等社会弱势群体。

市场主导的范式是发挥市场在贫困地区资源配置的作用，依靠投资的手段培育贫困地区的产业，改善贫困地区的基础设施，促进贫困地区就业，拉动其经济增长，降低区域的贫困发生率。依据投资主体不同可以将市场主导范式划分为两种不同的模式：一是依靠公司、基金等市场主体的自发投资模式，典型体现为"公司+农户""公司+合作组织+农户""公司+基地+农户"等模式，主要依靠干部承揽、"大户"或"公司"主导、农户合作来推行。在这种模式中，政府的作用往往在于提供制度性激励措施，完全由市场主体配置资源，带动贫困人口就业。二是由政府各部门投资，由公司购买政府项目来推动减贫策略。例如，在"万企帮万村"的精准扶贫行动中，相关部门主动做好各项服务，为参与行动的企业提供政策、信息、融资等方面的支持，企业与村庄以签结对、村企共建的方式形成利益联结模式，共荣共进。

---

① 张琦、杨铭宇、孔梅：《2020 后相对贫困群体发生机制的探索与思考》，《新视野》2020 年第 2 期。

② 韩喜平、张梦菲：《新中国救济式扶贫的经验及展望》，《党政研究》2020 年第 3 期。

公共治理的范式是以精准扶贫政策为抓手，以贫困户为目标群体，构建起包含政府、社会及市场多元主体共同努力的参与式扶贫。参与式扶贫的治理模式可以概括为"三位一体"，即专项扶贫、行业扶贫、社会扶贫多方力量相结合和互为支撑的扶贫格局。专项扶贫是政府有针对性地解决某类贫困问题而制定的专项扶贫政策和实施的减贫行动的总称，如易地搬迁、整村推进等；行业扶贫是以行业产业为支撑促进扶贫开发，如科技扶贫、文化教育事业扶贫等；社会扶贫旨在动员社会力量帮助贫困地区发展增收，如定点扶贫、东西协作等。

精准扶贫时期，政府为各类群体参与脱贫攻坚搭建了便利平台，虽然各方群体都积极参与扶贫，但仍未能改变政府在扶贫工作中的主导地位。迈入相对贫困阶段，政府应倡导协同式扶贫理念，让社会和市场承担更多的责任，缓解政府压力，从而有利于形成长效减贫机制。协同式扶贫意味着政府不再是唯一的扶贫主体，社会组织和企业等多元参与主体共同参与，在平等权利的基础上，各主体依靠自身的专长与优势平等协商对话和相互合作来治理贫困问题[1]，从而探索出缓解相对贫困的长效机制。

（三）治理理念和目标的转变

救济式扶贫的目标是物质贫困，其观念来源于两种思想：一种源自政府本质论，政府象征着公共权力和权威，维护社会公平正义是政府的神圣职责。贫困群体是社会人群中的弱势群体，政府出于责任对贫困群体实施救济，保障其生命安全，维护社会稳定。另一种源自对贫困本质的认识，早期研究者将其视为一种社会物质生活贫乏的现象。例如，英国管理学家朗特里将贫困理解为收入水平满足不了最低生活需求。1949~1986 年，政府主导的贫困治理范式目标较为单一，旨在解决物质贫困，如扶贫方式以物品的发放、低保等政策兜底为主。

随着对贫困本质认识的深入，研究者对贫困的认知由表面的物质困乏逐步深入个体能力的缺失，最具代表性的是阿马蒂亚·森关于贫困与个体可行能力的讨论。阿马蒂亚·森认为，能力贫困是由于能力的缺失而产生的剥夺性贫困，其中能力是指"一个人可以获得的功能性活动的不同选择组合。因此，能力是一种自由，获得各种功能性活动的选择组合是实质自由"[2]。能

---

① 刘俊生、何炜：《从参与式扶贫到协同式扶贫：中国扶贫的演进逻辑——兼论协同式精准扶贫的实现机制》，《西南民族大学学报（人文社会科学版）》2017 年第 38 卷第 12 期。

② 郭熙保：《论贫困概念的内涵》，《山东社会科学》2005 年第 12 期。

力贫困概念的兴起对国际扶贫政策的设定有着显著影响，20 世纪 80 年代初，我国开始调整扶贫政策，在不发达地区探索开发式扶贫的有效路径。开发式扶贫与经济增长理论和涓滴效应理论密切相关。该理论观点认为区域经济的增长能够通过间接的涓滴和辐射有利于贫困群体，故此政府应优先扶持企业等市场经济主体，进而通过消费、就业惠及贫困阶层。1986～2013 年这一阶段，政府和市场是贫困治理的双重主体，治理目标则兼具物质贫困和能力贫困的双重属性。

参与式扶贫治理的目标是权利贫困，或者说更综合意义上的贫困，包含物质、文化、能力等多维度贫困。权利贫困讨论的核心问题是贫困群体在政治、经济、文化等多个方面遭遇的社会排斥，要解决这一问题必须为贫困群体构建起获取资源的路径，如此必然要求多方共同参与以此来保护贫困群体的权利。参与式扶贫的理论基础缘于奥斯特罗姆夫妇的多中心理论，该理论倡导政府、市场、社会在平等合作的基础上共同致力于社会治理，以避免陷入单边主义的治理困境。

公共治理范式是在多中心论的理论基础上形成的，其理念是融合政府、市场、社会的多元价值，以贫困群体的实际需求为导向，共同努力解决贫困问题。这一范式贫困治理的目标具有复合性，包括物质贫困、能力贫困及权利贫困。从笔者的具体实践来看，此范式贫困治理可细分为两个阶段：第一阶段是 2013～2020 年推行的精准扶贫。这一阶段扶贫的目标是"两不愁三保障"。其中，"两不愁"解决的是物质贫困问题，满足家庭基本发展的物质需求；"三保障"既是提升贫困者的能力，更是保护其生存发展的权利。第二阶段是 2020 年后的相对贫困治理阶段。此阶段有两个大的战略背景：其一是在我国打赢脱贫攻坚战中消除绝对贫困，物质贫困不再是治理目标；其二是乡村振兴成为农村发展的主导战略，相对贫困被嵌入乡村振兴战略中，这就要求脱贫群体和收入边缘群体要积极参与到乡村战略中，在发展个人能力中更好地保障个人权益。此阶段的治理目标是能力贫困和权利贫困。

四、我国贫困治理的未来取向

习近平总书记在《在全国脱贫攻坚总结表彰大会上的讲话》中提到："脱贫摘帽不是终点，而是新生活、新奋斗的起点。"2020 年后，扶贫工作重点从脱贫攻坚向乡村振兴平稳过渡，在有效衔接的进程中贫困治理需要做好以下四个方面的工作：

（一）顶层设计：完善扶贫政策体系

相对贫困治理是国家常规性和长期性的减贫任务，须结合国家重大战略方针才能取得更好的治理效果。乡村振兴是 2020 年后国家农村工作的"头号工程"，也是农村相对贫困工作开展的基本背景和基本框架，因此，如何在乡村振兴的战略背景下做好相对贫困治理工作的顶层设计显得尤为重要。

从宏观政策的设计来看，乡村振兴下的相对贫困工作应做好以下几点：首先，从根本原则来看，未来时期相对贫困治理必须始终如一坚持党的领导，这是打赢脱贫攻坚战的根本要求和根本保障。党能够提供思想引导和组织领导，保证扶贫工作与国家大政方针相一致，保障农村建设发展的整体性。其次，发挥政府在扶贫中的总指挥作用，确保政府在政策制定和执行中的核心地位，根据欠发达地区和低收入群体的实际需求制定政策方针，保障扶贫工作的精准性。最后，要积极与国际接轨，吸取其他国家治理相对贫困的经验和教训，如借鉴相对贫困的划分标准、吸收西方福利政策的成功经验等，避免走政策弯路，提升扶贫工作的效率和质量。

（二）阶段推进：由巩固拓展到乡村振兴

《中共中央关于制定国民经济和社会发展第十四个五年规划和二〇三五年远景目标的建议》明确提出"实现巩固拓展脱贫攻坚成果同乡村振兴有效衔接"，巩固拓展的五年过渡期是脱贫攻坚到乡村振兴有效衔接的第一阶段。具体而言，巩固拓展时期贫困治理工作可以开展如下：一是对脱贫县要"扶上马送一程"，财政和政策要保持稳定支持，防止扶贫的"断崖效应"；二是做好对收入边缘群体和易返贫户两类群体的监测，建立风险预警机制，做到早发现、早干预、早帮扶；三是促进产业扶贫的长效发展，在固有特色扶贫产业的基础上，延展产业链条，与市场需求并轨，做到产品价值和利润共获；四是完善易地搬迁的后续帮扶工作，通过扶贫车间、东西协作等方式促进就业，丰富社区文化，促进搬迁群众社会融入。

2025 年过渡工作结束后，贫困治理将正式进入乡村振兴阶段，脱贫攻坚工作要实现向乡村振兴的全面转换。一是做好制度层面衔接与转化，脱贫攻坚时期形成的一系列优秀的制度成果，如驻村工作机制、社会帮扶机制等，皆可以根据时势需求适当调整运用于乡村振兴工作中；二是做好金融、财政等经济衔接，财政提供强力保证，促进发展，支持脱贫地区产业发展效果明显的贷款贴息、政府采购等政策，在调整优化基础上继续实施；三是做好人才智力支持政策衔接，延续脱贫攻坚期间各项人才智力支持政策，建立健全引导各类人才服务乡村振兴长效机制。

（三）权责共担：政府、市场和社会戮力同心

2015 年 10 月，习近平在减贫与发展高层论坛发表的主旨演讲中提到"坚持动员全社会参与，发挥中国制度优势，构建了政府、社会、市场协同推进的大扶贫格局，形成了跨地区、跨部门、跨单位、全社会共同参与的多元主体的社会扶贫体系"①。脱贫攻坚开始以来，政府、市场和社会多元协同扶贫模式一直在稳中求进，为农村贫困治理做出巨大贡献。2020 年后的巩固拓展和乡村振兴时期应同样坚持多元扶贫大格局，力争革故鼎新、臻至完美。

贫困治理过程是一个国家或地区针对贫困问题，实施减贫战略，配置减贫资源，推行减贫政策和项目的一系列活动②，政府、市场和社会是此治理过程中资源协调的主体。从水平治理结构的维度来看，政府、市场和社会居于同等地位，但现阶段政府主导的扶贫模式致使政府负担较重，故应给予市场和社会更多的参与权，分担政府职责，如深化东西部协作、扩大定点帮扶范围、进一步促进社会扶贫和行业扶贫等。从垂直治理结构的维度来看，中央统筹多部门合作的"一中心多部门协同治理"在精准扶贫时期取得了显著成效，这一机制是实现跨部门贫困治理以及具体减贫目标和行动相一致的核心所在，推进乡村振兴和治理相对贫困阶段仍应坚持这一体制。

（四）统筹城乡：促进城乡融合发展

乡村振兴时期贫困治理的目标群体发生较大转变。相对贫困的目标群体除贫困监测户群体外，收入边缘户等非建档立卡群体和城市相对贫困群体也将成为治理焦点，旨在持续缩小城乡区域发展差距，实现共同富裕。2021 年 1 月，《中共中央　国务院关于全面推进乡村振兴加快农业农村现

---

① 《习近平：各级党委和政府要看真贫、扶真贫、真扶贫》，新华网，2015 年 10 月 16 日，https：//www. chinanews. com/gn/2015/10-16/7573232. shtml。

② 王小林、张晓颖：《中国消除绝对贫困的经验解释与 2020 年后相对贫困治理取向》，《中国农村经济》2021 年第 2 期。

代化的意见》更是提出"把县域作为城乡融合发展的重要切入点，强化统筹谋划和顶层设计，破除城乡分割的体制弊端，加快打通城乡要素平等交换、双向流动的制度性通道"。

乡村振兴下的贫困治理工作意味着贫困治理单位由建档立卡户开始转向乡村主体，注重乡村发展以缓解农村相对贫困问题。在推进工作方面，乡村振兴下的贫困治理应当推动农村全方位发展，缩小城乡差距。具体而言，首先，制度改革推进城乡融合发展，实现土地、人力、资本等生产要素的自由流动，以城带乡，培育和完善农村的市场经济体系。其次，持续推进农村宅基地和土地所有权制度改革，变家庭资产为生计资本，以实现家庭资本要素自由流动，为家庭创造收益。最后，推进城乡基础公共服务均等化，提高科教文卫的基础设施建设，改善农村金融服务、公共服务等服务治理水平，努力实现城乡共生共荣。

五、结论与建议

2020 年底我国顺利打赢脱贫攻坚战，基本消灭全域内现行标准下的绝对贫困，未来扶贫工作的重点将转向缓解相对贫困，研究相对贫困具有重要的现实意义。通过梳理我国贫困治理范式的变迁，我们发现从中华人民共和国成立初期到改革开放，再到精准扶贫，经历了 70 多年的风雨扶贫路程，我国已经形成了以政府为主导、市场和社会多元主体共同参与的扶贫大格局，但现阶段并未能完全贯彻公共治理范式的扶贫理念和价值，市场和社会的责任仍需进一步提高和改善。

首先，政府层面需要做好角色的转变。从制度设计层面来看，政府应扮演好引导者和服务者的角色。一方面，做好对相对贫困政策的引导，将相对贫困的治理嵌入乡村振兴中，在政策设计中可以为监测户和收入边缘户提供资源和机会的倾斜。例如，政府在村企联建中给予脱贫村优先机会。另一方面，在两类群体与企业、社会之间搭建好服务平台，如就业信息传递、各项公共服务等。从政策执行方面来看，政府应以倡议和激励方式取代行政命令。运动式治理不适于可持续性发展，乡村振兴需要培育乡村的内生动力，通过引导和激励方式能让企业和农户自主地参与到乡村建设中，发挥出市场在乡村资源配置中的决定性作用。

其次，企业需要转变价值观念。脱贫攻坚时期"万企帮万村"行动中的企业主要是以产业扶贫的方式参与乡村发展，对于扶贫的认知是获取经济收入而后尽社会责任，对带贫助村缺少主动性和积极性。进入"万企兴万村"的行动后，企业应将农村发展纳入自身的发展战略，秉承做大"蛋糕"的理念参与乡村建设，在理念上认可农户和乡村，将其利益纳入公司的发展目标中。例如，企业可以高效推进村企联建，积极参与到乡村建设和乡村治理中来。

最后，提升农户的组织化程度，鼓励两类群体积极参与到乡村振兴中。从能力贫困和权利贫困来看，能力的提升和权利的保障需要参与权和话语权，而两类群体对公共活动参与缺乏主动性和积极性，解决此问题方法需要提升农户的组织化程度。其一是强化政治组织，提高农民政治参与意愿。发挥基层党组织联系群众、凝聚人心的作用，积极宣传国策，动员农户。其二是发挥新型农村合作经济组织作用，带动农户发展产业，创造经济收入，形成村与企之间稳定的利益联结机制。其三是丰富农村公共文娱活动，提高农民文化认同感，发挥农村群众性文化组织的作用，开展农村文化、科技等公共服务内容的普及。

"自我凝视"下的乡村语言景观

——以福建永春县外碧村为例

胡可昀*

摘　要　20世纪80年代以来，闽南地区族谱修编和祠堂重修的现象逐渐兴起，一些能够体现宗族文化的族谱家训景观出现在农村地区。随着"美丽乡村"建设和对传统文化的推动，一系列与家风文明有关的地方政策和方案出台，永春县各地根据实际情况，积极挖掘本土历史文化资源，将族谱家训改造成个性化的语言景观和建筑景观，使其成为公共文化和共享资源的一部分。永春县语言景观的生产是以"美丽乡村""民魂"和"乡愁"为关键词进行设计和打造的，体现出政府、村民、乡贤、海外华侨等多方主体协商合作的共识性生产逻辑。不同于旅游景观以"游客凝视"为中心，永春县的景观生产者进行的是"自我凝视"，其更强调主体的自觉性和反思意识。乡村景观作为物质中介推动村民实现了视觉化的文化展演，在某种程度上创造了新时代乡村全新的"宗谱"形式，发挥着维系宗族关系、展现乡村理想生活、教化规约乡民等作用，从而沟通了乡村的传统与现在、过去与未来。

关键词　闽南　宗族　家风文明　语言景观　自我凝视

一、语言景观：从"游客凝视"到"自我凝视"

在乡村振兴的大背景下，景观化与视觉化成为乡村发展旅游业、推动地方经济社会发展的重要手段与策略。在这一过程中，"游客凝视"（The

---

* 胡可昀，北京师范大学社会学院硕士。

Tourist Gaze）成为关键词。John Urry（1990）认为，旅游就是去异地寻找日常生活中没有的视觉体验，因此游客的凝视焦点通常落在已经被期待的元素而非对象自身上。在观看者与被观看者之间权利不对等的情况下，被观看者常常会被重建，甚至被复制为供游客观赏的"舞台"，以致成为某种"主题公园"。①这一研究思路近年来被大量用于解释中国乡村旅游与艺术乡建的过程。例如，徐赣丽（2006）在对民俗旅游的研究中指出，民俗旅游村整个社区就是一个大舞台，是一个向游客开放的展示空间。村里的建筑、陈列、文化现象等都是经过开发者有意设计和建设的，目的在于吸引游客，营造积极正面的民族形象，展现具有特色的民俗景观。周宪（2008）讨论了现代性背景下旅游景观和旅游者的关系，并指出被重新设计的现代景观实际上造成了旅游者凝视的被动性和被压制性。张颖（2020）通过分析日本的艺术乡建模式发现，由地方主导发起的乡土景观建设，在农协、村民的共同推动下，不仅使乡土景观满足旅游观光的游客需要，更通过将乡土景观事业与农特产品设计创意行动结合，使乡村文化资源在景观、产业、生活中得到创造性再生产，成为日本乡村振兴的方法典范。刘晓春（2021）指出，民族地区生产的"民族景观"既是一种客观的可视化景象和风景，又是具有主体性的再现与表演。乡村的景观化，伴随着村民从日用而不自知，到反思性地表演自我形象以迎合游客凝视的过程。在这一过程中，可见与不可见成为乡村如何理解并建构自身的关键问题。

但需要注意的是，尽管由"游客凝视"而形成的乡村的景观化的确是当下乡村振兴过程中非常突出的现象，然而"游客凝视"既不是乡村景观化的全部，也不是中国乡村景观化的传统。关于后一问题，近年来许多关于传统的"八景图"、山水园林之形成过程的艺术学研究已有许多成果，这类为了"给自己看"而进行的视觉化努力直到今天仍大量存在，本文重点讨论的福建省永春县外碧村就是典型例子，表现出一种不同于"游客凝视"的"自我凝视"的逻辑。

外碧村的景观化有两大特点：一是大量取材于宗族族谱；二是多以语言景观和建筑景观方式呈现。我们在调查中看到，在村落的广场、村口、村委会等具有文化活动中心性质的公共场所，族谱家训从传统的静止文本形式中"解放"出来，被做成展示板、海报展示在显眼的地方，或者

---

① Lowenthal D, "Fabricating Heritage", *History and Memory*, No. 1, 1998.

张贴在每家每户的门口。在整顿装饰过的景点或道路上，也有各种宣传优良家风家训的展示牌，成为周围生活的村民随处可见的"景观"。这类景观不是为了表演民族性、地方性或者民俗性，与乡村旅游中的视觉商品、表演与"风情"展演有很大不同，其本质是被视觉化呈现与展示的"宗谱"。

南方农村的发展往往伴随着宗族的复兴，这是学术界已经公认的事实，而宗谱是宗族赖以为系的主要纽带。在明清以后的南方宗族传统中，宗谱不仅是"纪宗族之史"，更是形成家族自治的基础①、教化地方社会的工具②，以及服务现实秩序的规约③。当这类宗谱以"景观"方式展示时，就结合了文字、图画等符号的物质实体，以一种潜移默化而丰富多样的形式融入了乡村日常生活——它既是历史的也是当代的，既是静止的也是活化的，既是物质的也是精神的，也就是说，构成了某种意义上的"语言景观"。

"语言景观"这一概念最早是由 Landry 和 Bourhis 提出和使用的，他们认为"出现在公共路牌、广告牌、街名、地名、商铺招牌及政府楼宇的公共标牌上的语言共同构成了某个属地、地区或城市群的语言景观"。④这一定义后来又得到了其他学者的多样性阐释和发展。例如，从社会符号学的角度出发，Jaworski 和 Thurlow（2010）将语言景观定义为"语言、视觉活动、空间实践与文化维度之间的相互作用，特别是以文本为媒介并利用符号资源所进行的空间话语建构"。Jaworski 和 Thurlow（2010）关注了语言景观中语言本身之外的活动和实践要素，以及其背后的话语建构意图，并试图分析这一建构过程，他们将静态的语言景观和动态的社会现实、变迁的生活世界结合起来，引入了政策与政治、种族、移民和全球化等国际性问题。

作为语言景观的宗谱，正是这样一种在特定社会背景下产生的具有主动性的文化建构行为的景观。在对福建省永春县外碧村以及附近东关镇东

---

① 郑振满：《清代闽西客家的乡族自治传统——〈培田吴氏族谱〉研究》，《学术月刊》2012 年第 44 卷第 4 期。

② 谢长法：《明清时期族谱的教化功能刍议》，《湖南师范大学教育科学学报》2005 年第 2 期。

③ 萧放：《明清家族共同体组织民俗论纲》，《湖北民族学院学报（哲学社会科学版）》2005 年第 6 期。

④ Landry R and Bourhis R Y, "Linguistic Landscape and Ethnolinguistic Vitality," *Journal of Language and Social Psychology*, No. 1, 1997, pp. 23-49.

美村、湖洋镇吴岭村等地的实地调研中，笔者发现，当地乡村大量出现的标语、门牌、宣传画，乃至乡土体验馆、新时代文明实践中心等视觉景观，都可以被视为被语言景观化了的宗谱。通过这些景观，宗谱从文字性的"不可见"或"难以可见"变成了被大量再生产的"可见"，其背后逻辑是为了协调不同力量、形成广泛共识，可以被认为是新时代乡村宗族自我协调与共同发展的新形式。这些语言景观不是出于满足"游客凝视"的目的而被创造出来的，而是政府、村民与乡贤反复协商后共同认同的结果。这类语言景观在"规训"乡村日常生活的同时，也同时展演了传统与现在、过去与未来。

接下来，本文先介绍永春县的宗族文化概况，随后深入语言景观生产背后的权力结构中，详细探讨政府、村民与乡贤三种主要力量对于"可见性"的不同理解及其背后的行动逻辑。在结论部分，本文再回到"自我凝视"这一核心概念，说明该乡村景观生产模式是如何成为一种不同于"游客凝视"路径的全新景观逻辑。

二、永春县外碧村的宗族文化与语言景观

在对永春县的语言景观打造的过程和逻辑进行详细分析之前，本文先对该地域的地理环境、宗族文化历史和主要的语言景观类型等情况进行概述，以此初步勾勒出外碧村景观设计的基本背景特征。

永春县位于闽南山区的最南端，地形多山地丘陵，可供种植的田地数量少，耕地面积约为 27.3 万亩，山地面积 160 万亩，有"七山二杂一分田"的说法。永春县的种植作物以松杉林木、茶树和果树为主。县内生态多样，资源丰富，水系河流密集，晋江从这里发源，汇入山美水库后经由泉州汇入大海。

永春县从宋代就开始与泉州互通贸易，成为闽南山区内各种货物运输贩卖到泉州的中转站。它还是泉州海上丝绸之路的重要节点。例如，闻名海外的德化瓷器、永春特产佛手茶、漆兰、老醋等都是经永春水路运输，再转送泉州出口海外。也正是通过这条水路，历史上许多永春人渡洋谋生。1985 年，永春县被列入闽南三角开放地区。在此背景下，永春县积极发展外向型经济，发挥地理位置、地域传统和"三胞"（侨胞、港澳同胞、台湾同胞）优势。

目前，永春县有约 274 个姓氏，人口逾万的姓氏有林、陈、郑、黄、

李等 14 个。① 该县宗族文化深厚，从明清以来一直有祭祖传统。作为传统地域信仰习俗的一部分，每逢清明、中元、除夕等节日，各家都会展开规模不一、形式各异的祭祖活动。虽然宗族活动在有些时期被视作封建迷信而被禁止，20 世纪初期地方宗族间和族内的斗争也层出不穷，但祖先崇拜和根深蒂固的宗族信仰从未中断与消失。1978 年后，村落宗族间的对抗减轻、关系缓和，同时随着对外开放的深入，海外华侨华人与故土的交流联系加强，传统宗族观念得到强化，原有的集体祭祖、修建祠堂、重修族谱、编撰家训、修葺祖墓等活动也开始复苏和兴盛。

外碧村位于永春县两大水系（桃溪与湖洋溪）的汇合处，现有户籍人口约 2198 人，下辖 10 个自然村，分别是加莲埔、后厝、田中、岭兜（加成溪）、祖厝（加汤洋）、五世、梨树脚、坑尾、大山、陈坂。② 外碧村的主要姓氏为李姓、陈姓、刘姓、王姓。其中，李姓占人口的大多数（约 50%），陈姓次之（30%），陈姓又被划分为溪东陈氏和大山陈氏（后者人数较少）。据记载，明代永乐二年（1404 年），李氏最早从祖籍地四川迁居到陈坂"蔡村洋头"，说明蔡氏先于李氏定居于外碧村。此外，陈坂、佛堂、汤洋等地还记载有马姓、庄姓、吴姓等姓氏，但在历史上也因为外迁、战乱或人丁不彰等原因而湮没了。③

永春县历史悠久，闽南文化资源丰富，有许多地域特色显著、传统底蕴深厚的文化资源。永春现有四个国家文化遗产保护单位、两项国家级非物质文化保护遗产，古村落民居、古建筑、民间手工艺、民俗文化等资源丰富多样，并得到了较为完整的保护和传承。以外碧村为例，村内有丰富的文化遗产和文化资源，多宗庙祠堂保留有祈福法会、谒祖进香等传统习俗活动，耕读文化和儒家文化的气息浓厚，同时作为古代海上丝绸之路的遗址，保留了一定数量的古窑址、牌坊和遗留的文物。外碧村村委和村民们利用这些文化资源建设了家风家训馆、乡土记忆馆等文化活动场所，并规划打造了一系列古丝绸之路为主题的旅游景观。

基于当地自然地理条件和历史文化资源，永春县打造的语言景观大致包括以下三种类型：

首先是名言警句类，如家风家训、告示牌、布告栏、导游牌等。在永

---

① 永春县地方志编纂委员会：《永春县姓氏志》，方志出版社，2010 年。

② 引自《外碧村志》序。

③ 陈进国：《传统的唤醒与发明——以福建陈坂宫开永妈祖庙的兴建为例》，载《中国社会科学院世界宗教研究所建所 50 年纪念文集（1964~2014）》，社会科学文献出版社，2014 年，第553 页。

春县外碧村等地，我们可以看见宣传环境保护的告示牌："山水相连你我他，生态环境靠大家"，提倡乡风文明的宣传语："做文明居民，创文明家庭，建文明乡村"，弘扬孝道美德的口号标语："时间经不起等待——请关爱空巢老人"。我们也能在村口的文化活动广场看见村民协商制定的村规民约，在祠堂观赏家训宗范、外务祖训和典范人物事迹。

其次是宣传画类，包括村落的村景图、旅行导览图和景点宣传海报、手绘墙、照片展板等。外碧村的外八滩全景图是由数百块方形石头拼起来作为画布的，深色石面上手绘了外八滩的山水地理概况，与周围的景物自然地融为一体，围绕这幅村景图，村民们打造了一处充满田园意味的公共空间，体现出宗族生活的理想模式。在村中作为老人活动中心的邻里守望堂，村民们自己绘制和书写的书法和图画作品，被张贴在展板上展示出来，上面书写着老人们的心愿和感想。此外，还有美丽乡村的全景导览图，在民居外墙由村民手绘的历史文化故事、宗族人物画像，通过照片形式呈现的村落民俗传统、文化遗产、文艺活动等。

最后是单体建筑物。它也是乡村语言景观的重要载体，如祠堂、乡土记忆馆、文明实践中心、移民文化活动中心、宗族文化展示馆等。作为传统村落的视觉中心，祠堂是在村落景观化过程中最先被"打造"的建筑，一部分祠堂仍然保持原有功能，另一部分祠堂被用作文明实践中心、文化礼堂等。例如，埔头村将一些宗祠、古厝改建成了村史馆、国学堂，在改造建成的乡村文化广场内陈列展示出祖规族训、优良家训、乡贤事迹等，体现出这两类建筑在功能上的连续性和统一性。外碧村乡土记忆馆则展示了从永春各地收集的乡歌民谣，承载和寄托了村民的童年记忆和思乡之情。

三、政府·村民·乡贤：语言景观生产的不同逻辑

从上文对外碧村的概述中可以看出，当地语言景观的生产是长期历史不断叠加的过程。乡村中历来就有"给自己看"的景观，美轮美奂的祠堂就是典型代表。不过在过去乡村整体物资匮乏的前提下，这些景观的数量和质量都难以和今天相比。今天我们所见到的语言景观，既有历史的延续、自发的行为，也有"美丽乡村"建设的政策驱动，同时还必须放在南洋地区华侨文化与近年来乡贤返乡的大背景下去理解。在这一复杂层垒的过程中，政府、村民与乡贤是最重要的三种主体性力量，而他们用以打造乡村景观

的逻辑，可以用"美丽乡村""民魂"与"乡愁"三个关键词概括。

（一）美丽乡村：政府的乡村景观政策

社会主义新农村建设是"美丽乡村"政策提出和施行的基础。我国早在 20 世纪 50 年代制定国民经济"二五""三五"计划时，就提出了建设社会主义新农村问题①。2005 年 10 月，党的十六届五中全会提出要按照"生产发展、生活宽裕、乡风文明、村容整洁、管理民主"的要求，扎实推进社会主义新农村建设。社会主义新农村建设的目标和要求为"美丽乡村"建设勾勒和预制了一个综合性的发展框架，在生产生活、生态治理、民主法治等方面初步取得的成绩为继续深化乡村生态建设和环境治理打下了基础。

"美丽乡村"概念的最早提出是在 2007 年，浙江省安吉县率先推进美丽乡村建设。2008 年，安吉县正式提出"中国美丽乡村"计划，出台《建设"中国美丽乡村"行动纲要》。党的十八大首次把生态文明纳入党和国家现代化建设"五位一体"总体布局，并提出把生态文明建设放在突出位置，努力建设美丽中国，实现中华民族永续发展。2013 年中央一号文件首次提出要努力建设"美丽乡村"的奋斗目标，进一步加强农村生态建设、环境保护和综合整治工作②。2013 年 2 月，原农业部发布《农业部办公厅关于开展"美丽乡村"创建活动的意见》，并逐步展开村落试点。

"美丽乡村"概念的提出主要突出了视觉化的特征："美丽"所带来的直接感官体验是视觉性的，强调景观的审美价值和文化特征。在这个意义上，"美丽乡村"与一般乡村建设的口号相比，更具有整体性、抽象性和美学性的特征，因此在建设方式和目标上提出了更高的要求。在此背景下，乡村景观的打造成为永春县政府推动乡风文明建设、促进乡村振兴的重要手段。2016 年 4 月，永春县委县政府印发《"美丽乡村·精神家园"工作行动方案》，以"民魂"为关键词、以"五个一"为考核标准，从2016 年 3 月起在多个示范乡镇进行试点，并组织考核评比，完善配套制度。该方案囊括了精神文明建设、文化生活建设、生态环境建设等方方面面，其中"弘扬优良家风家训"是"道德化民"工程中的重要方面，囊

---

① 郭杰忠、黎康：《关于社会主义新农村建设的理论研究综述》，《江西社会科学》2006 年第 6 期。

② 王卫星：《美丽乡村建设：现状与对策》，《华中师范大学学报（人文社会科学版）》2014 年第 53 卷第 1 期。

括了"好家风好家训""最美家庭"创评、家风家训"挂厅堂、进礼堂、驻心堂"等多项活动，永春县鼓励各村收集整理传统家风家训格言，开展家风家训传承工作。

通过自上而下的征集，族谱家训逐步成为地方文化建设的资源，经利用改造后再次进入了主流话语体系。2015 年，永春县档案局发布了《关于开展全县镇村史料征集工作的通知》，征集各村镇编写的镇史村史、散存民间的官方文书、官民文契、珍本古籍等档案史料，以及各乡镇辖区内重要姓氏族谱、家谱、重要名人传记等。永春县档案馆联合泉州市档案馆开设了"泉州市（永春县）镇村史料专藏库"，专门永久收藏族谱、古籍等地方性档案资料。在家训（族训）方面，永春县纪委和县委文明办于2016 年 7 月发布了《关于开展家风家训（族训）和乡规民约征集活动的通知》，在全县范围内征集家风家训（族训）和乡规民约。通过地方乡镇和民众征集的族谱和家风家训，一部分通过档案的形式被保存起来；一部分通过灵活多样的形式被地方自主创新利用，打造成为公共资源和共享的文化景观。

具体而言，永春县语言景观的三种类型——名言警句类、宣传画类和单体建筑，都体现出了"美丽乡村"建设所强调的视觉化特点。首先，名言警句类利用的是语言的原初功能，政府在设计这类语言景观时，使用简短精练、鲜明易记的家风家训、告示标语等。这类景观极大程度上发挥了语言文字的表意象征功能，语言本身成为某种具有审美价值的景观符号，不仅具有丰富的符号内涵和文化含义，而且能够结合日常的言语活动，在群体之间进行更灵活的交流传播，因此是一种"活的景观"。

其次，宣传画类型的景观以更直接的方式表现出"美丽乡村"的视觉性意义：通过宣传画、照片展板等形式，不仅对现实空间进行了再现和美化，而且打造出一个具有审美价值的独立视觉空间；在这一空间中，乡村的具体地理环境和人文特征实现了某种升华，构造出具有历史底蕴和公共理想的多层次景观，将过去与未来同时融汇呈展于当下的视觉图景中。

最后，作为景观的建筑物则以更具功能性的方式体现出审美性与日常生活的衔接：建筑物的设计始终承载着双重需求，即一方面，建筑始终是以人为本的，它首先须考虑满足不同社会活动的现实需要，如教育、居住、待客等，因此在功能分区、总体架构等方面需要注意实用性；另一方面，建筑物又需要具有一定的审美性和文化功能，能够体现主人、家庭乃至族群的身份地位和品位旨趣，但这种功能很多时候并不是刻意的，而是随着不同历史社会阶段的发展自然呈现出的社会的整体特征，因此是反映鲜明地域文化风格的镜子。可见，建筑物作为综合性的人文景观，本身就是"美丽乡村"的重要组成部分。

总而言之，名言警句、宣传画和建筑从不同侧面发挥了建构景观的功能。其中，语言、图像和建筑不仅是一种抽象活动，也更多与社会具体现实紧密联结起来，通过文字创作、图像艺术、工程技术等生产性活动获得其物质载体和多样化呈现。因此，"美丽乡村"的视觉性从来不是一种孤立的"看"，其内蕴的感官始终是某种多层次异质的综合；人们在具体的生产生活中不断创造着语言、图像和建筑，其中也承载着习俗、情感和希望等非即时性要素；在这个意义上，"景观"本身也获得了多重意义，并在社会的不断变迁中获得更新和深化。

此外，"美丽乡村"体现出的政府逻辑在永春县语言景观的设计和打造过程中发挥了统领性、布局导向的作用，但是在具体的景观内容选择和布置过程中，村民也参与进来与政府部门、村委人员等共同打造出能够体现乡村特色和文化传统的景观。其中，"民魂"这一概念就是在政府的主导下提出的，它作为"美丽乡村"建设的核心目标，实质上起到沟通政府与地方利益关系的作用；村民们以"民魂"为切入点，也找到自我展示和文化展演的"舞台"。下面具体说明"民魂"的独特形成机制与价值意义。

（二）"民魂"：政府与村民的协商共建

"民魂"的提出和实践，体现的是政府和村民在乡村景观设计和展示上的协商与合作逻辑：永春县语言景观是在多方力量不断互动协调的基础上形成的，而不是只在某个团体内部封闭、单向的创造活动。站在政府的立场上，它们希望通过展示村落的差异性，制造稀缺性景观资源和个性化视觉特征，这只有通过调动各家各户的个体积极性才能实现。而从村民的角度来说，他们也乐意展示自己的良好家风或者与众不同，当政府引导村民从自己的族谱家训中去寻找资源时，双方自然一拍即合。政府只需要提供时机、空间与标语制作的成本，村民自然能"生产"出个性化的语言景观并主动维护其存在。因此，在景观的背后实现了政府和村民协商共建的平衡，体现出不同团体间利益、价值和资源的合作共享。

永春县的"民魂"是永春县政府在"美丽乡村"建设过程中通过总

结实践经验提出来的。它是永春县 2016 年起开始实施的"美丽乡村·精神家园"行动计划的核心，其主要目的是突出乡村为单位的村庄特有的精神主题，即体现出"一村一韵"，避免千篇一律的乡村景观。这种"韵"象征着村庄的历史传统与民俗特点，也代表着村庄的凝聚力和向心力，是乡村的"灵魂"。永春县文明办主任在访谈时谈道：

"说实话，当时（2012~2015 年）的认识是比较停留在面子上，就是基础设施建设漂亮一点。后来我们在这个过程中说要持续，肯定要有一个内涵，所以当时就说要每个乡镇每个地方要形成自己的东西，我们当时提出说'民魂'。每个村要有自己的'民魂'。"①

在美丽乡村建设过程中，他参与了各村家风家训、民风民俗收集工作，在整理时发现：

"大量的历史传承、文化底蕴和很多故事，一个（村）挖这方面的内涵，另一个（村）挖那方面的内涵，（所以）我们几十个美丽乡村，都各有自己的一些特点。"②

因此，在 2015 年参加了全国精神文明建设工作经验交流会的基础上，永春县召开会议决定 2016 年起在全县范围内实施以"民魂"为核心的"美丽乡村·精神家园"行动计划，重点培育 10 个"民魂"建设的示范乡镇、9 个示范村。在政府政策方案的推动下，弘扬优良家风家训被纳入以"民魂"为核心的乡风民风系统性建设的大框架中，与推进社会主义核心价值观，深化农村法制宣传教育，开展农村志愿服务、农村不良风气专项治理以及文明校园创建一起，成为"道德化民"工程的一部分。围绕家风文明这一主题，永春县各村镇积极发掘本地的传统文化资源，设计和打造了一系列语言景观。自从 2016 年精神文明建设的方案推行以来，截至 2019 年底各村共征集了 400 多篇当地的家风家训，全县两万多户家庭在家门口悬挂了自家的家风家训、治家格言。此外，永春县还推行了九个"家+文化"建设活动项目，建设了不同主题的"家+文化"展示点，共计两百多户。③

"民魂"的提出和文化活动的开展调动了村民对村庄建设的参与积极性，推动了一系列个性化的、多功能的语言景观的设计和展示，村民们从各自的族谱和家谱里挑选出最能够反映自家家风文化和传统的内容。例

---

①② 访谈时间：2020 年 11 月 3 日；地点：永春县文明办；访谈对象：县文明办主任。

③ 《永春县强化文明乡风 确保农村"民魂"建设见行见效》，泉州市永春县人民政府官网，2019 年 12 月 6 日，http://www.fjyc.gov.cn/ztzl/zcqgwmcs/cjdt/201912/t20191213_1973244.htm。

如，有的家庭重视教育，希望通过家训展示出书香门第的气息，从而春风化雨，其家风家训多体现家国情怀、修身济世之道；有的家庭历代经商为业，重视为人处世，家风家训多教导子女诚信正直、尊老爱幼、回报家乡等道理。这些内容的筛选和设计不是上级指定的，而是村民们主动选择和展示的。"民魂"和"家家亮家训"对独特性和传统的强调，提供了使传统意义上静止的族谱家训"活化"和公共化的契机。

在此基础上，村民们对传统文化进行了自觉利用和反思，通过家风家训打造了一系列具有乡村特色的语言景观。例如，在东关镇美岭村，许多村民都在朝向路口的大门处张贴了自家的家风家训。这些语言景观有的是采用统一的材质和款式设计，全村整齐划一；有的则是用书法形式简单写在纸上再装裱起来，其内容各异，但大多体现出浓厚的儒家文化色彩，围绕"仁义礼智信"、"三纲五常"、为人处世等伦理道德主题展开，语言简洁凝练，如"德性好，福分大；有德便有福；遵循本性便是福"。

这些语言景观的内容不仅体现出各家各户的特色家风，也体现出农民质朴简练的语言习惯和特点。永春县文明办主任在访谈中提到，他们在推行"家家亮家训"时考虑了村民的语言表达能力和习惯，农民的语言质朴但也可以有深刻的含义，因此他们更关注的是展示出的语言背后的寓意而不是形式：

"很多这些老百姓的语言，（这些）都非常朴实，非常有意义，也让我们记忆犹新。真的是藏于民间。"①

因此，村内呈现的语言景观大多是简单的一两句话，如"别人好我们才能好""节准吃，但是不能节准干"，等等。② 这些用村民习以为常的语言方式表达出来的日常话语在成为景观后，通过这种口语化、接地气的方式融入村民的生活中，不仅推动了村落传统文化的继承和弘扬，而且还发挥着规范当下现实生活、提供行动引导的功能，使族谱家训拥有文本所具有的教化、引导、规范等功能，并进一步转化为村民生活中可见、可感、可知的公共物品和共享文化资源。

（三）乡愁：景观的社会功能与统一作用

"乡愁"是永春县族谱家训景观建造过程中的第三个关键词。它既反

---

① 《永春县强化文明乡风　确保农村"民魂"建设见行见效》，泉州市永春县人民政府官网，2019年12月6日，http://www.fjyc.gov.cn/ztzl/zcqgwmcs/cjdt/201912/t20191213_1973244.htm。

② 以上两句话都来自文明办主任提到的事例，后一句是他自己家展示的家风家训。节准吃，指吃的时候不能铺张浪费，要勤俭；不能节准干，指干活的时候不要省着力气干。

映出永春所在的闽南地区宗族历史文化的特点，也体现了打造语言景观的核心目的：维系乡愁，推动宗族力量的整合。在这一过程中，政府的美丽乡村目标、新时代精神文明建设、当地村民的日常生活、乡贤的返乡和华侨的力量都被"乡愁"统一起来，形成推动乡村振兴的合力。

一方面，侨民是参与永春"乡愁"景观建设的原动力。永春县是著名的侨乡，祖籍为永春的116万海外华侨和近4万港澳台华人分布于全球49个国家和地区，主要移居于马来西亚（70.1万人）、印度尼西亚（27.5万人）、新加坡（6万人）等东南亚国家。中华人民共和国成立以后，永春县委对海外永春人口进行过四次调查与估算，发现一些乡村在海外的人口远超过在国内居住的人口。例如，在1950年桃溪周氏修编族谱时，登记在册的海外族人就有4000多人，比国内的人口多了近1倍。

外碧村村委和村民非常重视侨民文化的保护和与侨亲关系的维持，通过修谱修志、修葺祖祠、搜集整理侨民文物等方式唤醒侨民的故土情怀。他们认为：

"乡愁故里并不是让人家很愁，而是让人家可以回来也可以回忆的地方。海外有一百多万永春籍人口。所以，乡愁故里主要是要有这种氛围，回来其乐融融，觉得是一种享受，回来是一种思念、一种回忆，这才有意思。"①

"不同空间建构是由人的活动（及其文化意义）与物质基础的'相互结合运作'的结果。"② 乡愁作为一种情感活动，它的唤起和持续依赖于特定的文化空间和物质基础。文明办主任所说的"乡愁故里"氛围的制造需要对乡村空间进行改造，建构与故乡特色、乡愁文化相对应的物质空间，而族谱家训的语言景观能够唤起对扎根于闽南人心中深厚的对宗族传统的记忆和情感，伴随着"心系故里""叶落归根"的责任感、使命感、归属感的唤起，"乡愁故里"的氛围才得以产生。

通过乡愁的维系，许多海外华侨在永春捐资办学、修路造桥、投资文化卫生事业。例如，李深静（Lee Shin Cheng，马来西亚IOI集团总裁）系外碧村李氏第十七世，虽生于马来西亚，但热心于祖籍地的公益慈善事业。在他的资助下，李氏族人修缮了李氏祖祠和祖居清田楼。他还捐修了东美村东关镇桥、溪西的村级水泥路，并屡次资助永春县多所中小学的教

---

① 访谈时间：2020年11月3日；地点：永春县文明办；访谈对象：县文明办主任。

② 黄应贵：《空间、力与社会》，《广西民族学院学报（哲学社会科学版）》2002年第2期。

育事业。①

　　另一方面，乡贤在永春的景观文化建设中也发挥了重要作用。许多分布于全国各地的永春人、离开农村搬到镇上或市区居住的村民也被乡愁背后的宗族文化和传统观念所维系着，一部分人成为"乡贤"，并参与到对故乡的建设中来。以外碧村为例，参与该村乡风文明建设的乡贤主要有三类：一类是"学术反哺"式的知识分子（以陈进国博士为代表）；一类是熟悉本地状况的地方乡贤（退休的人大代表）；还有一类是捐资助力型的慈善家（海外华人华侨和迁居外地的永春人）。这些精英人物象征着外碧村拥有的符号资本（文化、社会、经济等各方面），也是一张外碧村人才培育和文化建设的"成绩单"。

　　乡贤在乡村语言景观的设计和打造中扮演着拥有高度话语权的关键角色。其一，许多村中的语言景观的设立或改造的初衷和缘起都是因为某某乡贤的倡导和支持，如庙宇的修缮、族谱的修编、祠堂的改造等。其二，有些乡风文明的改造项目和当地的基础设施建设挂钩，这些乡贤提供了大量的社会关系或物质资金，如村中的大桥大坝的修缮、柏油马路的铺设、公共卫生间的设立等。在此过程中，乡贤的参与和影响或直接或间接，但他们已经逐渐构成了乡村文化建设中汇聚起来的一股中坚力量。

　　近年来，随着政府对乡村文化精神建设的重视，永春县的"乡愁"塑造越来越呈现出由政府主导、统筹多方的特征。以乡土记忆馆为例：乡土记忆馆最初是由乡贤倡导、族人在原有祖祠基础上自发修建的，其所在的陈氏祖厝福安堂始建于 1927 年，位于外碧村田中自然村，占地 3000 多平方米。2012 年福安堂重修。2014 年在外碧村乡贤陈进国博士的倡导下，族人陈天生、陈剑虎等开始筹备改造、兴建乡土记忆馆。在陈进国博士的规划构想下，原来的乡土记忆馆被划分为乡土文化、华侨史迹、生产生活器具、农家休闲小院为主题的四大展示功能区，收集整理并展示各姓氏族谱、道教文书、侨民书信、田契等文献资料，以及体现永春乡村民俗文化的石碾、石磨、锄、耙等日常生产生活工具。这些展示品不仅仅是从外碧村收集整理而来的，还广泛取材于湖洋溪流域的东平镇、湖阳镇、外山乡等地区。

　　然而，政府的目的不是突出民俗文化和乡土记忆，而是希望能够通过

---

①　陈进国：《传统的唤醒与发明——以福建陈坂宫开永妈祖庙的兴建为例》，载《中国社会科学院世界宗教研究所建所 50 年纪念文集（1964~2014）》，社会科学文献出版社，2014 年，第553 页。

弘扬家风家训文化来实现移风易俗、教化民众。因此，乡土记忆馆被永春县政府和文明办接管后，被改造成了家风家训文化园，陈进国原来设想的乡土记忆和传统文化主题变成了"我爱我家"为主题，乡土记忆馆成了集历史文化展览、党员教育、旅游文化开发等多功能为一体的公共活动平台。永春县委各部门每年定期组织支部党员到外碧村家风家训馆参观，以增强党员干部的廉政意识。从展览馆陈列的内容和功能设计上，可以看出地方宗族的整体叙事和对历史的解释与记忆受到了国家政治和社会发展的影响。例如，在乡土记忆馆改造时，在对馆内展示内容的选择上，县政府相关部门将重点放在了家风家训上。一方面是为了顺应党的十八大以来国家政策方针的主流方向；另一方面也响应了永春县乡风文明建设的政策方案，将外碧村的家风家训馆项目纳入了2016年精神文明建设工作方案中提到的"道德化民"工程中，成为"弘扬优良家风家训"重要实践成果的一部分。

永春县政府的主要目的是希望乡土记忆馆成为宣传精神文明建设的一个参观教育基地，这与作为一名学者和陈氏后裔的陈进国博士，怀有的传统文化传承和宗族复兴的主要目的在实践过程中还是有一定差异的。例如，陈进国原来设想的人生礼仪、儒家文化等内容，最终并没有呈现。①

在"乡愁"的产生与发展中，侨民、乡贤和政府作为不同的力量主体参与到了其建构中，在这个过程中存在着合作和妥协，有着不同观点、目的、利益的差异、协商与合作；随着政府力量的加强，如何更长期地维持多方力量之间的相对平衡，是否需要寻求改善相应的文化建设、运作机制，这些问题都渐有凸显。但总体上看，无论是乡土记忆馆还是家风家训馆，外碧村当地的村民和陈氏族人都对这一传统文化改造的成果表示出了认同和支持。从收集展品、修缮古厝到改造展馆、宣传活动，外碧村的村民们都积极主动地参与到这一过程中，分布在各地的陈氏族人也尽其所能地贡献出自己的力量，同意改造祖祠并收集捐献了很大数量的展品。家风家训馆在未来将进一步与外碧村生态宜居环境建设、公益文化建设、旅游业发展等规划结合起来，为当地带来更多经济、文化、社会等方面的综合效益。

①　陈进国：《传统的唤醒与发明——以福建陈坂宫开永妈祖庙的兴建为例》，载《中国社会科学院世界宗教研究所建所50年纪念文集（1964~2014）》，社会科学文献出版社，2014年，第553页。

四、结论："自我凝视"为动力的景观生产

总之，在永春我们可以看到，"游客凝视"并不是乡村景观生产的主要动力，来自当地政府、村民与返乡乡贤的"自我凝视"才是语言景观的内在逻辑。这具体表现为三个方面：

第一，在锦标赛式的政府工作逻辑中，政府人员以上级文件为镜子"自我凝视"，审查地方建设成果是否能够反映上级文件的要求和目标。周雪光（2008）在分析基层政府之间的"共谋现象"时指出，基层政府在执行政策时并非完全统一，不同地区执行的效果和力度都是有差异的，以灵活地适应当地的特殊情况。艾云（2011）也发现，各级政府在执行计生政策的过程中扮演了"检查者"与"被检查者"的双重角色，这种角色转换形成了一种促进关系调节和认知同化的共谋机制。永春县政府下发的乡风文明建设政策文件和指导方案，成为各村镇政府人员衡量地方工作成果和效率的指标，而族谱家训类的语言景观是对政策施行和落实的直观呈现，景观成为地方政府工作的成绩符号，是上级力量和政府权力向地方延伸和扩展的象征。在这种"自我凝视"和参照中，政府人员不断调整政策文件要求和地方具体条件的配置和关系，找到使地方客观环境、文化传统和宏观政治导向、经济社会发展要求相互协调的方案。在永春县，政府和村委关于家风文化的语言景观设计与当地农村的自然地理环境、经济状况、产业结构、人口特点、文化背景等环境因素密切相关，并受到其制约与影响。例如，"民魂"的提炼和展示、村落符号的设计、家风家训景观的个性化打造，都反映出不同村落的特点，这些语言景观在作为传统文化载体的同时，也适应了当地旅游文化发展、经济文明建设的需要。

第二，在植根传统的乡土逻辑中，村民通过反思自己的传统来强化自我的形象认同、传承村落的传统，同时也就意味着自我美化与秩序化，语言景观就成为这种"乡村生活理想"的视觉性呈现。个体行为在和群体行为的参照中得到引导和规训，这种引导和规训"游客凝视"的意向性的区别在于："游客凝视"是来自于外界的"他者"的期待，景观的"生产者在他者的期待视野中发现自己的生活之意义与价值"①，是以游客的想象和期待为导向的。相比之下，永春县的语言景观生产中村民的"自我凝

①　刘晓春：《当代民族景观的"视觉性"生产——以黔东南旅游产业为例》，《社会学评论》2021 年第 9 卷第 3 期。

视"更主要的动力来自于闽南村落内生的传统宗族文化。虽然这种文化的复兴和发展在一定程度上受制于外界的压力，但从族谱家训景观的设计、生产到展示、参观，都更多地体现出村民的自主性和能动性，他们对村落的文化和传统进行自觉地挖掘与改造，通过"自我凝视"来为村庄的景观、建筑、生活方式等赋予价值和意义。在"游客凝视"为中心的地区，景观生产是一场动态的"看/被看"的文化表演，当地民众和游客互为表演主体①；而在植根传统的乡土地区，"自我凝视"的村民以文化景观为"表演道具"，主动地打造和呈现体现乡村生活和传统文化的舞台，他者对异文化的期待性想象和大众旅游产业的娱乐属性都退居后位，带有地方特色的自我认知和"民族深厚历史传统的神圣性"② 走上前来，在这场"表演"中占据了主导地位。

第三，在长期的"出海—返乡"逻辑中，乡愁是乡村发展最重要的动力。乡愁的本质是一种地方认同，即段义孚所谓的"恋地情结""地方之爱"。它指人与地方的情感联系，即人群对栖息地的整体感知与情感依附，地方以特殊的构造聚集了事物、思想和记忆。③ 它不断被书写、生成与强化，以往可能是以族谱和祭祖的形式，而现在则采取了景观、建筑的形式。只有在特定的地点和时刻，怀旧/恋乡的感情才有可能被激发，"一个社会如果全然抛弃其古老的、过时的技术，无情地扔掉短暂即逝的东西，自信地覆盖前朝世代的发展积累，那就会缺乏赖以建构怀旧/恋乡的物质对象"④。而永春县的语言景观建构，正是在为乡愁的实现提供物质对象，并将地方社会和个体通过乡愁这一条纽带联系起来。怀揣着乡愁的"自我凝视"不仅维系着个体的身份认同和特质，也承载了对一个共同体的追忆、想象与再建构。英国社会学家基思·特斯特认为，社会体通过怀旧/恋乡的方式解决了现代性中潜在的意义深渊问题，使个体能够共同生活："社会体的基本问题就是针对个体潜在的流动性。而解决之道则在于将个体维系于某些限定的特性/身份/认同，后者源于怀旧/恋乡提出的承诺，并由共同体的各种形式所保障。"⑤ 通过乡愁的不断书写、生成和强化，

---

①② 刘晓春：《当代民族景观的"视觉性"生产——以黔东南旅游产业为例》，《社会学评论》2021 年第 9 卷第 3 期。

③ 赵红梅、李庆雷：《旅游情境下的景观"制造"与地方认同》，《广西民族大学学报》2011 年第 3 期。

④ Chase M and Shaw C："The Dimensions of Nostalgia"，in the Imagined Past，History and Nostalgia，Manchester：Manchester University Press，1989，p. 4.

⑤ 基思·特斯特：《后现代性下的生命与多重时间》，李康译，上海文艺出版社，2020 年。

景观发挥了居伊·德波所说的图像中介的作用，建立并维系着人与人之间的一种社会关系。[①]

总体而言，和旅游情境下的"民族景观"类似，永春的语言景观也经历了一个从非反思性的日常化生活模式走向反思性的表演化生活模式的过程。在这个意义上，永春县的语言遗产通过其现代的表演化过程实现了进一步深化。但需要注意的，是其背后体现出的不只是简单的"看/被看"的逻辑，而是一种共识性的景观生产逻辑：以美丽乡村建设为目标的政府工作逻辑、以"民魂"为代表的协商共建逻辑和用乡愁维系的"出海—返乡"逻辑。这三种逻辑以"自我凝视"为动力，以乡村景观为中介，使各种社会关系得以协调统一。

现在我们看到的"语言景观"，在某种程度上扮演着和宗谱类似的功能角色。它同样是宗族的纽带、乡村生活理想的外化及教化的规约。因此，这些语言景观不仅仅是直接以宗谱为资源，或者宗谱内容的可视化，它实际上也创造了新时代乡村中全新的"宗谱"形式。这正是本文所认为的"这类自我凝视下的语言景观，同时展演了传统与现在、过去与未来"的原因所在。

参考文献

艾云：《上下级政府间"考核检查"与"应对"过程的组织学分析 以 A 县"计划生育"年终考核为例》，《社会》2011 年第 31 卷第 3 期。

厄里、约翰·拉森、乔纳斯：《游客的凝视》（第三版），黄宛瑜译，格致出版社、上海人民出版社，2016 年。

刘晓春：《当代民族景观的"视觉性"生产——以黔东南旅游产业为例》，《社会学评论》2021 年第 9 卷第 3 期。

刘文：《拉康的镜像理论与自我的建构》，《学术交流》2006 年第 7 期。

徐赣丽：《民俗旅游的表演化倾向及其影响》，《民俗研究》2006 年第 3 期。

吴琼：《他者的凝视——拉康的"凝视"理论》，《文艺研究》2010 年第 4 期。

周宪：《现代性与视觉文化中的旅游凝视》，《天津社会科学》2008 年第

---

① 居伊·德波：《景观社会》，张新木译，南京大学出版社，2017 年。

1 期。

张颖:《异质与共生:日本当代艺术乡建诸模式》,《民族艺术》2020 年第
　　3 期。

周雪光:《基层政府间的"共谋现象"——一个政府行为的制度逻辑》,
　　《社会学研究》2008 年第 6 期。

Jaworski A and Thurlow C, Semiotic Landscape: Language, Image, Space,
　　London: Continuum, 2010.

Urry J, "The Tourist Gaze: Leisure and Travel in Contemporary Society",
　　London: Sage, 1990.

乡建艺术与乡村民俗

——以"羊磴艺术合作社"的艺术实践为例

霍　雯[*]

摘　要　近年来，艺术乡建引起了学者们的高度重视与研究兴趣，但关于乡建艺术与乡村民俗的关系问题并未得到严肃的讨论。关于乡建艺术与乡村民俗的关系，以往主要有两种相关理论认识：第一，认为在地的艺术实践是一种"自恋式的塑造"，不能与民俗文化本身混为一谈；第二，认为艺术家的实践制造了"伪民俗"。实践民俗学认为民俗学研究本身就是实践。以实践民俗学的立场审视"羊磴艺术合作社"在贵州省羊磴镇的参与式艺术实践，我们可以发现不存在一成不变或同质化的"乡村民俗"，在乡村进行艺术实践的艺术家本身就是民俗流变的一部分，实践民俗学对乡建艺术和乡村民俗的跟随与倾听，是增进理解"新时代民俗"性质的有效途径。

关键词　乡建艺术　乡村民俗　羊磴艺术合作社

一、理论基础及问题来源

在乡村振兴的大背景下，近年来艺术乡建广泛开展，引起了学者们的高度重视与研究兴趣。当前，对艺术乡建的研究主要集中在艺术乡建的具体建设案例、艺术乡建的模式与类型、艺术乡建如何走向乡村振兴等方面。但是，到目前为止，关于艺术乡建的研究或多或少忽略了一个重要的问题，即乡建艺术与乡村民俗的关系问题：艺术家在乡村创作的艺术作品属于乡村民俗文化吗？如果他们有意识地利用乡村民俗资源，这属于乡村

---

* 霍雯，北京师范大学社会学院博士。

民俗的自然传承与发展吗？如果他们较大地改造或创新了原有民俗，这属于乡村民俗的断裂吗？如果他们与村民一起创造出新的艺术作品，这可以被视为乡村民俗的自我更新吗？如果他们创造的艺术作品没有村民的参与，却得到了村民的接受和认可（无论是主动的还是被动的），这可以被认为是外来文化对本地民俗的改造吗？

上述问题并没有得到严肃的讨论。但以往民俗学与人类学关于民族志和民俗主义的理论，却能给我们启发。这主要有两种观点：第一，认为在地的艺术实践和民族志写作一样，或多或少是一种"自恋式的塑造"①，艺术家在创作过程中为了实现"自我的他者化"，有可能创作出沦为自我陶醉（Self-Absorption）的艺术作品②，这样的艺术实践应该被视为艺术家自己的个人创作，不能与民俗文化本身混为一谈。第二，认为艺术家的实践制造了"伪民俗"③，即通过"民俗主义"④ 的行为，"发明"了民俗与传统。民俗学界关于"民俗主义"已有很多争论。阿兰·邓迪斯在《伪民俗的制造》中就已经表示民俗与伪民俗也是相连的，它们同为文化必须的成分。赫尔曼·鲍辛格在《关于民俗主义批评的批评》中认为不应简单地对民俗主义采取沉默的蔑视，民俗主义作为一个带有批判意味的描述性概念带有启发性的价值⑤。

进入 21 世纪以后，以上两种观点都在不同程度上受到了批判。其中，实践民俗学对这两方面理论进行了集中反思。第一，实践民俗学认为，民俗学研究本身就是实践，认识世界的同时必然会改变世界，这其中不存在主客体的截然对立，实践民俗学强调"'行动'在'实践'中的重要性"和民俗学者与行动者的相互启蒙与共同成长⑥，毋宁说民俗学者与民俗实践者这两种身份始终交织。第二，实践民俗学也相信，民俗与传统本身就是实践与建构的产物，西蒙·布朗纳（Simon Bronner）教授认为"民俗就是从实践中形成的传统知识又被应用到实践中去，这意味着它始终与传承

---

①② Foster H：""The Artist As Ethnographer"，In the Return of the Real：The Avante-Garde at the End of the Century，Cambridge：The MIT Press，1996.

③ 美国民俗学家道尔森在 1950 年关注到人们对口承文学的改编、杜撰和纂修，并将这些人工经手之后的作品称为"伪民俗"，但道尔森文中"伪民俗"批判的只是少数知识分子对带民间文学的浪漫主义态度，并非"二战"后发达国家出现的全民性的寻求文化回归（参见周星、王霄冰主编：《现代民俗学的视野与方向》，商务印书馆 2018 年，第 16 页）。

④ 周星和王霄冰编著的《现代民俗学的视野与方向》一书中，集合了德国、美国、日本和中国民俗学者对于"民俗主义"的定义和相关讨论。

⑤ 周星、王霄冰主编：《现代民俗学的视野与方向》，商务印书馆，2018 年。

⑥ 萧放、鞠熙：《实践民俗学：从理论到乡村研究》，《民俗研究》2019 年第 1 期。

有关，通过模仿、吸收、潜移默化而起作用"①，即传统不是某种"随随便便"或"自然而然"就可以传承的东西，只有刻意地重复和强制性的不变才能形成传统。如果我们站在实践民俗学的立场审视艺术乡建，乡建艺术与乡村民俗之间的关系会呈现出更复杂的状态。艺术家与村民，谁在行动、怎样行动？他们是否合作、如何协商？他们创作出来的艺术作品是什么、怎样被理解和接受？通过对这些问题的深究，我们可以获得对新发展时代中乡村民俗性质的全新认识。

本文将站在实践民俗学的立场，以 2021 年 1 月和 12 月笔者在贵州北部羊磴镇的调查为基本资料，从实践环境、行动者、行动方式、当地人的回应和实践话语体系这几个方面深描羊磴艺术合作社的艺术实践，以期对这类艺术创作与乡村民俗之间的关系做出说明，并进一步探究新时代背景下"乡村民俗"的含义。

二、羊磴艺术合作社的艺术实践及话语

2012 年，焦兴涛教授等四川美术学院的艺术家在羊磴镇成立了"羊磴艺术合作社"，以该镇为依托进行了一系列乡村艺术实践。在实践的过程中，他们于 2015 年建立了名为"羊磴"的微信公众号，将已经和正在发生在羊磴的生活现场、艺术现场和想象的现场在微信公众号平台上进行发布；还召集不同领域的写作者到羊磴进行"驻地写作计划"；并将"羊磴"微信公众号上的文章结集成册，在 2017 年出版了《参与的艺术——羊磴艺术合作社 2012~2017》，2019 年出版了《参与式艺术的中国现场：羊磴艺术合作社》。

（一）实践环境

羊磴镇位于贵州省遵义市桐梓县北端，虽地处遵义市辖区，但距离桐梓县城 101 千米，距重庆万盛区仅 55 千米，所以羊磴的许多生活习俗和饮食文化在贵州风俗的基础上体现出些许川渝风味。羊磴以山多而闻名，是典型的喀斯特地貌，"羊磴"的意思就是"山羊爬山都要加个磴磴才能够上去"②。羊磴，由于山多，所以树木繁茂，森林覆盖率达 60%，滋养

---

① 鞠熙、许茜：《美国民俗学的实践理论——兼论西蒙·布朗纳的有关阐释》，《民俗研究》2021 年第 1 期。

② 讲述人：娄金；记录人：霍雯；记录时间：2021 年 1 月 15 日；记录地点：羊磴艺术合作社客厅。

了当地木匠工艺的发展；也正由于山多林密，生活和交通不便，山上许多村庄的居民都整体搬迁到了山脚下，在羊磴镇聚居。

艺术家们刚到羊磴时，落脚在一处出租小院中。为了艺术实践的后续开展，他们想找一个永久的场地，随后一次偶然发现马路边上有一栋外表很"干净"的建筑。这栋建筑既没有瓷砖装饰，也没有各种小广告，非常符合做雕塑的审美。几经讨论和协商，在左邻右舍的见证下，一栋占地面积约 150 平方米的四层房屋、约 2 亩的指定耕地和地面种植的两株核桃树便转让给了羊磴艺术合作社[①]。从此，这个位于羊磴西街马路边上的房屋，就成了羊磴艺术合作社在羊磴的大本营，羊磴艺术合作社的艺术实践也围绕着羊磴陆续展开。

（二）行动者

作为劳动群众为改变生产生活条件而自愿联合建立的一种经济组织，合作社在中国带有强烈的时代特征，且相对自由，非常符合艺术家们想要进行的艺术实践的气质，所以"羊磴艺术合作社"便有了名字和组织。[②]其实在最初的实践项目中，合作社的成员构成大部分都是四川美术学院雕塑系的学生、老师和研究生，参与的艺术家多是从雕塑的视角出发，后面陆续有美术学系理论专业和新媒体系的同学加入，并不断扩大。[③] 笔者于 2021 年 1 月参加了羊磴艺术合作社招募的"羊磴钢丝桥驻地工作坊"，参与的成员有艺术教育、综合艺术、雕塑、建筑、景观规划等不同专业的人，还有音乐唱作人和摄影师，笔者以民俗学专业学生的身份加入，也有幸成为"羊磴艺术合作社"的一员。因为他们的实践属于"有方向无目标"[④]，所以羊磴艺术合作社相对于那些有组织、规划的艺术团体，更像是一个由对"乡村艺术实践"有共同期许的人们组成的松散团体，"可以加入也可以退出，可参与也可以旁观"[⑤]。

羊磴艺术合作社在进入羊磴的初期，为了保持艺术创作的自由，一直与政府间保持着"弱联系"，但随着艺术实践的逐步开展，地方政府逐渐看到了艺术在乡村的可发挥潜力，便逐渐参与到艺术家们的艺术实践当中。从 2016 年的羊磴"画皮记"、2020 年主持改建"档案馆""乡愁馆"和"抖音馆"，到 2021 的"羊磴木元黄桃艺术节"和"感知乡土——国际乡村公共艺术作品与文献展"，羊磴艺术合作社与地方政府展开了多次

[①②③④⑤] 焦兴涛、王子云：《参与的艺术：羊磴艺术合作社（2012-2017）》，重庆出版社，2019 年。

艺术参与乡村建设的艺术实践活动。在乡村振兴的背景下，羊磴艺术合作社的实践方式和实践逻辑也在逐渐发生变化。

随着羊磴艺术合作社的发展，一些村民也参与其中，成为乡村艺术的行动者。关于这些村民及其实践，本文将在后面行动者的话语与言说部分予以详细说明。

（三）行动方式

1. 项目概述

进入乡村的艺术实践形式主要可以分为"实用艺术"和"当代艺术"，"所谓实用艺术，是指实用于审美相结合的表现性空间艺术，主要包括建筑艺术、园林艺术、工艺美术与现代设计等"。[①] 当代艺术的形式则更加丰富，包含"行为艺术"（Performance Art）、"社区艺术"（Community-based Art）、"新类型公共艺术"（New Genre Public Art）、"参与式艺术"（Participatory Art）、"批评式艺术"（Critical Art）、"行动者艺术"（Actor Art）、"活动家艺术"（Activist Art）、"抵抗性艺术"（Resistant Art）、"后自律式艺术"（Post-autonomous Art）、后作品艺术（Post-object Art）、"教学法艺术"（Pedagogical Art）等。这些不同形式的艺术必然对乡村产生不同形式的影响，但有些形式的艺术实践由于缺少审美认同和地方感，而缺少当地群众的认同、参与和支持。"参与式艺术"旨在通过和村民共同构建情境来完成艺术实践，借由艺术的途径激活村民作为独特个体的主观能动性，所以在村民的参与度和艺术实践的可持续方面能够在乡村打开新的局面，给予村民表达并定义自己的美好生活的机会，也可以为乡村和地方的人才振兴提供助力。

羊磴艺术合作社在羊磴开展参与式艺术实践，旨在让艺术通过集体主义生产的方式再次出现，并尝试将艺术还原为一种"形式化的生活"[②]，想通过"缓慢的持续"[③] 来触发日常生活和艺术的互动。但在这一过程中，既有张力与冲突，也有协商与合作，以下本文将分别说明。

2. 张力与冲突

（1）冯豆花美术馆。艺术家作为外来者进入乡村，外来的艺术加上对当地情况的不了解，往往通过地方的特色文化和产业展开艺术实践。羊磴镇虽然处于羊磴河的河谷地区，但是周围山多林密，当地的木匠行业是一

① 彭吉象：《艺术学概论（第三版）》，北京大学出版社，2006 年。
②③ 焦兴涛：《寻找"例外"——羊蹬艺术合作社》，《美术观察》2017 年第 12 期。

大特色，羊磴艺术合作社最初的艺术实践便围绕着"木作"展开。木匠师傅冯如金通过做木匠活儿与羊磴艺术合作社结识，他在羊磴老街上有一家自家的店面，属于商住两用，里面居住、外面的空间用来卖豆花。艺术家焦兴涛、王比、娄金和张洁便提议在不影响豆花店正常生意的前提下，通过为豆花馆中原有的四张桌子更换桌面来开展艺术实践①，他们便按照实物的原有比例，分别在桌面上雕刻制作了乡镇饭馆中经常出现的事物，香烟、筷子、碟子和摩托车钥匙通过木雕的形式出现在豆花馆的桌面上。艺术家还制定了冯豆花美术馆的原则，即"美术馆"一定要与豆花店的日常相关联，也要让当地人"感受到生活中的意外与惊奇"②。桌面上栩栩如生的雕刻确实引起了客人的兴趣，"很多人都去抓，但是一抓抓不起"③。但桌面上的雕刻作品也给豆花店的日常清洁带来了不便，"很多油和渣子都落在里面，搞不出来，没办法就把它铲掉了"④。原本预计为期一年的艺术实践几个月便落下帷幕，这为艺术家后期艺术实践的开展提出了对日常生活关注的更高要求。

（2）"赶场"之"以旧换新"。在中国的许多地方，赶集是一件大事。羊磴人的赶集叫作"赶场"，艺术家认为"赶场就好像是一场蓄谋已久的大型艺术博览会"⑤。为了让自己的作品真正地"在地"和"生长"，羊磴艺术合作社的艺术家们充分结合当地"赶场"的传统，带着自己的手艺和作品来到羊磴的市场上"练起了摊儿"，"以旧换新"就是赶场中非常受欢迎的项目之一。艺术家在赶场时贴出"变废为宝"的告示，征集羊磴百姓家里的无用之物并了解意愿，通过艺术设计和制作尽力将收来的旧物改造成他的所需之物，并由主人根据满意度支付改造费用。"以旧换新"项目实施的第一天，赶场中围观、询问的人非常多。艺术家完成了多件旧物的改造，但就其中有一件的改造，艺术家和物品主人产生了分歧。回收（见图1）：一把旧椅子、一只旧水壶和一些零碎木块，改造意愿：水果盘。收到物品之后，艺术家张翔按照自己的想法使用现有材料制作了一个

① 羊磴艺术合作社：《【羊磴艺术计划】——冯豆花美术馆》，2021年12月31日，https：//mp. weixin. qq. com/s/ZqP0QzEKhqwOgPPpqodC-Q。

② 焦兴涛、王子云：《参与的艺术：羊磴艺术合作社（2012-2017）》，重庆出版社，2019年。

③④ 讲述人：冯如金；记录人：霍雯；记录时间：2021年12月29日；讲述地点：老邓米粉店。

⑤ 羊磴艺术合作社：《【羊磴艺术计划】——赶场》，2015年7月31日，https：//mp. weixin. qq. com/s/Nh3Ruzx-AmNWrAN_GJ4VKw。

"自己认为很牛"① 的果盘（见图 2），但是旧物的主人收到之后并不满意，这不符合她对果盘的预期，艺术家便进一步与她沟通，重新制作了一个新的果盘交货（见图 3），对方表示满意并支付了 20 元钱②。可见，艺术家和羊磴居民认为的艺术之间存在差异。

图 1　收到旧物

资料来源："羊磴"微信公众号。

图 2　很牛的果盘

资料来源："羊磴"微信公众号。

图 3　再次制作的果盘

资料来源："羊磴"微信公众号。

---

① 讲述人：张翔；记录人：霍雯；记录时间：2021 年 12 月 25 日；讲述地点：遵义美术馆。
② 焦兴涛等：《参与式艺术的中国现场：羊磴艺术合作社》，人民美术出版社，2019 年。

3. 协商与合作

（1）指鹿为马。2012年羊磴艺术合作社刚成立不久，羊磴中学的校长便向来自四川美术学院的艺术家们寻求帮助，询问是否有"不要"的雕塑可以捐赠给中学，焦兴涛便与重庆的雕塑工厂联系，获得了一套四个外国人物雕像，分别是海明威、歌德、福楼拜和萧伯纳。这四座雕塑原本是为某个学校制作铜像的玻璃钢模型，在铜像完成后，玻璃钢模型便闲置无用了，所以在重新喷漆之后放置在羊磴中学的操场和教学楼前。作为校长，张校长不希望同学文理偏科，表示"如果其中有两个是'学理科'的就好了！"[①] 名人雕像的作用本在于通过缅怀与铭记来进行直面大众的正向教育，而且对于已经故去的外国历史人物来说，其肖像本就是符号化的，艺术家便将福楼拜的雕像配上了牛顿的名字和简介（见图4），萧伯纳也"变"成了伽利略（见图5）。一次"指鹿为马"的再命名，为羊磴的雕塑添加了新的内容。

图4　福楼拜"变"牛顿

资料来源：笔者自摄。

---

① 焦兴涛、王子云：《参与的艺术：羊磴艺术合作社（2012-2017）》，重庆出版社，2019年，第33页。

图 5　萧伯纳"变"伽利略

资料来源：笔者自摄。

（2）羊磴"画皮记"。2016 年，羊磴镇政府主动寻求羊磴艺术合作社的帮助，请他们对羊磴河附近的老建筑进行装饰。时任羊磴镇书记的胡现坤到川美拜访直言诉求："想请你们为羊磴河河道治理提些方案，用你们的方式，让羊磴变成一个独特的'艺术小镇'。"① "不过，我们现在预算很紧张，没多少钱可以投入，你们可以先出个规划方案，选河边的一个地方，做出个示范点来，群众的工作我们来做，你们放手去弄！"② 通过商议和调研，艺术家将此计划戏称为"画皮"。所谓"画皮"，是为了区别于当时贵州省乡村正在进行的村容改造，实际上就是通过协商对愿意参与的八户河畔人家的房屋外墙进行彩绘，房屋结构皆维持原样，依据原有房屋的墙面水渍和痕迹，以卵石为基础图案，进行的"像素化"风格的墙体彩绘。在彩绘实施的过程中，居民谢小春③认为彩绘的"颜色不好看，不够喜气"④，一度将彩绘叫停。艺术家通过进一步讲解和介绍，最终与谢小春达成一致，他说"对的嘛！你我得商量着，居中找个路径，要

①② 焦兴涛、王子云：《参与的艺术：羊磴艺术合作社（2012－2017）》，重庆出版社，2019 年，第 33 页。

③ 原名谢泽忠，羊磴艺术合作社成员，现为羊磴在地艺术家。

④ 讲述人：谢小春；记录人：霍雯；记录时间：2021 年 12 月 27 日；讲述地点：羊磴加油站。

得!"①，才得以在羊磴河畔完成了一次同时满足政府和居民需求的民间彩绘。

（3）羊磴木元黄桃艺术节。焦兴涛曾明确表示，羊磴艺术合作社不是社会学意义上的乡村建设，② 但是并不排斥艺术为乡村提供助力。随着乡村振兴战略的提出，羊磴的艺术实践也在单纯的乡村艺术实践之外有了新的内容。苦楝社区木元组的黄桃属于地方政府的产业扶持农产品，但是销售渠道一直没有保障。当时恰逢四川美术学院"与人民"的新乡土艺术展，羊磴艺术合作社的艺术家在羊磴的调研过程中了解到苦楝村木元组的黄桃熟了，于是组织了"羊磴木元黄桃艺术节"的活动，以"艺术+售卖"的形式、以"艺术参与乡村建设，艺术服务美好生活"为准则，通过举办"木元黄桃艺术节"帮助木元组的村民销售黄桃。在这次服务地方产业的艺术实践中，艺术家和四川美术学院的同学们通过走访黄桃种植户、与种植户代表拟定协议签订合同，促成了木元黄桃的线上销售，随后设计师为木元黄桃设计 LOGO、制作黄桃艺术节海报和黄桃包装箱，借由艺术的辅助和服务，为羊磴黄桃打开了新的销售渠道，为羊磴地方产业的振兴提供了助力。

（四）行动者的话语与言说

1. 艺术家的自我言说

（1）艺术家的实践话语。作为羊磴艺术合作社的发起人，焦兴涛明确认为艺术不可以从根本上改变现实生活。他不拒绝一切可以对当地经济或者旅游带来新机会的可能，但是认为艺术只能通过在乡村现场构建一个可共享的空间，为艺术与日常生活的交流提供可能。③ 2012 年他带领四川美术学院的各位老师跋山涉水从重庆来到羊磴，就是要将这个共享空间放到羊磴镇进行实践，尝试通过在"艺术协商"下进行"各取所需"，为羊磴这样的村镇带来艺术的火种，让羊磴居民看到当代艺术的多种可能，从而激发其内生创作动力。艺术家娄金是羊磴艺术合作社成员中特别的一位。他本身就是羊磴镇桃子村人，老家就在"山羊都需要加个磴磴才能上去"的山上，直到考上大学才离开羊磴。他再次回到羊磴是以艺术家的身份。在他看来，艺术和乡村的关系与艺术和任何东西的关系是一样的，因为

---

①② 焦兴涛、王子云：《参与的艺术：羊磴艺术合作社（2012 - 2017）》，重庆出版社，2019 年。

③ 焦兴涛：《寻找"例外"——羊蹬艺术合作社》，《美术观察》2017 年第 12 期。

"人人都是艺术家"，一个老师讲课很舒服是一种艺术，因为视觉上、心灵上的美好都是美好。他认可焦兴涛的"各取所需"，因为人与人打交道本身就是各取所需的，但是他还觉得自己在羊磴做的艺术实践更像是"共同生长"，就像吕侯建为郭开红师傅拍摄的视频《瞎起长》一样，艺术家作为"桥梁"和"纽带"带着艺术来到羊磴，让艺术随着羊磴一起生长、变化，任何生长和变化都是羊磴艺术实践的一部分，艺术家需要做的就是忠实的观察和记录①。艺术家龙兴语参与过很多参与式艺术项目。作为一个出身农村的艺术家，他能很好地融入羊磴的日常生活，但是在许多具体的实践中依然存在沟通的困难，这导致很多需要和羊磴居民共同完成的项目很难掌控。所以他认为艺术进入乡村最重要的是"尊重"和"共识"，如果不能与村民达成共识，那进入乡村之后艺术就是一种无效的状态。他认为艺术进入日常之后是一种大家都能理解的东西，而不是美术馆里进行过编码的艺术作品。在他的期待中，艺术与乡村的理想面貌应该是"艺术家和村民是一个整体，可以一起喝着小酒聊很多的那种"②。这种希望已经抛却了艺术家的绝对创作主体性和高高在上的姿态，用开放、平等的态度和村民进行交流和共同创作，这可能正是现在饱受争议的艺术乡建中最需要的东西。

（2）艺术实践项目的文字记录。羊磴艺术合作社以"羊磴"为名的微信公众号，从 2015 年 5 月 29 日发布"羊磴艺术计划——冯豆花美术馆"开始，迄今（2021 年 12 月）为止，共发布了 87 条推送，其中绝大部分都是关于羊磴艺术合作社的参与式艺术实践记录，主要分为"羊磴艺术计划""故事""羊磴驻地写作""羊磴人物""羊磴驻地工作坊"等几个栏目类别，通过照片、视频和语言的叙述，记录了羊磴艺术合作社成立初期的艺术实践项目、改革开放 40 年来羊磴日常生活中的变迁和与羊磴艺术合作社交往密切的羊磴在地艺术家等内容。许多乡村艺术实践项目都设立了自己的微信公众平台，但是其中发布的绝大多数内容仅为艺术实践的照片和标语，像"羊磴"这样具有较为完备的编辑和基本稳定的发布规律的实属少数。这些看似平常的记录和发布，其实完成了许多艺术家都忽视了的艺术创作之外的发声和表达。通过"羊磴"的微信公众平台发布的

---

① 讲述人：娄金；记录人：霍雯；记录时间：2021 年 1 月 15 日；记录地点：羊磴艺术合作社客厅。

② 讲述人：龙兴语；记录人：霍雯；记录时间：2021 年 1 月 15 日；记录地点：羊磴艺术合作社客厅。

信息，即使你没有去过羊磴也能对近年来羊磴艺术合作社的实践和变化有所了解。通过微信公众号下的留言我们还可以发现，"羊磴"微信公众号还获得了许多羊磴本地居民和离开羊磴的羊磴人的关注，成为他们关注家乡、缓解乡愁的途径。

（3）羊磴驻地写作计划。2018 年，羊磴艺术合作社邀请了徐旷之（《空白艺论》主编）、蔡艺芸（编剧、导演）、王婧思（牛津大学人类学系博士生）、周彦华（四川美术学院当代视觉中心教师、美国亚利桑那大学东亚研究中心博士）等青年写作者到羊磴镇进驻地写作。羊磴艺术合作社希望通过实际的进入和观察，借由不同的书写方式和路径对开展多年的羊磴艺术合作社进行记感受和书写，并统一集结、编辑，以"羊磴驻地写作"为主题，将《具体的乡村与人际的河流——另一种"共生"和激活》《艺术能为羊磴留下些什么？——一次历险与观察》《一切都隐藏在生活里，一切又都归于生活》《情动、乡村、参与式艺术》等文章在"羊磴"公众号上进行公开发表。这样的写作，在羊磴艺术合作社的实践基础上关注了外来他者视角下的羊磴，并且打开了国内艺术实践项目中驻地写作的先河。

（4）《参与的艺术——羊磴艺术合作社 2012-2017》。这本书由羊磴艺术合作社的发起人焦兴涛和"羊磴"微信公众平台的时任主编王子云共同编著，于 2019 年出版。"参与的艺术"表达了他们在羊磴进行社会参与式艺术的实践主旨，"2012-2017"则是其实践成果和话语的时间界定[1]。本书由第一章项目集、第二章洋河"画皮记"、第三章访谈与日记、第四章文本与写作、第五章档案五个部分组成，对羊磴艺术合作社自 2012 年成立以来的主要实践和话语进行了编辑和整理。因为"当时出版就没想着卖，所以定价比较贵"[2]，可见，相对于其他同类型出版物对传播效果的看重，这本书更像是对自身工作的一个阶段性总结。虽然其中的许多内容都来自"羊磴"微信公众平台，但是通过图书出版的二次整理和编辑，羊磴艺术合作社的实践宗旨更加明晰，"艺术家避开自上而下的强制的介入模式，他们选择价值中立的立场，不带先入为主的意图，让艺术自由而无所预设地生长在羊磴。"[3]

---

[1] 讲述人：王子云；记录人：霍雯；记录时间：2021 年 9 月 10 日；讲述方式：电话访谈。
[2] 主编王子云通过微信向笔者表达。
[3] 焦兴涛、王子云：《参与的艺术：羊磴艺术合作社（2012-2017）》，重庆出版社，2019 年。

2. 村民艺术家的实践及自我反思

焦兴涛说"羊磴最大的特点就是没有特点"①，但在笔者看来，羊磴最大的特点是在持续性的参与式艺术实践过程中出现了多位在地艺术家。郭开红、谢小春和令狐昌元都是其中的佼佼者。郭开红本职木匠，因为帮助艺术家娄金进行艺术作品的创作与羊磴艺术合作社结缘，创作了大量木雕作品，在羊磴镇"小春堂"举办"郭开红雕塑作品展"、在重庆解放碑半岛国际大厦 28-A 举办"瞎起长　郭开红雕塑展"。谢小春本名谢泽忠，因羊磴"画皮记"改造的房屋有他家的房子与羊磴艺术合作社相识，本身爱好艺术、喜欢根雕，在艺术合作社的帮助下将自家房屋改建成可供艺术作品展览的"小春堂"，并创作大量绘画作品，命名为"年代画"，也曾参加"社会剧场：参与与共享——第五届重庆青年美术双年展"。令狐昌元是艺术家在赶场时进行"找艺人"艺术实践的过程中被发现的，他的作品形式多样，包含绘画、木雕、诗歌、短视频等，其作品曾在四川大学美术馆参加"共在　共情　共生：中国社区美育行动计划展"，并通过"羊磴抖音艺术合作社"在短视频平台获得众多关注。他们都有自己的本职工作，喜爱艺术但缺少获取信息的途径和实践艺术的空间，艺术家的到来让他们看到了艺术之于他们的发展，是艺术合作社的驻扎为在地艺术的发展提供了新的可能。

羊磴艺术合作社在羊磴进行的 10 年艺术实践和话语传播，为这些村民艺术家们打开了艺术的大门，同时也带来了外界的冲击，慕名而来的围观者越来越多，需要他们分出更多的时间和精力去应对艺术之外的事务。而乡村振兴的提出和推广、村民艺术家身份的被认可也在潜移默化地影响着他们对艺术的感受和对未来乡村面貌的追求。结合乡村振兴的背景，他们从对艺术的单纯热爱，也生发出对自己村落振兴的期待，其艺术语言和表达也必然发生转变。

3. 其他村民的态度与言说

笔者通过在羊磴老街、中街和新街上发放问卷的方式调研了羊磴其他村民对于"羊磴艺术合作社"的认知和感受。在笔者的预设中，羊磴合作社围绕羊磴开展了 10 年的艺术实践，开设了微信公众号，还和政府联合组织过许多实践项目，应该在羊磴本地居民中有较高的认知度。但是通过调研发现，许多老年人一听"合作社"以为是以前修桥的"羊磴合作

---

① 焦兴涛：《寻找"例外"——羊蹬艺术合作社》，《美术观察》2017 年第 12 期。

社",对"羊磴艺术合作社"没有了解,许多做生意的人只知道有"羊磴艺术合作社"这么个地方(合作社在羊磴西街道旁的住处),但是对于他们是什么人、做过什么事都不清楚,因为"日常(生活)就足够忙碌了,顾不上去管别的"①。但是村里的孩子、年轻人和许多手艺人(木匠、瓦匠、水泥工等)都知道羊磴艺术合作社,俗称"那群搞艺术的",他们中的很多人也都参与过艺术合作社举办的活动,认为活动有意思,还期待后续活动的开展。博伊斯说"人人都是艺术家"②,但是年龄和生活环境的差异必然导致对艺术有不同的认知。在乡镇中的许多居民看来,艺术仍然是高高在上的、他们不了解的内容,但正如焦兴涛说"持续性是最重要的"③,羊磴艺术实践项目的持续开展将伴随羊磴居民共同生长。

4. 政府话语

仅仅凭借市场或社会力量来推进乡村建设效果是非常有限的,所以中国历史上的乡村建设或多或少都有政府的参与,晏阳初就曾明确指出:"我们工作的原则是只从事研究与实验,设立实验学校、表演学校,将研究结果,贡献给地方当局,让他们去推广"④。"羊磴艺术合作社"在艺术实践之初就尽量地规避着政府的参与,这是因为来到羊磴的初衷就是想要跳出"白盒子"式的美术馆体系,且参与式艺术的代表人物克莱尔·毕晓普更是认为艺术应该更加注重审美价值而不是伦理价值和社会价值⑤。当政府介入后,艺术家必然不能再像导演一样控制整个艺术实践的发展方向,而具有话语权的地方政府也很难完全遵循艺术家的构思进行配合和展演。在艺术家看来,这样的艺术项目必然不再纯粹且困难重重。而羊磴镇政府自 2012 年羊磴艺术合作社入驻羊磴之后也一直都保持着审视和观望的态度,只要"无害",羊磴艺术合作社便可以在羊磴自行开展实践。但是在乡村进行长期、驻地的艺术活动是不可能完全忽略政府的,就像艺术家自己说的"多年来众人皆知,在地方上做事难免与官府擦肩,若即若离

① 讲述人:谢大姐;记录人:霍雯;记录时间:2021 年 12 月 30 日;讲述地点:羊磴新街谢家餐饮住宿。

② 博伊斯认为,每个人都能够塑造点什么,而且将来所谓社会雕塑必定要被塑造出来,从这一意义上来说,每个人都是艺术家(参见马永建:《当代艺术 20 讲》,湖南美术出版社 2017 年版)。

③ 2021 年 5 月 23 日焦兴涛在四川美术学院讲座《"羊磴艺术合作社"的议题与方法》中口述。

④ 宋恩荣:《中华平民教育促进会定县工作大概》,载《晏阳初全集(一)》,天津教育出版社,2013 年。

⑤ Bishop C, Artificial Hells, Participatory Art and the Politics of Spectatorship, London: Verso, 2012.

或形影不离，皆乃难逃之定数，无需为之多虑。"① 伴随乡村振兴战略的提出，羊磴镇政府也逐步认识到了羊磴艺术合作社的价值和可贵，"羊磴'画皮'记"便是他们主动寻求艺术家帮助的开始，随后 2020 年主动免费提供政府的街边店铺来设立"档案馆""乡愁馆"和"抖音馆"，2021 年举办的"羊磴木元黄桃艺术节"，这些都是政府与"羊磴艺术合作社"的共同举措，通过"艺术"改善羊磴居住环境、带动羊磴产业发展。

三、结语

艺术乡建作为当代中国乡村建设的一个重要分支，具有文化寻根、文化自省、文化批判及文化建设的多重视角和使命②，这就要求乡建艺术在实践过程中除了对乡村文化的传承和保护，还需要发挥艺术特有的创造力来助力乡村建设。虽然参与艺术乡建的许多艺术家都曾受西方艺术体系的熏陶，如果缺乏乡村生活的感受和认知，这些艺术家可能会受到自身预成图示③的影响，作品中呈现出个人艺术精神的"投射"和"修正"，但通过羊磴艺术合作的实践案例可以发现，参与式艺术的创作实践源自艺术家对羊磴日常生活的观察和体验，是结合田野调研和充分自省后的创作，随着对乡村认识的逐步加深，"乡建艺术"也随着时代的变化进行实践观念和方法的更新，从"张力与冲突"走向"合作与协商"，在尝试"社会雕塑"④ 的同时忠实记录羊磴的变化和发展。

虽然有些学者认为艺术家的实践和话语可能会陷入"自我塑造"或"民俗主义"，但羊磴艺术合作这样的参与式艺术实践仅发生在特定时间和空间，很难进行长时间的保留，艺术家的实践话语是实践发生时最直观的梳理和总结，可以帮助人们获取无法亲历的艺术实践信息。前文以实践民俗学的逻辑，从实践环境、行动者、行动方式和行动者的话语与言说四个

---

① 焦兴涛、王子云：《参与的艺术：羊磴艺术合作社（2012-2017）》，重庆出版社，2019 年。

② 李人庆：《艺术乡建助推乡村振兴》，《美术观察》2019 年第 1 期。

③ "预成图示"（Schema）是英国艺术哲学家贡布里希提出的术语，他认为艺术家的创作来源于其既往文化史和学习训练的所得（参见邹贤敏：《西方现代艺术词典》，四川文艺出版社，1989 年）。

④ "社会雕塑"（Soziale Plastik）是由德国激浪派艺术家约瑟夫·博伊斯提出的，意在表达艺术与生活是不可分离的，整个社会生活就是一件艺术品，艺术家的任务就是进行"社会雕塑"（参见侯瀚如：《真正的前卫——走向人的艺术——约瑟夫·博伊于斯和"社会雕塑"》，《文艺研究》1989 年第 1 期）。

部分对羊磴艺术合作社的艺术实践和话语进行梳理，可以发现，即使"自我塑造"和"民俗主义"式的实践，也都是艺术家进入乡村进行艺术实践的努力和尝试，外来艺术家、村民艺术家和地方政府都在 10 年的地方艺术实践中发生着变化。从来不存在一个稳定的"村民"群体，不存在同质化的"乡村民俗"，同样，也不存在一成不变的"乡建艺术"。在乡村进行的艺术实践中，艺术家本身就已经成为民俗流变的一部分，外来艺术家与乡村传统之间的冲突与协商，恰恰是乡村民俗自我发展和更新的一种表现。通过实践民俗学的研究方法跟随其行动、倾听其话语，关注艺术家群体在乡村的艺术实践，正是增进我们对"新时代民俗"性质理解的有效途径。

参考文献

侯瀚如：《真正的前卫——走向人的艺术——约瑟夫·博伊于斯和"社会雕塑"》，《文艺研究》1989 年第 1 期。

焦兴涛、娄金：《参与式艺术的中国现场：羊磴艺术合作社》，人民美术出版社，2019 年。

李人庆：《艺术乡建助推乡村振兴》，《美术观察》2019 年第 1 期。

向丽：《怀旧·乡愁·乌托邦——中国艺术乡建的三重面向》，《民族艺术》2021 年第 3 期。

詹姆斯·克利福德、乔治·E. 马库斯：《写文化——民族志的诗学与政治学》，商务印书馆，2006 年。

新型农村资金互助社合法性建构的
行动策略研究

——以 L 省 X 农村资金互助社为例

朱兴涛　张　薇[*]

摘　要　农村资金互助社作为一种新型合作金融组织，是乡村振兴战略实现和农业长远可持续发展不可或缺的重要金融力量，农村资金互助社的合法性建构是其拓展生存和发展空间的重要基础性问题。基于新制度主义合法性机制的理解，文章从社会合法性、政策合法性、市场合法性三个维度建构了资金互助社合法性建构的分析框架。L 省 X 农村资金互助社在准备阶段采取沿革传统、建设口碑、规范运营的行动策略获得了社会合法性，建立了村庄范围的生存基础；在发展阶段采取传递信号、交流互动、正式注册的行动策略获得了政策合法性，拓展了村庄外围发展空间；在成长阶段采取市场合作、行业联合、辐射带动的行动策略获得了市场合法性。三种合法性的协同作用及其联动效应，助力农村资金互助社实现了生存空间开拓和组织初步发展，对于新型农村金融组织发展具有一定的借鉴价值。

关键词　资金互助社　合法性建构　行动策略

一、问题的提出

党的十九大报告指出，乡村振兴战略是今后"三农"工作的新旗帜和总抓手，发展农村资金互助社等新型农村金融组织是强化农村金融服务、

---

[*]　朱兴涛，东北师范大学马克思主义学部社会学院副教授，吉林省长春市人民大街 5268号，130000，电话：13514480347，邮箱：zhuxt564@ nenu. edu. cn；张薇，东北师范大学马克思主义学部社会学院硕士。

深化农村金融改革、推进乡村振兴战略的重要探索。2004 年，中央一号文件提出"鼓励有条件的地方，在严格监管、有效防范金融风险的前提下，通过吸引社会资本和外资，积极兴办直接为'三农'服务的多种所有制的金融组织"①。2016 年，中央一号文件提出"加快构建多层次、广覆盖、可持续发展的农村金融服务体系，发展农村普惠金融，降低金融成本，全面激活农村金融服务链条"②。2021 年，中央一号文件提出"坚持为农服务为宗旨，持续深化农村金融改革"③。一系列中央政策的出台为我国深入发展农村资金互助组织提供了一定的政策指导，营造了良好的外部制度环境。资金互助社是指经银行监督管理机构批准，由乡（镇）、行政村农户和农村小企业自愿入股组成，为社员提供存款、贷款、结算等服务的社区互助性银行金融机构。④ 在农村金融供需失衡的背景下，农民资金互助组织以信息对称（王苇航，2008）、手续便捷、运营成本低（张庆亮、张前程，2010）等优势，有效弥补了村镇银行、农村信用社、邮政储蓄银行等正规金融组织的不足，对于缓解农户融资难、优化农村金融资源配置、调整农业产业结构及农村经济发展等方面发挥了重要作用，在中国农村金融体系中具有不可或缺的基础性地位（李海峰、龙超，2018）。

对于资金互助社类型的划分有多种，学术界广为认同的是何广文提出的根据是否纳入统一的运作规范和管理、监督办法框架内，分为正规、准正规和非正规三大类型。正规农村资金互助组织是指在中央政府统一的运作规范和管理、监督办法框架内产生和运作的农村资金互助社；非正规农村资金互助组织就是在中央政府统一的运作规范和管理、监督办法框架之外产生和运作的农村资金互助社；准正规农村资金互助社是指在中央政府统一的运作规范和管理、监督办法框架之外产生和运作，但是在中央政府有关部门或地方政府的推动下产生的农村资金互助社（何广文，2009）。本文中的案例，L 省 X 农村资金互助社是全国首家银监会准入注册的正规金融机构。

---

① 《中共中央　国务院关于促进农民增加收入若干政策的意见》，http：//www.gov.cn/test/2006-02/22/content_207415.htm。

② 《关于落实发展新理念加快农业现代化实现全面小康目标的若干意见》，http：//www.chinacoop.gov.cn/HTML/2016/01/28/105376.html。

③ 《中共中央　国务院关于全面推进乡村振兴加快农业农村现代化的意见》，https：//www.chinacourt.org/article/detail/2021/02/id/5812472.shtml。

④ 《中国银行业监督管理委员会关于印发〈农村资金互助社管理暂行规定〉的通知》，http-tp：//www.gov.cn/zhengce/2016-05/24/content_5076290.htm。

自 2004 年以来，在中央政策的引导下，农村资金互助社的发展数量迅速增加，规模不断扩大，发展模式逐渐多样化。正规的农村资金互助组织在 2007 年开始准入，到 2021 年 12 月末，全国范围内经银监会批准的农村资金互助社达 39 家①，分布在全国 16 个省区。而准正规资金互助组织及非正规资金互助组织分布更广，数量难以估计。据国家市场监管总局统计，截至 2019 年 2 月底全国就成立了 218.6 万家农民专业合作社，且绝大部分都依托生产开展了资金互助业务。② 在数量不断增加的同时，农民专业合作社的规模也在不断扩大。以 L 省 X 农村资金互助社为例，2007 年得到金融牌照时注册资金为 10 万元，由 10 户农民发起；截至 2011 年 6 月底，共有社员 135 户，股金达到 16.47 万元。2010 年 L 省批准成立的其他三家资金互助社注册资本都在 100 万元及以上。发展模式的日趋多元化，主要出现了银监会准入正规机构模式、政府主导"三方协议"模式、专业合作社内部开展资金互助模式及扶贫资金互助社模式（刘雪莲，2017）。

随着农村资金互助社的爆发式发展，各地资金互助组织在发展中也逐渐暴露出诸多问题。第一，融资渠道不畅通（李中华、姜柏林，2008；曲小刚、罗剑朝，2013）。根据《农村资金互助社管理暂行规定》的明确规定，互助社的资金来源除了吸收社员存款外，还能接受社会捐赠资金和向其他银行业金融机构融入资金。但是农民在资产上处于弱势，吸收社员的存款有限，社会捐赠资金来源较少且不稳定，向银行金融机构融资由于缺乏抵押物等也难以实现。这种内部融资渠道狭窄、外部融资不畅通的情况严重制约了资金互助组织的生存与发展（王建文、雷睿，2014）。第二，法律地位不明确（冯雪芹，2014）。根据《农村资金互助社管理暂行规定》，农村资金互助社的成立不但要经银监会批准，还要取得金融许可证。但是在 2012 年银监会就已暂停对农村资金互助社金融许可证的发放，现实中存在大量的未取得金融许可证（王波、段梦雅，2021）、无人监管、放任自由（高玉成等，2015）的资金互助社，存在合法性危机（陈志龙等，2007）。第三，社会公信力较低（高荣霞，2011）。该类金融机构成立的时间较短、规模小，局部影响力有限，相较于正规商业金融机构的公信力，农民更不会选择新型农村金融机构。

---

① 《银行业金融机构法人名单（截至 2021 年 12 月末）》，http：//www.cbirc.gov.cn/cn/view/pages/govermentDetail.html？docId=1043881&itemId=863&generaltype=1。

② 《2019 年农民专业合作社发展研究报告》，http：//www.agricarnival.com/phone/policy/detail/？ID=1368&rid=789。

实际上，资金互助社陆续暴露的这些问题中都蕴含着合法性问题。合法性是组织赖以生存和发展的基础，是任何一个组织生存与发展的根本性前提条件。合法性不足会使农村资金互助社处于一种地位与职能模糊的状态，影响农户、社会团体等对其的理解（杨文彦等，2010），导致其相关业务得不到国家政策与法律保护（谢勇模，2010），难以捕捉准确的市场定位，限制资金互助社的可持续发展。可见，合法性建构对于资金互助社来说至关重要，需要重视与政府、社会等环境的互动，迫切需要采取更多合法性行动策略获取更多的合法性资源以破除发展障碍、解决融资困境等可持续发展问题。因此，我们需要探讨资金互助组织该如何获取合法性的行动策略，这关系到资金互助社能否生存与可持续发展。

学术界从合法性视角专门对资金互助社进行研究的文章十分少，通过搜索知网主题词"资金互助"并含"合法性"，发现从 2010 年至 2022 年仅有 23 篇研究文献，且大部分文章是基于经济学视野出发研究农村合作金融，很少从社会学角度进行探讨。大部分经济学视野的文章是农村资金互助社发展问题研究。这些研究通过实地调查，对农村金融合作组织案例的具体发展现状、运行机制进行分析，总结发展困境，提出发展建议。合法性问题一直是阻碍农村金融合作组织的可持续发展的重要因素。现实中存在大量开展业务合理，但未取得金融业务许可证的农村资金互助组织，其组织机构不具有独立身份，会对金融市场秩序造成潜在的风险（余津，2013）。中央政策支持资金互助与专业合作结合发展，政府的政策扶持主要体现为合法性支持与财政税收政策支持（王曙光、王东宾，2010），但是在实际的运作过程中缺乏法律法规的明晰性和权威性，这一"尚方宝剑"对于那些合规经营且绩效良好的草根金融机构来说难以有效应对，因此需要改革现有的制度设计，对审批权和监管权进行重新调整（王曙光，2010），明确法律地位，构建法律保障体系，加强合作金融监管是破解合法性困境的重要途径（杨文彦等，2010；储叶青，2010；谢珍，2016；经严丽、邓玲婉，2016）。

在社会学视野下对农村金融合作组织进行合法性研究中，大部分文章围绕信用合作组织的组织化问题进行探讨，对于合法性获取机制进行研究的仅有少数几篇。冯碧莹（2011）结合组织研究和新制度主义的理论资源，选择河南省信阳市荷塘村作为经验案例，从结构化和历时性的角度，阐述了荷塘村乡村建设随着"集体实践"和"市场逻辑"两种路径的此消彼长，荷塘村乡村建设组织化过程分为三个阶段实现从无到有。李云方

（2011）以渔村农民资金互助合作实践为案例，以实践社会学理论为基础，采用叙事分析的表述方式呈现了农民合作实践的本质，即集合分散于个体农民的资源形成总体规模资源，实践过程中的妇女参与和合作规则的内化意味着渔村合作农民核心层的形成。战建华（2016）以 S 病虫害防治协会为例，指出了合作组织能促进发展，在政府高度约束性规制下，面临着双重管理体制硬约束的法律合法性，以及竞争性发展软约束的社会合法性问题，合作组织应依据自己的资源优势提升专业发展能力和行动空间，从而在市场竞争中获得有利地位，形成合作组织较强市场化功能的发展。对于合法性获取机制的研究有赵晓峰（2017）运用合法性积累与多元资源整合的分析框架，沿用高丙中划分的合法性的理想类型，根据先锋农民合作联社信用合作实践总结得出：农民合作社信用合作的生长过程，就是不断累积政治合法性、社会合法性、行政合法性和法律合法性，从中获取和整合所有资源，推动系统内各要素重组和彼此作用，推动信用合作制度持续创新的过程。张伟兵（2021）在组织社会学的视角下分析中国乡建院推广的内置金融通过发扬乡贤文化、设置村庄产权交易平台等一系列的举措获得了"社会合法性""行政合法性""政治合法性"以及一定限度的"法律合法性"，但仍需要继续巩固扩大内置金融的"合法性"基础，促进内置金融实验可持续发展。

无论哪种研究视角，合法性困境一直是内生型资金互助组织实现可持续发展迫切需要解决的问题，也是学者们讨论的焦点。农村资金互助社从制度变迁的角度看是一种诱致性制度变迁产物（李红艳、宿桂红，2017），但就目前发展现状，从改变制度环境的角度来分析解决资金互助社面临的合法性危机，往往忽视了资金互助组织的内在主观能动性。而在已有合法性获取机制的研究中，我们也没有看到资金互助社整个纵向成长过程与获取不同合法性之间的逻辑关系。资金互助社本身是一种制度创新，是在村民金融需求无法在正规金融机构得到满足时自发倡导、组建起来的新型农民金融合作组织。作为内生型组织，分析其在外部发展环境复杂影响下如何反应，主动做出相应的获取合法性的组织行为具有重要意义。因此，从纵向的角度去分析一个农村资金互助组织的自主成长的生命历程，可以为培育农村资金互助组织、助力乡村振兴提供一个新的视野。

L 省 X 农村资金互助社是我国首家获得银监会牌照成立的正规金融组织，属于自发成立的内生性农村合作金融组织，有其独特的信息优势与制度优势，在实际的发展过程中获得了很多的合法性资源，完成了自身的合法性建构。可以说，X 农村资金互助社是我国农村合作金融这一微型金融组织发展历程的真实写照，具备一定的典型性和代表性。本文针对 L 省 X 农村资金互助社这一典型代表，探讨了其发展历程中的合法化行动策略。一方面，通过回顾我国首家正规新型合作金融组织的发展历程可以窥见中国农村资金互助合作社走过的发展道路，探索其获取合法性的具体行动策略；另一方面，作为内生型资金互助组织，其完成了向正规金融组织的合法性转变，可以对我国农村资金互助社实现的正规化发展提供一定的借鉴。

综上所述，本文以 L 省 X 农村资金互助社为案例，依据新制度主义学派合法性理论，立足于资金互助社从纵向发展历史的角度研究以下几个问题：L 省 X 农村资金互助社在其发展历程中经过了哪几个阶段？在不同的阶段分别采取了什么合法性行动策略？以及如何实现了自身的成长与发展？

二、合法性的梳理与界分

"合法性"是一个非常复杂的概念，韦伯最先提出"合法性"概念，用来解释权威的产生。他认为统治是一定人群服从特定命令的可能性，人们服从的基础不仅包括习惯、个人利益、休戚相关的纯粹感情或理想动机，更重要的是对合法性的信仰，并提出三种合法性统治类型，即法理型统治、传统型统治和魅力型统治（马克斯·韦伯，1998）。基于韦伯对于"合法性"的解释，哈贝马斯提出了自己的论断。他将合法性与价值规范挂钩，认为合法性意味着某种政治秩序被认可，衡量一种政治秩序合法性的标准就是政治秩序与其所处时代的价值规范的相容程度（哈贝马斯，2001），并且进一步提出合法性并非自然形成的，需要一个合法化的过程。新制度主义学派将合法性的研究范围扩展到包括社会组织在内的组织领域，认为组织是制度化的组织，是合法性机制的产物。1977 年，新制度主义学派创始人迈耶和罗恩从组织与环境的关系上解释了组织间的趋同现象。他们认为组织不仅面临技术环境而且面临制度环境，制度环境要求组织服从"合法性"机制，任何组织的结构和行为必然受制于所处的制度环境而产生趋同行为，制度环境的合法性机制与技术环境要求的效率机制相悖，即组织遵从合法性机制所采用的组织结构和实践，往往会导致对组织内部运作效率的忽视，所以组织会采取实践与制度之间的脱耦策略，用非正式的行为规范作为组织的实际运行机制。按照对组织的作用程度不同，合法性机制可以分为"强意义"和"弱意义"两种。合法性机制，从"强意义"上来说，是指任何组织行为和组织形式都是由组织所处的制度塑造而成的，人是没有主观能动性的；从"弱意义"上来说，是指制度环境会通过影响资源分配或激励方式来影响组织或人的行为。对此，迪玛奇奥和鲍威尔强调制度具有激励作用，并提出了三种导致组织趋同现象的机制，即强迫性机制、模仿机制、社会规范机制。

可以看到，新制度主义强调"合法性"对社会组织发展的重要作用，"合法性"泛指一系列迫使或诱使组织采纳具有合法性的组织结构和行为的观念力量，包括组织所处的法律制度、社会规范、观念认识等（周雪光，2003）。基于新制度主义对合法性的解释，可以认为组织需要服从"合法性"机制、采取制度环境中被"广为接受"的组织形式和做法，才能获得社会的认可、接受和信任，在社会上立足获取生存资源并持续发展。在现实社会中，组织在合法性建构中面对制度环境的压力，主动发挥策略性回应能力，来应付各种挑战以寻求资源拓展更大的发展空间。L 省X 农村资金互助社作为我国首家内生型新型农村金融组织，是在农村金融供求矛盾中自发产生的，是在中国制度环境下，基于生存与发展的需要采取不同的合法化策略，才努力争取到正式制度环境的承认，符合制度学派的理论逻辑。

在西方学者对合法性的概念讨论的基础之上，国内学者将多向度的合法性概念应用到社会组织研究中，不同的学者有不同的分类标准。按照组织的权威结构所获得的承认、支持和服从来源来分类，合法性可分为组织内部合法性和组织外部合法性（赵孟营，2005）。李雪萍和徐娜（2014）将组织合法性分为政策合法性与社会合法性，政策合法性表示国家对社会组织的认可，社会合法性表示受到社会认可。高丙中（2000）根据韦伯提出的关于社会秩序的四个合法性基础将社会组织"合法性"划分为"政治合法性""行政合法性""法律合法性"与"社会合法性"。还有学者将"合法性"的研究置于"国家—社会—市场"的研究框架之中，将"合法性"操作化为"政策合法性""社会合法性""市场合法性"（王绽蕾等，2004）。按照合法性的性质不同，合法性的分类标准又包括合法律性、正当性、合理性（谢海定，2004）、有效性、人民性和正义性（杨光斌，2016）。

本文主要从组织合法性的受众角度对合法性类型进行划分，强调一种社会组织的承认逻辑，其中承认主体包括国家、政府部门及其代表人物、社会团体、社会公众、市场主体等。也就是说，组织合法性来源于利益相关者对组织的认可与支持，组织行为符合潜在利益相关者的行为标准和价值观（Deephouse，1996）。资金互助社的合法性涉及多个利益主体，单一的合法性不足以解释不同阶段所需要的合法性类型。相比之下，行政合法性、政治合法性、法律合法性都与政府权威有关，是属于国家层面，可看作政策合法性，而社会合法性涉及的是服务对象、大众媒体或者社会公众等社会主体，基本与政府权威无关，是社会层面的合法性。同时，对于本文案例来讲，X 农村资金互助社作为一个微型金融组织，是农村金融市场体系的主体之一，在中国制度与经济转型的背景下，制度环境充满不确定性，市场力量的长足发展对资金互助社的发展至关重要，因此本文也强调从市场合法性的角度来分析。

综上所述，基于不同的学者对于合法性的论述，根据资金互助社的发展过程中接触相关主体，结合资金互助社的实际情况，本文主要从"社会—国家—市场"的框架，将合法性划分为：社会层面的社会合法性，侧重于社会领域相关主体的认可；国家层面的政策合法性，侧重于国家政治领域相关主体的认可；市场层面的市场合法性，在市场经济体系中相关市场主体的认可。具体概念内涵如下：

（一）社会合法性

社会合法性是指组织的宗旨和活动多大程度上获得服务对象、社会公众的认可、支持、评价和参与。社会合法性在于符合某种社会正当性而赢得村民等社会主体的承认乃至参与。社会合法性的基础源于社会，是在长期社会生活中积淀下来，成为广大人民群众普遍认可的传统文化、风俗习惯、社会规范等（王光海，2022）。高丙中（2000）指出社会合法性的三种基础分别是：地方传统、当地的共同利益及有共识的规则或道理。一个社团要在一个地方立得住，至少应该具有其中的一个根基。以资金互助社为例，其社会合法性来源包括组织内部成员和外部社会公众对组织宗旨及活动的认可与参与。获取社会合法性的基本要素包括：资金互助社的宗旨与活动符合村庄地方传统，包括内部文化传统、风俗习惯、社会规范；资金互助社具备满足村民个人需要以及村庄共同需要的社会价值，能够提供有效服务而得以生存；其运作与活动的手段、方式符合社区公认的规则，有共同认可的合理、正当的组织运行规则。作为内生型经济服务组织，资金互助社只有获得村庄范围内村民及社会公众的认可，吸引更多的服务对象参与，才可能进一步拓展发展空间，拓宽业务范围。拥有社会合法性的社会组织具有较强的群众基础，更容易调动群众的积极性，拥有更高的服务满意度和效率（刘耀东，2017）。

（二）政策合法性

政策合法性是指组织多大程度上获得党和国家、政府部门及其代表人物等政治权威的承认与支持。王绽蕾等（2004）指出政策合法性往往通过国家政策体现出来，国家（政府）通过公共政策来规范和约束社会组织的建立、活动，分配赋予其合理的资源。高丙中（2000）在其文章中指出国家（政府）对社会组织的态度可以表现为一个连续图谱，包括禁止或限制、无视、收编、利用、向社会组织学习、相互独立关系上相互合作、相互学习。国家与政府部门的承认是与同意、授权社团开展活动联系在一起的。政策合法性可细分为政治合法性、行政合法性、法律合法性。

政治合法性是指组织的宗旨和活动符合国家主导思想价值体系，即"政治上正确"。在中国，"政治上正确"是一种硬性要求，是对我国社会自下而上方式建立的非营利组织最低限度的政治要求（陈洪波、唐兴霖，2003）。政治合法性是行政合法性与法律合法性的前提，在尚不具备法律合法性和行政合法性的情况下，可以通过政治合法性来回应执法部门的压力。行政合法性是指社会组织得到行政部门及其代理人的认可、保护与帮助。具体来说，高丙中（2000）行政合法性的获取形式包括机构文书、领导人的同意或参与、机构的符号（如名称、标志）和仪式（如授予的锦旗）等。行政合法性对组织的发展具有实际意义。政府的支持本身就是一种资源，获得行政合法性能够在单位内部和单位的有效影响范围构成的社会空间里开展活动，可以影响其他组织为其提供资源（赵海林，2015），获得更广阔的发展空间。行政合法性既受政治合法性影响，又依赖于法律合法性。王绽蕾等（2004）认为行政合法性相较于政治合法性与法律合法性的抽象性是具体的，具有实践价值，其内容反映在行政部门对特定社会组织的每一次行政活动中。法律合法性是指组织符合法律规定，依法获得注册登记，取得合法地位。法律合法性在政府层面是最高层次的合法性要求，政治合法性与行政合法性被整合进法律合法性，社会组织只要符合法律规定便获得了政府赋予的全部合法性（陈洪波、唐兴霖，2003）。组织的章程、名称、组织成立的程序及组织开展的活动等是否符合国家颁布的相关法律规定，决定了组织是否能够具有法律合法性。

在我国"大国家、小社会"的背景下，资金互助社作为内生型组织，首先在政策方面没有依照的情况下，需要资金互助社可以通过挖掘、引申、诱导等方式彰显自身存在的政治意义，自主保持"政治上正确"；其次进一步通过征求行政部门及其领导的同意、参与等方式寻求更多行政合法性；最后资金互助社需要遵照法律规定进行自身改造获得注册登记，从而真正取得完整的政策合法性。

（三）市场合法性

市场合法性是指组织的行为多大程度获得同行竞争者、行业协会及其他市场资源提供者等市场参与主体的认可与合作。市场合法性强调组织行为与其他市场参与者（上下游企业同行竞争者及企业协会等）所推行的标准、规范具有一致性，要求在经营过程中遵守市场规范（孙世强、陶秋燕，2020），市场能力与其他参与者预期之间保持一致性（郭海等，2018），这是最基本的要求。市场合法性受到文化、组织、制度三个方面的影响：一是企业的社会责任意识，承担"企业公民"的角色，参与社会公益等活动，为社会发展做出贡献；二是非政府组织（简称 NGO）本身因素，是否具有法人地位、市场运作能力、社会公信度等；三是国家对企业与 NGO 合作的态度（王绽蕾等，2004）。从王绽蕾等（2004）对市场合法性的理解中可以看出，与市场领域中的企业合作是衡量市场合法性的重要标准。企业社会责任是合法性获得的重要途径，可以提高利益相关者对企业的认可度（Suchman，1995），能够提高组织合法性地位（孟猛猛等，2019）。

以 X 农村资金互助社为例，如表 1 所示，在市场层面，资金互助社在进入市场过程中要求其宗旨与活动符合行业协会推行的市场规范；能够与其他市场主体开展竞争与合作，在组织间互动中资源交换；承担社会责任，用发展的眼光准确定位组织的服务范围与服务项目，发掘和创造社会资源，为资金互助社发展提供便利。高市场合法性能够帮助组织获得高信任，帮助组织与商业伙伴建立持续、稳定的合作关系，共同开发新产品，能够以市场需求为导向，灵活配置资源。

表 1　X 农村资金互助社的三维合法性理论分析

合法性类型	社会合法性	政策合法性	市场合法性
来源	社会领域	国家领域	市场领域
主体	服务对象、社会公众	党和政府部门及其代表人物	行业竞争者、行业协会等市场资源提供者

续表

合法性类型	社会合法性	政策合法性	市场合法性
评价标准	宗旨与活动符合村庄地方传统； 以满足个人及公共利益为目标； 活动运作的手段方式符合公认规则	宗旨与活动符合国家主导思想价值体系； 行政部门及其领导的认可、保护与帮助； 依法注册登记，持有金融许可证	宗旨与活动符合市场规范； 参与市场竞争与合作，资源交换； 承担社会责任、创造社会资源

综上所述，本文根据资金互助社的发展过程中的利益相关主体，建构了一个"国家—社会—市场"三维的合法性分析框架（见表 1），借此深入分析 L 省 X 农村资金互助社成长历程中不同合法性的建构过程。

三、案例分析：L 省 X 农村资金互助社的行动策略选择分析

L 省 X 农村资金互助社位于该省 S 县下属的一个普通村庄。该互助社所在县是一个国家重点商品粮基地县和畜牧业生产先进县，面积 4209 平方千米，全县可耕地面积约 20 万公顷，主要种植玉米、水稻、大豆等农作物；人口 86 万，其中农业人口 63 万，农户 17.2 万家。所在村位于该县东北方向 12 千米处，全村 680 多户人家，有 9 个生产队，2300 多人，9 个居民小组，耕地面积 680 公顷，人均耕地约 3 亩，村民主要收入来源是种植玉米、发展生猪等养殖业。

L 省 X 农村资金互助社的前身是 2003 年成立的 X 农民合作社。2004 年 7 月，Y 村 10 户农民在 X 农民合作社的功能基础上成立了 X 资金互助合作社，创建的初衷是为解决养殖环节中经常遇到的资金周转不足问题。X 农村资金互助合作社于 2007 年 3 月 5 日获得由县工商局颁发的《企业法人营业执照》，2007 年 3 月 7 日获得由县税务局颁发的《税务登记证》。2007 年 3 月 9 日，经市银监分局批准 L 省 X 农村资金互助社正式成立，注册资本 10.18 万元，由 32 名社员共同发起成立。X 农村资金互助社的经营业务范围为办理社员存款、贷款和结算业务；买卖政府债券和金融债券；办理同业存放；办理代理业务；向其他银行业金融机构融入资金以及经监管机构批准成立的其他业务。[①] 2015 年，X 农村资金互助社与多家资

① 《吉林省梨树县闫家村成立我国首家农村资金互助社》，http://www.gov.cn/jrzg/2007-03/09/content_546706.htm?share_token=1e88d34d-8fae-409f-8111-c2055964f714&tt_from=copy_link&utm_source=copy_link&utm_medium=toutiao_android&utm_campaign=client_share?=。

金互助社共同发起成立 S 县农民合作联合社，发起资金共 360 万元。L 省 X 农村资金互助社是全国首家经原中国银行业监督管理委员会批准开业的内生型农村资金互助社，以其独特的运作机制，走在了农村金融改革道路的最前方。X 农村资金互助社曾经于 2005 年 8 月 7 日被 L 省农委评为"专业合作组织试点单位"；2006 年 11 月被温铁军教授领导的中国人民大学乡村建设中心评为"中国人民大学乡村建设中心试验创新项目"；2007 年 3 月 7 日被县委、县政府评为 2006 年度"优秀农民专业合作社"。

数据资料来源于课题组在 2016~2022 年对 X 农村资金互助社进行的实地调研，通过持续深度访谈、参与式观察、统计报表等方式，形成案例口述史资料 10 万余字，并在搜集大量文献、媒体资料基础上，进行系统整理，形成 X 农村资金互助社的个案。本文根据新制度主义学派合法性机制，结合 X 农村资金互助社的实际发展状况，将 X 农村资金互助社的发展历程分为准备阶段、成长阶段、发展阶段，并进行系统性分析。L 省 X 农村资金互助社具体阶段及合法性建构过程如图 1 所示。

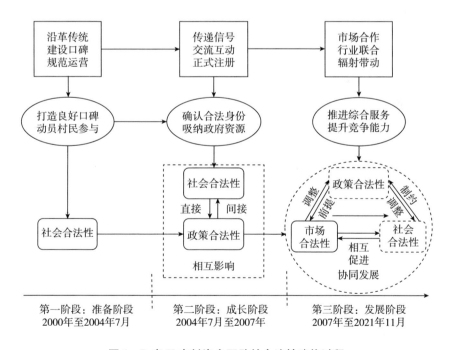

图 1　L 省 X 农村资金互助社合法性建构过程

（一）准备阶段：以社会合法性为主导的行动策略，打造良好口碑动员村民参与，建立村庄范围生存基础（2000 年至 2004 年 7 月）

农村资金互助社的主要活动场所就是村庄，村庄范围内的村民认可是农村资金互助社生存的前提。资金互助社初期准备阶段中获取村民信任、动员村民参与离不开良好的口碑建设，口碑渗透着新型农村资金互助社的价值与服务理念。在这一阶段，形成了以社会合法性为主导的行动策略，具体包含以下几个方面：

1. 沿革传统：将传统民间私人借贷行为规范化

在中国农村，传统的私人借贷行为具有不证自明的传统合法性。民间私人借贷是指基于中国传统农村中血缘、地缘等"缘"关系基础之上的私人关系网络中的互惠行为，是利用人际关系进行借钱的关系金融的基本表现形式之一（朱兴涛、李一凡，2021）。信任等道德基础在其中起到了重要的规范作用，是典型中国"熟人社会"的产物。X 农村资金互助模式这一构想最初便始于一次 X 农民合作社社员间的资金互助行为。2003 年 10 月，X 农村资金互助社的前身 X 农民合作社成立，社员 LBJ 在发展生产的过程中缺乏资金，而向当时的农村信用社贷款时因其存在陈欠，所以要求先偿还欠款。但是社员 LBJ 面对贷款无力偿还，其他社员出于传统道义，主动借钱给他，帮助他还清了贷款。LBJ 当即写下欠据，明确日后一定按照银行利率还本付息。这一简单的资金互助行为正是村庄传统的私人借贷行为的再现，符合村庄"熟人社会"传统习俗与社会规范。"合作社爱好者"JBL 便是根据这一简单互助互惠行为设计出资金互助模式，将原始的民间私人借贷行为规范化，总结出了资金互助这一模式雏形。

2. 建设口碑：以利民服务为抓手，通过娱乐活动、亲缘关系动员打造良好口碑

服务是第一口碑，满足村民及社区公共需要是社会合法性的动员条件，娱乐活动、亲缘关系渠道是组织获取社会合法性的重要方式。"合作社爱好者"JBL 和他的同学 GB 及志同道合的一些人积极开展活动，利用亲缘关系动员宣传模式优势。他们践行"从群众中来，到群众中去"的工作方法，在集市上或者走街串巷到各个村庄讲课，每次下乡动员都会带一条烟发给村民，用村民听得懂、喜欢听的话语将资金互助社的运作规则操作办法通俗地告诉村民。这一模式除组织农民开展联合购销，增加农民收

入，为社员提供急用款，帮助农户解决生产与生活方面的资金困难外，还可以提供公共服务，JBL 投钱作为合作社的启动资金，买礼物看望孤寡老人，优先救助困难户；为社员提供技术培训、市场信息；组织村民修路；定期检查环境，清理垃圾等。这些让村民赞许的行为，提高了资金互助社的社会地位，为资金互助社的发展营造了良好的口碑认同。中国农村是典型的"熟人社会"，长期生活互动中的血缘和地缘高度结合使农民在村庄内部有着紧密的社会关联、高度的信任及强烈的认同感。村庄范围内长期的密集互动有利于协调和沟通，为资金互助社开展活动取得村民的信任、吸引村民积极参与提供了充足条件。在这一过程中，他们通过开展娱乐活动以及利用亲缘关系网络进行双重动员。一是成立社区秧歌队，编写农民资金互助合作快板，将合作规则添加到快板中，凝聚人气，提升了资金互助社的服务能力、声誉与社会价值，增加了农民参与合作组织的愿望与对资金互助社的口碑认同；二是通过乡土亲缘关系网络之间的信任进行关系动员，增强宣传的可信度。二者相结合扩大了内生力量的影响面，并形成了新的凝聚结构，相互促进发展。

3. 规范运营：学习内化合作规则，模仿规范运作机制

提高人员队伍专业素质与运作能力是增强内部社会合法性的重要途径。一是加强组织队伍素质建设。由于合作社社员普遍文化水平低，对于合作社理论的掌握不足，于是合作社便主张创建"学习型合作社"，成立榆树台闫家村合作讲习所，形成以"社员自我学习为主，走出去和请进来相结合"为特色的学习模式。一方面多渠道引入合作规则：通过支农活动"引进来"，邀请全国各地大学生来合作社讲课，远至香港中文大学，近至东北师范大学都来合作社实习或支农调研，传授科技文化知识；同时多次"走出去"参加国内国外培训班，学习国际合作社金融原则，获得美国农业部专家学者的热心指导。学习的内容有《毛泽东选集》、合作社章程、农村法律法规等相关政策，还有家庭生活方面知识、农村科技及各种报纸杂志，如《半月谈》《农民合作经济》等有关合作社的一切信息，购买中国农业大学的函授教材，学习宝贵的理论资源。另一方面将外部提供的合作规则内化为农民合作的实践能力。社员通过每天写日记，使用黑板演讲、开展节日活动，来提高识字与表达能力，将自己的情感和创办合作社过程中的艰难和曲折全面记录下来，使个体对资金互助社产生了较紧密的认同感，凝结成资金互助社发展的集体记忆；形成合作的文化资本与社会资本，实现改造社员与资金互助社双赢。

二是创建科学民主的运营管理制度。为了进一步规范资金互助社的运行，模仿正规金融机构"广为接受"的组织结构与做法，增强了资金互助社的社会合法性。在这一时期，社员通过开会制定严格的组织纪律并且签字画押，社员自愿填写入社申请书并缴纳股金，理事会审查批准，核发社员证，成为本社社员，一致举手表决通过《S 县 X 农村资金互助合作社章程》。社员通过民主选举产生核心的组织管理体系，采取理事会、监事会和社员大会的组织架构；合作社大会选举，采取"一人权票制"表决方式，理事会和监事会实行"一人一票"制表决；在投票权上按股金种类来安排，社员享有均等的管理权。股金分为四种：资格股、投资股、流动股、国家社会股；采取比例控制风险的制度防范风险。规范、合理、可操作性强的合作章程和制度规定给予农民充分的话语权，激发了农民主动参与农村资金互助社的积极性。社员对资金互助社组织运作规则的承认、支持与遵守，充分提高了组织内部的社会合法性。因此，2004 年 7 月，X 资金互助合作社在 S 县 J 村成立。

综上所述，在准备阶段，资金互助社最主要的合法性来源主体是农民，在资金互助模式本身具有传统合法性的基础上，发展利民服务满足个人及公共需要、通过娱乐活动及亲缘关系进行动员获取村庄范围的社会合法性；学习内化合作规则、模仿规范运作机制塑造资金互助社内部社会合法性。在村庄范围内获取充分的社会合法性，建立了 X 农村资金互助社的生存基础。

（二）成长阶段：以政策合法性为主导的行动策略，确认合法身份吸纳政府资源，拓展村庄外围发展空间（2004 年 7 月至 2007 年）

在中国，政府在民众中享有较高权威性，政府行为是对社会运转和公民生活影响最广泛的一种政治行为（姚海琳、王珺，2003），政府掌握着干预经济的政治权力，主导着众多的关键资源的分配，政策制定者往往决定着新型金融组织的兴衰。在这样的环境下想要获得长足的发展就需要走出村庄，依靠政府的支持获得政策上的承认。X 农村资金互助社主要通过以下三个方面来争取政府支持：

1. 传递信号：寻找政治依据传递积极的政治思想与现实意义

理论著作、国家政策、高校论坛的权威论述是 X 资金互助社政治合法性的重要来源。资金互助社作为内生型金融组织，在当地已经具有一定的社会影响力，但能否获得政策方面的认可首先需要主动"生产"出自己的正当性，通过政治合法性来回应执法部门的压力。保持"政治上正确"，对于 X 农村资金互助社来说是一种理性选择。首先，《毛泽东选集》被摆放在最显眼的位置。毛泽东在《湖南农民运动考察报告》中指出"农民为了经济自卫，必须组织合作社，实行共同买货和消费。还须政府予以援助，使农民协会能组织信用（放款）合作社……"学习《毛泽东选集》，在这些书籍、理论思想中发掘出其存在的来源依据和政治意义。其次，国务院《关于 2005 年深化经济体制改革的意见》明确提出：探索发展新的农村合作金融组织；2006 年中央一号文件明确强调引导农户发展资金互助组织，加快推进农村金融改革。这些法规政策赋予了资金互助社政治合法性，揭示了其蕴含的积极的政治意义，成为资金互助社向政府部门等展示政治合法性的主要依据。最后，资金互助社还重视"借力"，即借助高校论坛、大众传媒树立形象，展示自身具备的政治正当价值。2005 年 4 月 16 日，合作社代表参加中国人民大学乡村建设中心举办的主题为"新乡村建设与和谐发展"论坛；2005 年 11 月 1 日，合作社代表参加在中国人民大学举行的论坛"新农村建设实践：反思和展望"等。X 农村资金互助社借助媒体，宣传其存在对国家经济发展、社会建设的重要价值，提升自己的社会知晓度与影响力。X 农村资金互助社建构起充足的政治合法性，获得了其他国家政治权威层面合法性的敲门砖。

2. 交流互动：以良好组织形象与政府部门交流合作获取多种发展资源

资金互助社主动分担政府社会治理的压力，以良好的组织形象以及切实的组织行动、与政府的互动与合作，获得了行政合法性。合作社帮助政府解决教育辍学、村民上访、纠纷等问题；2005 年 4 月 5 日，合作社"深水井"项目开工，年底又针对本地缺水且含氟量较高等问题，发动社员入股打了一眼 110 米深投资 13 万元的深水井，不仅帮助政府解决了社员的饮水难题，也为合作社发展绿色农业提供了稳定的水源。X 农村资金互助社还采取其他象征性的活动来表示和政府立场的一致性，在举办重要活动时邀请相关政府工作人员列席；多次邀请了县农办、镇委等相关领导到合作社考察指导；著名"三农"专家温铁军在政府部门工作人员陪同下到合作社考察。在与政府部门的交流互动中，X 农村资金合作社争取到 S 县农资局提供的培训场地，组织合作社交流经验；得到了 S 县妇联的热心支持，送来科技书刊等，并在妇联主席等领导的帮助和指导下，2004 年 7 月

6 日成立合作社的妇女部。政府部门的支持，为 X 农村资金互助社直接提供了多种发展资源，提高了资金互助社的社会公信力，在客观结果上对于资金互助社走出村庄提供了正当性，对其获得其他正规金融机构、企业的发展资源也起到了间接的促进作用。

3. 正式注册：依法进行组织改造获得法律注册承认

资金互助社接受制度环境里建构起来的具有合法性的组织结构和行为，是获得法律合法性的必备条件。2007 年 2 月，X 农村资金互助社被确定为银监会在全国农村金融改革的首批 36 个试点单位之一，并颁布了《农村资金互助社管理暂行规定》（以下简称《规定》）。资金互助社根据《规定》第九条第五款，开始进行规章制度建设与硬件设施改造，并根据银监会的示范章程制定了《信贷管理制度》《财务管理制度》《安全保卫制度》等内控制度。资金互助社为了能够拿到金融许可证，特意租了一套房子，每年租金 4000 元，进行装修和改造；为了满足公安局的安全防范的要求，安装防盗门、防弹玻璃等房屋设施；为了达到消防要求，修建防火通道，与消防局联网；并购置了电脑、办公桌、打印机等必备工具来满足相关的业务要求，聘请了一名月工资为 800 元的会计。2007 年 3 月 9 日，"S 县闫家村 X 农村资金互助社开业庆典仪式"隆重举行，注册资金 10.18 万元。金融许可证是指中国银行业监督管理委员会依法颁发的特许金融机构经营业务的法律文件，其合法性不容置疑（邬平川、王杨，2014）。拥有金融许可证为其后期的发展提供了合法身份，扫除资源获取障碍，得到政府保护，使资金互助社步入正规化发展阶段。

通过寻找政治理论依据建立政治合法性、与政府交流互动获得行政合法性、依法进行组织改造获得法律合法性三个方面获得完整意义的政策合法性，打消关键利益相关者对于资金互助社的合法性质疑，为资金互助社发展扫除资源获取障碍，奠定了良好的外部制度环境基础。因此，在成长阶段中，政策合法性是主导的合法性策略，是走出村庄拓展发展空间的现实要求，是 X 农村资金互助社实现"非法"到"合法"转变的必要策略。

（三）发展阶段：以市场合法性为主导的行动策略，推进综合服务提升竞争能力，探索可持续发展道路（2007 年至 2021 年 11 月）

农村资金互助社的可持续发展是指在特定的区域范围内，依托外部环境和政策，依靠自身业务的经营实现收益大于成本，实现财务可持续、企业组织可持续，以及实现一定的覆盖面（杜金向，2014）。但是在当前发展情况下，新型农村金融机构的可持续发展实际上是指新型农村金融机构的存续性，即如何保证新型农村金融机构能够依靠自身的经营来实现生存与发展，其中保证其生存是其本质的要求（郭军，2013）。市场准入是构建农民资金互助社组织体系的重要制度支撑。我国金融市场实行"审批制进入管制"，获取金融许可证表明其在市场层面中有了正当身份，符合市场范围的相关行业要求与标准，其开展金融活动受到法律保护，可以享受国家的扶持政策，接受相关监管部门的监督和管理。在市场经济中，因其他正规金融的强势地位而使资金互助社受到很大程度的压缩和限制。因此，实现健康、可持续的发展就要拓展更大的发展空间和提高竞争能力，推进综合服务获取其他市场主体合法性。在这一阶段，资金互助社采取以下行动策略：

1. 市场合作：以信托制度等方式与其他正规金融机构合作拓宽组织融资渠道

与其他正规市场主体合作是获取市场合法性的策略之一。在这一阶段，虽然具有合法身份，但是国家限制的条款也多，农村资金互助社实力屡弱，目前发展的最大难题就是融资难，解决农户贷款能力受到限制，融资路径缺乏。在这种背景下，"粮食信托"开始在梨树县等地萌芽。首先，2010 年，S 县 X 农村资金互助社与在 N 乡成立的 FX 农业生产合作社一起成立 FX 粮食信托合作社，开展粮食信托业务。把会员的粮食归堆，集中存在信托合作社，派专门的管理人员进行管理，标明会员存货数量及授权仓单质押款额度。以此为凭据，会员在信托期内随时可以卖粮，向资金互助社贷款，无须变现粮食就可以使用资金，方便农户贷款。粮食信托合作社负责向农户提供和分析粮食市场价格行情，帮助社员自主决定是否售粮，以获得更好的市场收益。以粮食作为主体，通过系统性制度设计盘活粮权，进而有效增加粮食经营收入；以粮食作为抵押，当地正规银行等金融机构在有粮食信托作为保证的情况下，风险得到控制，也愿意与之建立信用往来，开拓了农村资金互助社融资渠道。其次，X 农村资金互助社采取两社联动模式，与市 XH 城市信用社签订融资合同，约定每次投入资金10 万元，期限为 6 个月，利率为 4.875%，分别在 2007 年 4 月 4 日和 2007年 5 月 18 日融入两笔资金，共计 20 万元。最后，与中国建设银行达成合作关系，社员在 X 合作社可办理建行的基础业务等。此外，资金互助社还接受过三笔共计 3600 元的社会捐赠资金。与其他知名组织机构进行融资合作，一方面促进了各个资金互助社之间的资源交换，较好地解决资金互助社的资金问题；另一方面意味着得到这些银行的认可，扩大市场影响力，合作关系建立的本身增加了资金互助社市场合法性。

2. 行业联合：通过行业联合形成行业规模优势提高组织市场竞争力

正规化以后的资金互助社面临激烈的竞争环境。农业银行、农业发展银行等大型金融机构会不断渗透到农村市场，进行金融创新和产品创新，挤占微型金融机构的市场空间，对微型金融组织的发展带来潜在威胁。X农村资金互助社要想发展壮大，除了发挥基本业务优势外，还需要通过社与社的联合形成规模优势，共同打造最大的金融联合体，在市场中形成一定规模，提高其在市场范围中博弈的力量。农村资金互助社走向联合是金融组织的一般规律（姜柏林，2010）。2015年12月，在X农村资金互助社的动员下，S县经其指导建成的18家资金互助社每家出资20万元共同成立了S县农民合作联合社，发起资金共360万元。联社是由成员社联合发起，共同出资成立，并由成员社授权联合社监督管理，形成的成员社的利益共同体（董睿，2018）。截至2018年，联社已经调剂所辖合作社资金504万元，共22笔。一方面，合作社之间可以合作拓展市场资源，形成规模效益，掌握市场行情，扩大经营范围，提高市场竞争能力，在市场环境层面提升资金互助组织的合法性；另一方面，合作社之间通过联合还可以共享资源、相互学习、取长补短，在联合的过程中可以吸收社会化大生产的先进生产方式和管理经验，提升自身经营水平。

3. 辐射带动：形成经济与社会发展合力，推动同类组织发展

2008年6月，"小蜜蜂"公益金落户资金互助社，以扶持贫困家庭为主，搭建社会贫富互助平台。互助社用此公益金进行如下：开展并实施了"让爱传递：你我共同签收，幸福路上走"为主题的公益活动。农户因医疗、教育、养老问题导致贫困的，互助社通过"小蜜蜂"公益金融基金提供低息或免费借贷，为特困户提供无偿捐赠。搞助学贷款，给低保户发放生活补助，让爱心通过合作组织得以延续。通过保本捐息，扶持贫困农户改善生产生活和健康条件，并提高自身素质和能力，实现脱贫致富和持续发展。实现了"公益金融"＋"合作金融"，建立了一种可持续发展的长效机制。2015年，"小蜜蜂"金融资本产生的利息用于帮助全体村民在内的困难群众、孩子升学等问题，帮助对象不仅包括社员，而且辐射全村村民。

此外，2013年4月9日，在X农村资金互助社制度推广团队的影响

与带动下，资金互助社与百信之家集团联合，成立北京百信之家管理咨询有限公司（以下简称百信之家），以农村资金互助组织的管理咨询为主要经营业务，以"传播信用合作文化，提高农民信用组织化"为口号。截至2013年底，全国已有200多家资金互助组织与百信资金互助社组成信用联盟（植凤寅，2014）。2013年8月17~18日，在山东泰安，北京农信之家、北京百信之家组织了"农民银行家49人论坛"。论坛总结与借鉴了农村资金互助社试点经验，提出农村资金互助社发展需要的配套政策，在发展制度环境中为后续资金互助组织开展活动赋予了更多的合法性。百信之家通过发展多种惠民服务，实现经济职能与社会职能的统一，形成了百信品牌，并且以一己之力辐射带动了其他地区资金互助组织的发展。

X农村资金互助社在发展阶段，与其他正规知名企业合作，开展行业联合，扩大市场影响力，辐射带动经济与社会发展，增加了市场合法性。自此，X农村资金互助社实现了社会合法性、政策合法性及市场合法性的协同发展。

四、结论与讨论

X农村资金互助社在成长发展过程中由于农村地区中利益相关主体的多元性和多层次性，面临着复杂的合法性环境。X农村资金互助社既要符合国家宏观政策方向，又要与不同政府层级的政策执行进程相契合；既要与市场中其他参与主体的利益相协调，又要符合农村居民的文化、规范。通过对L省X农村资金互助社的行动策略进行研究，我们发现X农村资金互助社作为内生型金融组织，在其发展历程中涵盖了多种合法性，在不同的阶段各有侧重：准备阶段，即2000年至2004年7月，采取以社会合法性为主导的行动策略。社会是内生型农村资金互助组织生存与发展的根本活动场所，资金互助社的合法性来源主体是农民，村民的广泛认同是其生存的前提，满足个人及社区需要是社会合法性来源的主要动力，沿革传统、建设口碑、规范运营是X农村资金互助社获取社会合法性的主要行动策略。成长阶段，即2004年7月至2007年，采取以政策合法性为主导的行动策略。原有的乡村社会已经不足以支撑资金互助社的不断成长，破除政策障碍、吸纳外部发展资源是获得政策合法性的主要目的，而传递信号、交流互动、正式注册是获取政策合法性的主要方式。发展阶段，即2007年至2021年11月，采取以市场合法性为主导的行动策略。市场是资金互助社持续发展的主要领域，以合作助推综合服务是提高组织市场竞争能力的核心竞争条件，市场合作、行业联合、辐射带动是 X 农村资金互助社提高市场合法性的主要行动策略，进而优化市场发展环境。

值得注意的是，社会合法性、政策合法性、市场合法性三者的建构是动态协同发展的，既相互独立又互相支持，共同存在于农村资金互助社发展历程中，使农村资金互助社获得真正意义上的整体的组织合法性。

其中，社会合法性的建构贯穿资金互助社的发展历程始终。在准备阶段，"自下而上"成立的 X 农村资金互助社，在外部制度环境复杂条件下，其成长更多的是依赖社会；在成长阶段与发展阶段，积极参加各高校、政府部门举办的论坛、交流会，接受省卫视、国务院新闻中心五洲影视传播中心等媒体的采访进行自我表达，向外界社会公众宣传资金互助社的优势与价值，不断扩大社会合法性范围。

在成长阶段，政策合法性与社会合法性相互影响。一方面，社会合法性的获取能够促进政策合法性的建构。在准备阶段打造的良好口碑所带来的社会影响力，以及在成长阶段积极借助媒体等进行自我表达，农村资金互助社的声音得以放大，引起制度环境的注意，国家政策和监管逐渐破冰与改革。另一方面，政策合法性的获取能够间接促进社会合法性的建构。在当前我国"大政府，小社会"的背景下，农村资金互助社真正获得完全的社会合法性离不开政府部门的支持，社会公众对资金互助社的信任一定程度上依赖于政府部门的表态。X 农村资金互助社一方面以良好的组织形象、承担社会治理任务等获得了村两委及政府部门的认可与支持；另一方面与外界的其他合作社、相关政府部门等进行交流与合作，在政府部门的影响下社会公众对于资金互助社更加信任，增加了政策合法性。

在发展阶段，市场可持续发展是 X 农村资金互助社存续发展的根本要求，社会合法性、政策合法性对市场合法性的获取具有重要影响。社会合法性的获得有利于市场合法性的获得，社会合法性为市场合法性提供了更多的潜在顾客，共同推进农村资金互助社的发展。政策合法性是市场合法性的前提，市场体系中的农村资金互助社的竞争与合作等行为的开展必须经过政府部门的认可；具有重要影响力的政府意见也会影响市场中其他组织对企业的感知和评价；具备符合广泛认同的组织结构与行为也是与市场其他主体竞争与合作的重要条件。社会合法性与市场合法性在很大程度上受到政策合法性的限制，但同时市场合法性与社会合法性促进了政策合法性的积极构建。政策合法性并非一成不变，市场合法性与社会合法性的发展必然产生新的政策诉求，政策合法性会适时调整，以适应这种诉求。因此，X 农村资金互助合作社实现了社会合法性、政策合法性及市场合法性的协同发展。

L 省 X 农村资金互助合作社的诞生，将民间借贷行为由地下转为地上，为民间金融合法化闯出了一条道路（郝玉宾，2009）。但是我们也应该看到，合法性的建构是动态的，在不同的环境条件下，其内在的基础是不同的。那么，接下来在不断变化的外部制度环境下如何处理好与政府、社会之间的关系，农村资金互助社面对当前的形势如何更好地加强自身建设，进一步用自身的力量影响制度环境的改善，发挥农村资金互助社的经济与社会职能，如何进一步推进政府协同各类金融机构联合创新，破解农村金融服务乡村产业发展的制度和技术瓶颈是我们未来需要不断探讨的。

参考文献

陈洪波、唐兴霖：《论中国非营利组织合法性危机》，《四川行政学院学报》2003 年第 3 期。

陈志龙、王世停、周静文：《一个农村资金互助合作社的实践》，《中国合作经济》2007 年第 8 期。

储叶青：《农村资金互助组织困境与发展对策——基于安徽省的调查研究》，《北方经济》2010 年第 17 期。

董睿：《资金互助社资金风险控制新模式探索》，《吉林金融研究》2018 年第 1 期。

杜金向：《新型农村金融机构可持续发展研究》，经济日报出版社，2014 年。

冯碧莹：《集体实践与市场逻辑：荷塘村乡村建设项目的组织机制》，南开大学硕士学位论文，2020 年。

冯雪芹：《我国农村资金互助社的发展现状及政策建议》，《中国农业会计》2014 年第 9 期。

高丙中：《社会团体的合法性问题》，《中国社会科学》2000 年第 2 期。

高丙中：《阅读 1：社会团体的兴起及其合法性问题》，《领导文萃》2003 年第 10 期。

高荣霞：《我国农村资金互助社现状分析》，《现代金融》2011 年第 4 期。

高玉成、郑伟、刘俊峰：《农村资金互助社发展与监管问题探析》，《金融理论与实践》2015 年第 6 期。

管兵、岳经纶：《双重合法性和社会组织发展——以北京市 19 个小区的业主委员会为例》，《广西民族大学学报（哲学社会科学版）》2014 年第 36 卷第 5 期。

郭海、沈睿、王栋晗、陈叙同：《组织合法性对企业成长的"双刃剑"效应研究》，《南开管理评论》2018 年第 21 卷第 5 期。

郭军：《新型农村金融机构可持续发展研究》，山东农业大学博士学位论文，2013 年。

哈贝马斯：《交往与社会进化》，张博树译，重庆出版社，1989 年。

郝玉宾：《关于我国农村资金互助社的发展》，《理论探索》2009 年第 2 期。

何广文：《农村资金互助合作机制及其绩效阐释》，《金融理论与实践》2007 年第 4 期。

何广文：《农民专业合作社金融服务模式探析》，《中国农村信用合作》2009 年第 3 期。

姜柏林：《农村资金互助社的发展前路在哪里——以梨树县农村资金互助社为案例（假说）分析》，《中国乡村发现》2010 年第 2 期。

经严丽、邓玲婉：《农村资金互助社发展问题研究——以田东县为例》，《区域金融研究》2016 年第 3 期。

李海峰、龙超：《金融抑制、金融创新与农民资金互助社发展》，《云南财经大学学报》2018 年第 3 期。

李红艳、宿桂红：《吉林省新型农村金融组织的演进与运行机制分析——以农村资金互助社为例》，《吉林农业科技学院学报》2017 年第 26 卷第 3 期。

李雪萍、徐娜：《合法性建构：公益类草根 NGO 的双重困境及脱困的核心》，《学习与实践》2014 年第 5 期。

李云方：《妇女参与、规划内化与农民合作再生产》，吉林农业大学硕士学位论文，2011 年。

李中华、姜柏林：《资金来源渠道不畅严重制约农村资金互助社发展——对全国首家农村资金互助社资金组织情况的调查》，《中国金融》2008 年第 4 期。

理查德·斯科特：《制度与组织——思想观念与物质利益》，姚伟、王黎芳译，中国人民大学出版社，2010 年。

刘雪莲：《中国农村资金互助社发展研究》，《金融经济》2017 年第 24 期。

刘耀东：《行政合法性抑或社会合法性：农村社区服务类社会组织发展模式选择》，《中国行政管理》2017 年第 4 期。

马克斯·韦伯：《经济与社会》（上卷），阎克文译，商务印书馆，1998 年。

孟猛猛、陶秋燕、朱彬海：《企业社会责任对组织合法性的影响——制度环境感知和法律制度效率的调节作用》，《经济与管理研究》2019 年第 40 卷第 3 期。

曲小刚、罗剑朝：《农村资金互助社：现状、问题、影响因素和对策》，《武汉金融》2013 年第 5 期。

邵传林：《制度变迁下的中国农村非正规金融研究：自农户视角观察》，西北大学博士学位论文，2011 年。

孙世强、陶秋燕：《网络嵌入、组织合法性与创新绩效的关系》，《科技管理研究》2020 年第 40 卷第 6 期。

王波、段梦雅：《农村资金互助社发展困境及路径选择——基于社会企业视角的研究》，《长春金融高等专科学校学报》2021 年第 4 期。

王光海：《社会组织合法性相关问题的几点思考》《河北青年管理干部学院学报》2022 年第 34 卷第 3 期。

王建文、雷睿：《论我国农村资金互助社的融资制度创新及其法律保障》，《北方法学》2014 年第 8 卷第 3 期。

王曙光：《农民资金互助组织为何步履维艰？——河北顺平县白云乡调研》，《银行家》2010 年第 4 期。

王曙光：《中国农村金融的草根试验》，《中国农村金融》2010 年第 7 期。

王曙光、王东宾：《农民资金互助：运行机制、产业基础与政府作用》，《农村经营管理》2010 年第 8 期。

王苇航：《关于发展农村资金互助合作组织的思考》，《农业经济问题》2008 年第 8 期。

王绽蕾、霍艳丽、安建增：《论我国 NGO 的合法性建构》，《云南行政学院学报》2004 年第 6 期。

邬平川、王杨：《农村资金互助社金融许可证制度的思辨》，《现代经济探讨》2014 年第 6 期。

谢海定：《中国民间组织的合法性困境》，《法学研究》2004 年第 2 期。

谢勇模：《农村资金互助社为什么要申请金融许可证》，《中国金融》2010

年第 10 期。

谢珍：《新时期安徽省农村合作金融发展研究》，《经济研究导刊》2016 年第 2 期。

杨光斌：《合法性概念的滥用与重述》，《政治学研究》2016 年第 2 期。

杨文彦、张莉、张乾：《农村扶贫资金互助组织可持续发展问题研究》，《甘肃金融》2010 年第 7 期。

姚海琳、王珺：《地方政府对企业集群成长的作用与中介组织发育》，《学术研究》2003 年第 6 期。

余津：《试论未取得金融业务许可证的农村资金互助组织的法律困境与破解》，《劳动保障世界（理论版）》2013 年第 5 期。

战建华：《地方治理视野下合作组织的能促型发展研究》，南京大学博士学位论文，2016 年。

张庆亮、张前程：《我国农村资金互助社监管问题探讨》，《管理学刊》2010 年第 23 卷第 4 期。

张伟兵：《乡村内置金融的"合法性"问题探析》，《吕梁学院学报》2021 年第 11 卷第 5 期。

赵海林：《论慈善组织合法性的获得——以 H 慈善会为例的经验研究》，《淮阴师范学院学报（哲学社会科学版）》2015 年第 37 卷第 3 期。

赵孟营：《组织合法性：在组织理性与事实的社会组织之间》，《北京师范大学学报（社会科学版）》2005 年第 2 期。

赵晓峰：《农民合作社信用合作的生长机制分析》，《西北农林科技大学学报（社会科学版）》2017 年第 17 卷第 6 期。

植凤寅：《农村资金互助社十年》，《中国金融》2014 年第 16 期。

周雪光：《组织社会学十讲》，社会科学文献出版社，2003 年。

朱兴涛、李一凡：《信用如何生成？初探新型农村资金互助社中关系的结构化》，《社会发展研究》2021 年第 8 卷第 2 期。

Deephouse D L, "Does Isomorphism Legitimate?", *The Academy of Management Journal* 39, No. 4, 1996.

Suchman M C, "Managing Legitimacy: Strategic and Institutional Approaches", *The Academy of Management Review* 20, No. 3, 1995.

合作经济的成员分类分级与相应权益设置研究

陈　林[*]

摘　要　合作经济具有广泛的适用性，在农业农村领域更有其独特价值。为了规范和巩固合作经济，考虑到农民的分化与流动的现实，本文系统提出了合作经济的成员分类和成员分级，进一步论述了相应的股金设置（包括资格股、优先股）、附加表决权、交易配额等制度安排。合作经济的成员可以不必出资，受到重点扶持的农村合作组织应以务农成员为主。联合组织采取双重成员制与"联邦式"架构，有助于增强其权威基础，也有利于兼容传统集体经济。重新梳理合作经济的基本逻辑，创新引入成员分类、分级的制度安排，有利于吸纳各种力量和资源，鼓励和扩大成员的经济参与，平衡各方面的责权利关系，同时保持合作制的本位以及为农服务的主导方向。既兼顾现状，团结大多数，又赋予其内生的动力，这对于合作经济的中国道路探索很有意义。

关键词　合作经济　成员分类　成员分级　优先股

一、引言：正视农民的分化与流动

合作经济是重要的经济形态，在近现代市场经济条件下取得了长足发展，与早期社会主义运动也有密切的渊源关系。合作经济在城乡不同行业、领域具有广泛的适用性，在农业农村领域更有其独特价值。

合作经济的组织形式，特别是基层组织，在中文语境中多被称为合作社。国外也有很多合作经济组织，其注册为协会、公司，按其内部章程、

＊　陈林，中国信合联盟学术委员会副主任委员。

业务特征可被认定为合作经济性质。

当代中国现实中的农民专业合作社，实际上简单套用了欧美"大农"（大规模农场主）的合作模式，并不符合"小农"（小规模农户）为主的长期国情，缺乏社区依托和公法支持，大多难以规范和巩固，很多是名不副实的。至于行使集体经济职能的"村（股份）经济合作社"，由于历史和体制原因，普遍缺乏合作经济的实质；合作经济因素与传统集体所有制因素又缺乏兼容设计，使其经营发展受到严重局限。我们的学术与政策讨论，不能一味迁就于现实误区，混淆了合作经济的基本逻辑。

中国《民法典》已经确立了"合作经济组织法人"的地位，迄今虽无具体的法条规定，但应可涵盖现有的、未来的各种合作经济组织形式。因此，本文更多使用合作经济、合作经济组织的通用表述，力图阐明合作经济的理论基本逻辑及现实可行方案。在使用"合作社"概念的时候，本文也更多从应然的、广义的角度进行阐发。合作社联合社、区域性合作经济组织（如县市、乡镇层级的农村合作协会，或合作经济联合社），统称为合作经济联合组织，简称联合组织。本文进一步主张使用"合作经济成员权益"的概念，是因为这些权益超越了一般公司法、民法意义上的股权、债权概念，有一些特殊的构造。

合作经济的成员分类、分级与相应权益设置，在 2006 年"三位一体"合作经济先行试点之初，就已提出。这是基于对中国国情农情的深刻认知，特别是正视农民的分化与流动，所做出的适应性安排。

传统合作经济的有效运转，一个隐含的前提往往是合作成员的同质性，如采供、营销和生产服务需求的一致性或者相似性，因而便于整合利益诉求，形成集体行动，在经营管理上也较为简便有效。但与改革开放之初不同，也与欧美日韩数十年、上百年前的情况不同，随着市场化、工业化、城镇化进程，中国农民已经出现大面积的分化与流动。人们泛泛而谈的"农民"，其内涵和外延往往缺乏清晰的界定，大多是笼统言之，顾自抒发情怀，其实农民和农民差别可以很大。这个问题，一直缺乏足够关注和重视，更缺乏深入的研究和对策。

传统社会以农业为主，安土重迁，在农户家庭内部存在性别和代际分工。改革开放之初，刚刚承包到户的时候，绝大多数农户的差异不大。随着经济发展和社会转型，大面积的分化与流动出现。所谓分化，一般是指事物从同质性向异质性的变化。在社会生活各个领域的分化中，起决定性作用的是经济领域的分化。社会分化一般有两种形式：水平分化和垂直分化。水平分化涉及所从事的职业、行业的类型，垂直分化则关系到收入、财产的层次。农民的分化，往往伴随着农民的流动。农民的"流动"首先是地理流动，指农村人口迁移到城市或外地。广义上，农民的流动也是一种社会流动，即社会成员从一种社会地位或职业向另一种社会地位或职业的变动。

长期以来，既有从业意义上的农民，又有户籍意义上的农民，这是按照农业户口、非农业户口的区分；也有传统集体经济组织成员意义上的农民，在土地集体所有制下享有土地承包权，具有特殊的身份属性。

上述户籍意义上与集体成员身份意义上的农民，曾经是高度重合的，但如今已经发生不少变化。例如，一些地方推行户籍制度改革（取消农业、非农业户口的区分，统一登记为居民户口）；一些地方推行"村社分开"（行政村的村民委员会，与行使集体经济职能的股份经济合作社在机构、职能上分开）；还有"撤村建居"（撤销村民委员会建制，改为居民委员会），即便原有集体所有制土地全部转为国有土地，若有其他集体资产继续存在和运营，行使集体经济职能的股份经济合作社仍可存在。

在一些城中村、城郊接合部，作为"原住民"的农民（集体经济组织成员），仍享有土地权益，但实际扮演的是类似"小地主"或"包租公"的角色，一部分在事实上进入了"食利者阶层"（有的得到了土地征收高额补偿，家有几套商品房的并不罕见；有的在集体土地上大建"小产权房"对外出租甚至变相"出售"）。当然，这种情况对于绝大部分农村地区和农民，是难以企及的。

户籍意义或者集体成员身份意义上的农民，相当多都外出务工，也有一些经商，其中少量农民转型为"农民企业家"。这种现象从20世纪80年代开始出现，到20世纪90年代以后，更形成为大规模流动的"民工潮"。目前中国有2亿多务工经商的农民，其中大多数没有迁移农村户籍，保留着在农村的住房和土地承包权，有些尚能兼顾原来的承包地；有些则把农地流转出去，自身完全脱离农业，成为土地出租者（虽则未必得到了多少租金或"流转费"）。

当然，仍有一部分农民在当地务农。在"务农农民"中，兼业小农居多，也有的流转租入土地，甚至成为"专业大户""家庭农场"。还有少数农民到外地租赁农地（租地农民或租地农场主），另有一些农民变成农业工人。近些年，又出现一些"市民下乡""乡贤返乡"的现象，这些人有时被称为"新农民"。

因此，传统户籍意义或者集体成员身份意义上的农民（或可称为"原住民"或"原住农民"），按照实际居住地，可以分类为"在地农民""非在地农民"；按照实际从业，可以分类为"务农为主""非务农为主"。这些分类两两交叉，至少有四类：在地务农、在地非务农、非在地非务农、非在地但务农（外出务农）。此外还有外来务农的情况（不具备本地集体所有制成员身份），他们完全依靠租用土地，这在一些发达地区和大中城市郊区更多见一些。这里，"务农"应指具有独立经营主体地位的农户或农场主（包括租地农场主），至于被农户或农场主雇用的人员可列入务工范畴（相当于农业工人）。① 务农的经营规模，也大小不一，呈现分化态势。

当前，我们面临的情况，比改革开放之初，比很多年前的日本、韩国、欧美都要复杂。对此，如果没有清醒的认识、精巧的设计、严格的规制，就难免造成支农政策的异化，收到适得其反的效果。中国农村要想构造普惠的、全覆盖的新型合作经济组织，必须考虑上述现实。如果囿于传统集体经济组织的界限，就远不能适应经济社会发展的需要。新型合作经济组织，可以摆脱户籍制度、土地所有制身份属性的束缚，确立明晰的产权关系和交易规则，在此基础上大大解放和发展生产力，更好地维护农民权益。农民的分化和流动，一方面凸显了新型合作经济组织建设的重要意义和迫切性；另一方面也对此提出了新的要求。合作经济成员的分类分级，应运而生。

---

① 农村人群，按照具体情况进一步可分为：a. 全家都在农村生产生活，以务农为主，主要耕种自家承包地的农户。b. 青壮年劳动力外出务工经商（有的偶尔在农忙时回来），中老年家庭成员留村务农为主的"半工半耕"家庭。c. 当地农民，通过流转（租入）周边其他农户的土地，成为"专业大户"或者新型农场主。d. 外来农业经营者，主要依靠流转（租入）土地进行耕种。其中原为外地农民身份的，可以称为"离乡不离土"。也有一些城市居民下乡从事农业的。e. 在农村本地务工经商为主，包括雇用劳动者、手工业者、个体工商户、企业主等，仍然保留承包地，兼营农业。f. 在农村本地务工经商，保留承包地，已经完全把承包地经营权流转出去，可以称为"离土不离乡"。g. 全家外出务工经商，保留承包地，将承包地经营权流转（租出），但不排除返乡及要回承包地自行耕种的可能。h. 全家外出务工经商，保留承包地，将承包地经营权流转（租出），但已在外定居，基本排除返乡可能。i. 子女进城定居，老人进城养老、帮助带孩子。老人在家乡仍有承包地，已经流转出去。j. 原籍农村，通过各种途径（如考学、参军、招工招干）已经完全脱离原来的户口和集体成员身份，但是可以继承（或事实上拥有）父辈的农村住房权益和其他权益，因此在农村保留了较多的经济社会联系。其中一些人有返乡定居或偶尔居住的动机。

二、合作经济的成员分类与股金设置

（一）合作经济的成员可以不必出资：出资成员与非出资成员

合作经济成员分类，首先要摆脱把成员与出资混为一谈的习惯思维，这部分是受到了股份制公司的影响。

合作经济的核心本质不是出资者的联合，而是交易者的联合。与公司股东不同，出资并非合作经济成员的必需条件，成员资格与是否出资没有必然联系。[①] 需要指出，"出钱"不等于"出资"。这里的"资"是资本。资本不等于资金。资本是以钱生钱的钱，特指通过支配劳动来生钱的钱（资金）。钱更多时候只是交易款项。例如，在一个最简单的消费合作社（如团购）模型中，参与成员各按认购数量或比例交纳价款、承担费用，合作社仅仅通过预收价款和费用、部分成员代垫款、向供应商暂赊价款等融资方式即可以运作的，不涉及资本性投入；如果按次（批）即时清结，甚至不存在资金的沉淀。

当然，为了确立合作经济组织的稳固基础，同时增强合作成员的经济参与意识，也为了迁就社会上对"出资"才是"老板"的习惯观念，合作经济组织根据需要，可以建立出资制度。但合作经济组织对出资（股金）的回报通常是有限制的，这与一般股份制公司有较大不同。

本文的主张是，对于公法性质的合作经济组织，可以不设股金为主，亦可兼容股金；对于私法性质的合作经济组织，可以设股金为主，亦可兼容非股金的成员。

日本农协（农业协同组合），就有入股组合（出资农协）和非入股组合（非出资农协）两类。日本农协基于非营利原则和自身发展考虑，坚持按照准备金、累计金、分红金和返还金四部分来具体分配每年净利润，同时对股金分红率实行上限管制。

具有公法性质或半官方地位的合作经济组织（如日、韩的综合农协），其设立和运行有赖于公共政策上的倾斜，包括财力扶持，克服了众多分散小农的合作障碍。在此情况下，如果规定了统一的股金门槛，股金要求高

---

① 特别是对于传统集体经济改制设立的合作社，原有集体经济成员自动成为合作社成员，不建议额外增加出资条件。

了难以动员绝大多数农民参与和受益；股金要求低了更没有实质意义，也许就不如不设股金，或者不把股金作为成员资格的必要条件。

对于私法性质的合作经济组织（通常所称的合作社），大多规定了股金制度，但也不尽然。澳大利亚国家合作社法区分了两类合作社：分红合作社和不分红合作社，分红合作社必须设置股金；不分红合作社可以有，也可以没有股金。①

其实，中国现行《农民专业合作社法》第十二条："设立农民专业合作社，应当具备下列条件：……（五）有符合章程规定的成员出资"和第二十三条："农民专业合作社成员承担下列义务：……（二）按照章程规定向本社出资；（三）按照章程规定与本社进行交易……。"也就是说，合作社章程可以自主规定"成员出资"。这就意味着，合作社成员可以出资，也可以不出资，或者只是象征性出资，重点在于鼓励与本社进行交易。

一些学者认为："合作社的不规范，主要表现在出资的不均衡上。现实中的合作社大多为少数人出资，这就无法按照农民专业合作社法的要求进行运作。如何解决这个问题？逐步引导非出资成员出资，并提高他们的出资比重，进而扩大话语权是必由之路。"② 这种观点看到了合作社问题的表象，但是并没有给出解决之道。现实中很多合作社的"成员"多是挂名的，"出资"更属虚报，不如还其本来面目。

为此，合作社有必要从出资角度进行成员分类，不要求所有合作经济成员都是出资成员，不妨将成员分为基本成员（出资成员）、联系成员（非出资成员，只要求与本社进行交易）。

联系成员是指与本社发生业务往来、享受交易返利（按交易量或交易额返还）的个人和单位。联系成员可以是农户、家庭农场（林场）、农业（林业）企业、其他企事业单位和城乡消费者等。联系成员，有些类似银行的信用卡会员、商场超市的消费者会员等，其加入和退出可以相对简化。

进而，合作社可按照交易额度进行适当的成员分级，通过成员分类分级以及相应的权益设置，统筹平衡责权利关系，有助于提升合作社的规范化和透明度。

好比一个主权国家内部有公民、居民；一个城市有常住和暂住人口，

---

① 刘媛媛：《澳大利亚合作社的法律识别》，《中国农民合作社》2018 年第 10 期。
② 孔祥智：《农民合作社与共同富裕》，《中国农民合作社》2022 年第 5 期。

此外还有各种访客、旅行者和其他纳税主体等。公民（市民）在法律上一律平等，但是其某些经济权利和义务是与收入、财产和纳税相联系的，因此国家需要建立具有包容性的协同治理体制。

（二）务农为主的成员与非务农为主的成员

由于农民的分化，一部分农民在农村经济生活中实际扮演的是其他多数农民的交易对手的角色，如从事农产品收购和加工的商贩，或者农业生产资料的供应商等。同时，在农业农村领域，由于长期未能真正实行合作制为主导，甚至补贴各种外来资本的进入，已经形成了各种工商企业、商业金融机构的强势存在。由于与农民的利益共享均衡机制未建立，这些工商企业、商业金融机构的业务拓展也遇到困难。事已至此，试图把这些农村经济社会生活中的活跃力量排除在外是不足取的。但如果把市场上处于对立地位的不同主体，纳入同一合作经济组织，没有适当地区别对待，很容易挤压农民的利益空间，要么被商人利益操纵，要么陷入内部矛盾或停摆。

必须指出，产品或服务的提供者和利用者，或者卖方和买方之间，是不能形成合作经济意义上的"合作"的。而在现实利益格局的扭曲中，有意无意地放任了或助长了这种"伪合作"倾向。中国现行《农民专业合作社法》的有关表述，所谓"农产品的生产经营者或者农业生产经营服务的提供者、利用者，自愿联合、民主管理的互助性经济组织"，[①] 极易造成误解。

现行《农民专业合作社法》第十四条还规定"从事与农民专业合作社业务直接有关的生产经营活动的企业、事业单位或者社会团体"，也可以成为合作社的成员。尽管第十五条规定"企业、事业单位和社会团体成员不得超过成员总数的百分之五"，第十七条规定了"附加表决权总票数，不得超过本社成员基本表决权总票数的百分之二十"，但是在很多地方，事实上农民专业合作社都被私商企业控制了。

一些地方把"三位一体"合作经济组织或所谓"农合联"，想当然地表述为"农民合作经济组织和各类为农服务组织联合"，在农民合作及其联合组织根基未稳的情况下，高谈什么"和各类为农服务组织联合"，这

---

① 《农民专业合作社法》第二条规定："本法所称农民专业合作社，是指在农村家庭承包经营基础上，农产品的生产经营者或者农业生产经营服务的提供者、利用者，自愿联合、民主管理的互助性经济组织"。

是本末倒置，在理论上是混乱的，利益立场上是可疑的，实践上也造成了困扰。现实中各类"为农服务组织"，大多是外来资本主导的工商企业。农民及其合作组织，与这些工商企业处于交易对手方。把普通的农民和大户、工商企业、商业银行在形式上美其名曰"联合"在一起，开个会，走过场，如果不是流于"空壳"，其在实际运作上也很容易向有钱有势的一方倾斜，甚至成为进一步图利于农民的工具。

因此，根据所在地方和行业的政策导向，可以分别设定基本成员、联系成员的具体条件。例如，在农业农村优先发展的方针下，为了扶持真正的农民，可以限定基本成员应为务农为主的农户（家庭农场）。

对于政策上需要重点扶持的农业农村合作经济组织，实行成员分类的最重要意义在于，借此保障农民特别是务农农民的主体地位或者优先权，这在基层组织中尤其如此。在联合组织的各类成员中，则应保障基层合作经济组织的主体地位或者优先权。这主要可通过表决权的特殊安排、理监事名额的保障比例来实现。

从国外合作经济组织的成功经验来看，日本农协和韩国农协的类似区分是正式会员和准会员。例如，日本《农业协同组合法》，要求基层农协理事会中要有过半数理事由认定农业经营者或者具有农产品销售、法人经营经验的农业经营者担任。日本《农业协同组合法》还规定，组合员每人只有一票表决权、选举干部和出席组合员全体代表大会的代表的选举权，但"准组合员"没有表决权和选举权。

（三）现有体制下的探索

合作经济的成员分类，可以适当参考股份制公司的股权分类。同为经济主体，合作经济组织与股份制公司组织有重要区别，但是公司的设立本质上也属于经济性结社行为，因此有相通之处。中国现行《公司法》并未禁止"双重股权结构"。《公司法》第四十二条关于有限责任公司的规定：股东会会议由股东按照出资比例行使表决权；但是，公司章程另有规定的除外。2020 年 10 月，深圳市人大常委会修订通过的《深圳经济特区商事登记若干规定》明确提出：公司依法设置特殊股权结构的，应当在章程中明确表决权差异安排。[1] 此前，2014 年 11 月，广东省政府办公厅发布《关于深化省属国有企业改革的实施方案》，提出对关系国计民生的准公共

---

[1] 《深圳经济特区商事登记若干规定》，深圳人大网，2020 年 11 月 12 日，http：//www.szrd.gov. cn/szrd_ zlda/szrd_ zlda_ flfg/flfg_ szfg/content/post_685910. html。

性企业，可探索建立国有股东"金股"机制，按照约定对特定事项行使否决权。[①]

中国尚无统一完整的合作经济组织立法。现行《农民专业合作社法》并未考虑成员分类，但也没有禁止，应可遵循意思自治的原则由章程规定。现行《社会团体登记管理条例》提到了"个人会员""单位会员"，在成员分类上也可以进一步丰富和完善。

浙江"三位一体"合作经济先行试点，在区域性联合组织的构造上，定名为"农村合作协会"，借用了《社会团体登记管理条例》，在民政主管部门登记。山西一些地方，将区域性联合组织取名为"合作经济联合总社"，按照集体经济组织注册程序，在农业农村主管部门登记。在现行法律法规框架下，按照意思自治的原则，对合作经济成员的分类、分级，相应的权利和义务作出自主规定，可在章程中加以体现。

浙委发〔2015〕17 号文提出了"农合联坚持以农民合作经济组织为主体。各级农合联成员（代表）大会的代表、农合联理事会和监事会的成员应有三分之二以上为农民合作经济组织的代表""农合联中涉农企事业单位会员不享有选举权和除监事以外的被选举权"，这些规定是确有必要的，尚待严格落实。

（四）成员分类下的股金设置

在成员分类的基础上，对股金进行结构化设计，分为普通股（为避免与证券市场的相关名词概念混淆，可称为"资格股"）和优先股。

设立"资格股"，仅限基本成员认购，联系成员无权认购，也不需要认购。遵循合作制的精神传统，资格股强调平等或者一定范围内的相对平等。在"小农"为主的社会条件下，对于区域普惠性合作组织来说，资格股的入股门槛不宜高，或者就是象征性入股。资格股代表合作社基本成员的身份，基本成员以此在合作社享有权利、承担义务，分享利益。单一成员持有资格股比例应做严格限制，以保持合作制的平等互助原则。

另外设立优先股，便于多方吸引资金。所有合作经济成员，包括基本成员、联系成员，甚至在更大的范围内（如相关社区、群体内）都可认购优先股。合作经济组织如果不加限制地引入外来资本，很容易改变合作制

---

① 所谓"金股"，作为一种特殊的股权结构安排，起源于 20 世纪 80 年代初英国国有企业的私有化改革。"金股"的主要特征是：第一，持有者是政府或其授权机构；第二，通常只有一股，没有实际经济价值；第三，权益主要体现为对特定事项的否决权，而不是收益权或其他表决权。

的性质，将其沦为一般工商企业，因此应充分发挥优先股的独特功能。优先股参与合作社决策管理等权利受到限制，但是可以优先分红、清偿。但分红应设立上限（合作制对于资本回报须有必要限制），下不保底，不承诺固定回报（避免被视为吸收存款或发行股票）。即便有的优先股发售时宣布了"固定股息"，但实际能拿到多少股息，受到经营状况的影响，因此，该股息率仍具有"回报上限"的含义。例如，美国北达科他州明文规定"新一代合作社"优先股的股息为 8%。

优先股不参与经营决策。合作社优先股股东，首先也是合作社基本成员或联系成员，其相应的知情权、参与权、监督权应受保障。此外，在优先股权益可能受损的特殊情况下，应赋予优先股对于特定事项的表决权。[①]

三、合作经济组织的优先股：探索与借鉴

（一）经验借鉴

在国外，合作经济组织的优先股（或类似制度安排），多有成功经验和法律保障。

例如，欧盟合作社法规定，合作社社员不仅包括消费者和供应者，在某些情况下，还包括一定比例的不用合作社服务的投资者社员，但投资者社员的投票权受到限制。美国纽约州合作社法规定，合作社应当发行证明社员资格的社员股份，并且可以向社员或其他人发行不具证明社员资格效力的其他种类股票。加拿大合作社法规定，合作社章程可以规定发行投资股份，投资股份没有投票权，但合作社章程也可规定在一定条件下赋予投资股份按照"一股一票"的原则选举董事的权利，投资股份持有者选举的董事不得超过董事总数的百分之二十。

澳大利亚国家合作社法引入了类似优先股的"合作社资本单位"（Co-operative Capital Unit，CCU）制度。[②] 该制度规定：社员和非社员均可认购 CCU，并可转让，在合作社终止时，可优先于普通股份受偿。合作

---

① 例如，中国证监会规定了上市公司以下事项的决议，除须经出席会议的普通股股东所持表决权的 2/3 以上通过之外，还须经出席会议的优先股股东所持表决权的 1/3 以上通过：a. 修改公司章程中与优先股相关的内容；b. 一次或累计减少公司注册资本超过百分之十；c. 公司合并、分立、解散或变更公司形式；d. 发行优先股；e. 公司章程规定的其他情形。类似做法，对于合作社优先股权益的保障，也可作为参考。

② 刘媛媛：《澳大利亚合作社的法律识别》，《中国农民合作社》2018 年第 10 期。

社必须制定管理 CCU 的专门规则，且该规则要将国家合作社法中的最低要求都包含进去。规则中还必须指定不同等级 CCU 持有人所享有的其相关事务的投票权——是"一股一票"还是"一人一票"，明确不同 CCU 的权利内容，以及接收会议通知和信息的权利等。[①] 作为澳大利亚股票交易所使用的一种工具，CCU 在证券交易市场已经得到了大量使用。

合作经济组织的优先股探索，可以借鉴国外相关经验，也不妨参考国内在股份制公司领域的优先股规定。

早在 2005 年 11 月国家发改委、科技部等多个部委联合发布的《创业投资企业管理暂行办法》，提出"创业投资企业可以以股权和优先股、可转换优先股等准股权方式对未上市企业进行投资"。多年后，优先股在上市公司、国有企业改革领域中得到应用。2013 年 11 月，国务院发布了《关于开展优先股试点的指导意见》。2014 年 3 月，中国证监会进一步颁布了《优先股试点管理办法》，随后陆续有数十家上市公司发行了优先股。[②] 2014 年 4 月国务院办公厅发布的《关于金融服务"三农"发展的若干意见》，支持符合条件的农村金融机构发行优先股。此外，2015 年 9 月的《国务院关于国有企业发展混合所有制经济的意见》提出，"国有资本参股非国有企业或国有企业引入非国有资本时，允许将部分国有资本转化为优先股"。2020 年 5 月的《中共中央　国务院关于新时代加快完善社会主义市场经济体制的意见》也规定：对充分竞争领域的国家出资企业和国有资本运营公司出资企业，探索将部分国有股权转化为优先股，强化国有资本收益功能。

（二）优先股在中国现阶段的特殊功能

在合作经济组织内推行优先股，除了其在境外国家和地区所能起到的

---

①　1996 年，新南威尔士法规体系第一次引入 CCU，创造出一种适用于混合体的工具，为合作社筹集资本提供了另一种机制。2008 年，维多利亚州开始使用 CCU；2009 年，西澳大利亚州也引入使用。《澳大利亚合作社法》随后允许将 CCU 在澳大利亚全境内推开使用。

②　《国务院关于开展优先股试点的指导意见》（以下简称《意见》）从优先股股东的权利与义务、优先股发行与交易、组织管理和配套政策三个部分提供了指导意见。该《意见》将优先股定义为"依照公司法，在一般规定的普通种类股份之外，另行规定的其他种类股份，其股份持有人优先于普通股股东分配公司利润和剩余财产，但参与公司决策管理等权利受到限制"。并明确试点期间不允许发行在股息分配和剩余财产分配上具有不同优先顺序的优先股，但允许发行在其他条款上具有不同设置的优先股。同时，该《意见》将优先股发行人范围限定在"公开发行优先股的发行人限于证监会规定的上市公司，非公开发行优先股的发行人限于上市公司（含注册地在境内的境外上市公司）和非上市公众公司"。

作用，其在中国现阶段，还有一些特殊功能或优势。

1. 吸引零散闲置资金，充实合作社经营实力，更为内部资金互助奠定基础

优先股可以吸引资金，不仅有助于合作社生产经营实力的壮大，平衡内部责权利关系，也为合作社开展资金互助奠定基础。一个经济主体，以吸收存款（负债）放贷款，在实质上倾向于银行模式，业务稍有扩大就涉及金融牌照问题，但是用自己的股金放款，限制很少。优先股的设置，不仅有利于避开法律上"吸收公众存款"或"非法集资"的顾虑，也比吸收存款更能保障资金来源的稳定。

金融监管的主要关注点不在于对外放贷本身，利用自有资金放贷风险自负。金融监管更关注吸存行为，特别是"非法吸收公众存款"。

中国《刑法》规定了"非法吸收公众存款罪"，但是在法律上缺乏明确具体的条款，最高人民法院、最高人民检察院也并未对此进行过司法解释。长期以来，我国多采用 1998 年国务院发布的《非法金融机构和非法金融业务活动取缔办法》第四条规定，"非法吸收公众存款，是指未经中国人民银行批准，向社会不特定对象吸收资金，出具凭证，承诺在一定期限内还本付息的活动；所称变相吸收公众存款，是指未经中国人民银行批准，不以吸收公众存款的名义，向社会不特定对象吸收资金，但承诺履行的义务与吸收公众存款性质相同的活动"。

国务院 2021 年最新发布的《防范和处置非法集资条例》（以下简称《条例》），取代了 1998 年的《非法金融机构和非法金融业务活动取缔办法》（以下简称《办法》），但是新《条例》并没有针对"非法吸收公众存款"下定义，原《办法》中的定义已经在司法实践中广泛采用，未来仍然发挥作用。新《条例》规定了"非法集资"，但我国刑法上并无"非法集资"罪名，因此新《条例》主要是个行政管理法规。按照新《条例》，非法集资"是指未经国务院金融管理部门依法许可或者违反国家金融管理规定，以许诺还本付息或者给予其他投资回报等方式，向不特定对象吸收资金的行为"。

为了防止落入"非法吸收公众存款"或"非法集资"的陷阱，要避免承诺或许诺"还本付息"（特别是避免固定期限还本、固定比例回报，这更像存款），以及避免面向"不特定对象"。合作社成员，特别是传统集体经济组织改制而来的合作社内部成员，只要保证其社区性、封闭性，就不属于"不特定对象"。

最高人民法院于 2018 年印发《关于为实施乡村振兴战略提供司法服务和保障的意见》，其中提出：依法保护资金互助等有利于降低交易成本、适合农民需求、符合法律规定的交易模式，促进农村金融体制改革，引导更多金融资源配置到乡村经济社会发展的重点领域和薄弱环节，助力实现乡村产业兴旺、农民生活富裕。

合作社在民主管理、不对外吸储放贷、不支付固定回报的前提下开展信用合作、资金互助，在政策上是允许的，但是需要妥善的制度设计与审慎管理。纵使符合条件的合作社，简单模仿银行，对内搞存款类产品，但并非优势所在。

优先股按照章程规定享有股息，但不承诺保本保息和固定回报，有助于避免金融监管上的合规风险。具体设计建议是：上限封顶，因此不是类似公司法意义上的股权、股票；下不保底，不属于存款，又只对合作社内部招股、付息，因此不是金融监管上非常担心的"吸收公众存款"。之所以"下不保底"，也是因为合作社在市场经营中，必然有波动，甚至可能经营失败，绝对保底事实上做不到，不能作此空头承诺。现在有些地方政府的文件对于合作社优先股承诺"保底收益"，并不妥当，尤其不能由政府代替合作社去作出承诺，当然合作社自己也不要承诺此事。

关于优先股的股息上限，国家并无统一规定。建议在当地政府或合作经济联合组织指导下，由合作社自主规定。可以在章程中规定，也可在成员代表大会的专门决议中规定，并在发行文件或入股协议、凭证上载明。例如，规定上限为 6% 或 8%，或按照中国人民银行授权公布的 LPR（Loan Prime Rate）的若干倍数来设定均可。

2. 保障合作社带头人、实际出资人的合理回报，同时坚持合作制原则

合作经济组织，应当奉行经济平等原则，至少也是相对平等，有利于保持合作成员（如农民）的主体地位。但是必须认清，小农社会的大规模合作组织，从来不是农民自发能够实现的，例如，日本、韩国的执政当局承担了大量的组织运行成本。由于过去一个时期的合作社发展过于一味强调农民"自发"，所以事实上造成了假合作社、"空壳合作社"的泛滥。我国现有的绝大多数农民专业合作社都是少数社员出资，个别社员"占大股"是常见现象，个别社员处于实际控制人或所谓"带头人"地位。除去某些套取补贴为主的彻头彻尾的假合作社，以及更多的无所作为的"空壳合作社"，还有不少合作社虽不符合规范，尚属于合法劳动范畴，多少起到了经营实体的作用，需要正视这样的客观现实。

关于农民专业合作社的规范整顿，有些可以依法依规进行吊销、撤销、注销，有些可以还其本来面目为股份制企业或个人独资企业，但还有一些继续按照合作社运行的，恐怕难以采取简化、"一刀切"的方式去强求"规范"。对于这些按照合作社运行的，有必要考虑合作社带头人、实际出资人在利益上的合理回报，特别是要妥善处理历史遗留问题，实现责权利平衡，这才是治本之策。

这些不规范的"合作社"，历史投入形成的净资产，如果按照名义上的社员平均持有必然造成新的不公，那就变成新一轮"吃大户"了。其中部分可以折算为优先股，按社员实际贡献持有。合作社带头人、业务骨干过去和将来的很多投入，包括劳务投入，都可以折算为不受比例限制的优先股。这样，既使合作社带头人、业务骨干名正言顺地得到经济回报，又把他们的经济利益更紧密地与合作社经营状况绑定在一起（如果经营不善，则优先股无以回报；如果经营良好，优先股的回报也是可观的）。这样有利于平衡各方的利益关切，通过优先股来保障出钱出力多者的合理利益，不仅聚财，也能聚人。

（三）现有体制下的探索

早在"三位一体"合作经济先行试点之初，就鉴于基层合作社的软弱涣散、资金匮乏及责权利不平衡问题，创新提出了成员（会员、社员）分级分类及"优先股"的设置。[①] 资格股可以直接借用现行合作社法的相关条文。但我国现行的合作社法、公司法都没有涉及优先股的条文，迄今仍然如此。既然法律上并没有禁止性规定，那么通过公司、合作社章程或成员大会决议自行规定优先股，根据意思自治的原则，也是合法有效的（中国证监会已经在上市公司中推动优先股制度）。这在法理上并无问题，但是超出一些人的习惯思维，在实施中缺乏配套规定及相应的专业技术支持。[②]

近些年来，优先股在合作经济领域的应用前景逐步在一些地方得到认同。四川省财政厅 2015 年 7 月印发了《创新投资收益扶贫新模式试点方案》，其中提出"贫困户优先股"，针对的是财政支农资金投入到农民专

---

① 陈林：《农村金融改革的几个微观问题》，《中国农村信用合作》（现已更名为《中国农村金融》）2007 年第 4 期。

② 陈林：《关于合作社发展的理论反思和立法建议》，《太平洋学报》2006 年第 10 期。

业合作社形成的资产,在股权量化时,划出一部分设立贫困户优先股,剩余部分再量化给社员。① 云南省人民政府办公厅 2016 年 9 月发布的《关于推进财政支农资金形成资产股权量化改革的意见》也规定了类似的"贫困户优先股"。②

北京市海淀区政府 2018 年 12 月发布的《海淀区农村股份经济合作社股权管理办法(试行)》第三条规定:"各股份经济合作社设置普通股和优先股。普通股是指在股份经济合作社经营、盈利和剩余财产分配上享有普通权利的股份,普通股股东享有选举权和被选举权,享有对股份经济合作社经营的决策权和监督权;优先股是指在盈利和剩余财产分配上比普通股享有优先权的股份,优先股股东不享有选举权和被选举权,不享有对股份经济合作社经营的决策权和监督权"。③

山西大宁合作经济联合总社 2020 年全面改组后的《章程》明确规定:合作总社在本社及成员社推行优先股制度。④

在相关部委层面,2016 年 12 月中央农办调研组唐仁健等在报告中提出"要探索建立农民'优先股',完善收入分配办法"⑤。2018 年 12 月,农业农村部、国家发展改革委、财政部、中国人民银行、国家税务总局、国家市场监督管理总局联合印发了《关于开展土地经营权入股发展农业产业化经营试点的指导意见》,其中也提出:探索"优先股",让农民在让

---

① 《财政支农资金形成资产可设"贫困户优先股"我省在全国首创财政投资收益扶贫新模式》,《四川日报》2015 年 7 月 26 日。

② 《云南省人民政府办公厅关于推进财政支农资金形成资产股权量化改革的意见》,云南省人民政府办公厅,2016 年 9 月 9 日,http://www.yn.gov.cn/zwgk/zcwj/yzfb/201609/t20160909_144229.html。

③ 《北京市海淀区人民政府关于印发〈海淀区农村股份经济合作社股权管理办法(试行)〉的通知》,海淀区政府网站,2018 年 12 月 13 日,http://www.bjhd.gov.cn/zfxxgk/auto10489_51767/zfwj_57152/201901/t20190107_4203654.shtml。

④ 《大宁合作经济联合总社章程》(以下简称《章程》)规定:合作总社在本社及成员社推行优先股制度。优先股可以优先分配盈余,不具有经营决策投票权。认购优先股,不视为出资。相对于优先股,核心成员、基本成员的出资,可称为资格股。该《章程》还规定:合作总社当年扣除生产经营成本和管理、销售费用(包括按交易量、交易额分项返还)、弥补亏损、提取公积金和公益金后的可分配盈余,按照如下顺序分配:a. 支付优先股股息;b. 按照成员与本社各类交易量(额)折算的积分比例,进行综合返还(不含特邀成员);c. 按照核心成员、基本成员在本社的出资比例进行分配,也可转增资本。

⑤ 中央农办调研组:《万变不离其宗:打造"股份农民"——贵州六盘水"三变"改革调研》,《农民日报》2016 年 12 月 29 日。

渡公司经营决策权的同时享有优先分红的权利。①

因此，合作社优先股的设置，在法律上并无障碍，在政策层面也是受到鼓励的，但在操作上需要一些专业设计。对于上市公司优先股的引入，很多人关心和研究，无非是利益所在，而合作社领域得到金融界的重视不多。我国农业农村领域的工作人员和专家学者往往缺乏法律、金融、财务方面的知识背景和相关技能，这就需要跨界、跨学科的知识整合。

（四）合作经济组织优先股的若干具体设想

按照优先股的一般理论，并适当参考借鉴中国证监会《优先股试点管理办法》，根据不同的股息分配方式，可以把合作经济组织的优先股设想为若干种类：

1. 单一上限优先股和可变上限优先股

股息率在优先股存续期内不作调整的，称为单一上限优先股，而根据约定的计算方法进行调整的，称为可变上限优先股。单一上限比较简便，可变上限则可以根据合作社投资回报周期逐年进行灵活安排。需要指出的是，中国证监会针对上市公司，采用的是"固定股息率"优先股和"浮动股息率"优先股的提法，这里的"固定"与"浮动"用到合作社容易引起误解，因此建议改称"单一上限""浮动上限"。

2. 强制分红优先股和非强制分红优先股

在有可分配盈余时必须向优先股股东支付回报，是强制分红优先股，否则即为非强制分红优先股。需要指出的是，中国证监会针对上市公司规定的优先股分红，来源是税后利润。对于合作社优先股来说，建议把优先股分配顺序放在税前，甚至更进一步，放在按照交易量（额）返还之前。此时合作社优先股实际上是仿照债权进行财务处理。这是考虑到合作社资金匮乏的实际，增强优先股的吸引力。这可作为国家对于合作经济的一项扶持政策。

3. 累积优先股和非累积优先股

根据当年可分配利润不足而未向优先股股东足额派发股息，差额部分是否累积到下一会计年度，可分为累积优先股和非累积优先股。累积优先股是指合作社在某一时期所获盈利不足，导致当年可分配利润不足以支付

---

① 《农业农村部 国家发展改革委 财政部 中国人民银行 国家税务总局 国家市场监督管理总局关于开展土地经营权入股发展农业产业化经营试点的指导意见》，农业农村部网站，http：//www.moa.gov.cn/nybgb/2019/201901/201905/t20190503_6288219.htm。

优先股股息时，则将应付股息累积到次年或以后某一年盈利时，在普通股的股息发放之前，连同本年优先股股息一并发放，可以限定累积期限，如两年、三年以内。非累积优先股则是指合作社不足以支付优先股的全部股息时，对所欠股息部分，优先股股东不能要求合作社在以后年度补发。

4. 可回购优先股和不可回购优先股

根据发行人或投资者是否享有要求回购优先股的权利，可分为可回购优先股和不可回购优先股，又可分为发行人有权要求赎回优先股和投资者有权要求回售优先股两种情况。优先股的回购问题较为敏感，如其不能回购，仍属于股权特征；如其可以回购，则更有些接近债权特征。如果实行可回购优先股制度，不建议随时回购，可每年设置一两个时间点允许回购，这实际上是"限制回购"；还可将优先股的可回购选择权赋予合作社方面，从而避免被联想为"公众存款"，消除金融监管部门对此可能产生的疑虑。鼓励合作社成员通过相互转让优先股，实现资金退出。对于合作社管理层持有的优先股（特别是管理劳务折算的优先股），在一定期限内，可以限制回购、限制转让，以增强其责任心。

5. 其他

对于股份制企业特别是上市公司来说，还可根据优先股股东按照确定的股息率分配股息后，是否有权同普通股股东一起参加剩余税后利润分配，分为参与优先股和非参与优先股；根据优先股是否可以转换成普通股，分为可转换优先股和不可转换优先股。

合作经济组织的普通股（资格股）设置，并非以资本利益为导向，不建议考虑优先股与普通股的转换，或者优先股进一步参加税后利润分配的情形。这两种分类，在此不做深入讨论。

（五）小结

合作社优先股的设置已经提出多年，在法律上并无障碍，在政策上也是受到鼓励的，但在操作上需要一些专业设计。可将合作经济成员，分类为基本成员（有权认购资格股）、联系成员（只要求与本社进行交易）。在此基础上，对于合作社股金进行结构化设计，区分资格股和优先股。优先股制度，可以通过合作社章程及成员大会决议进行约定，也是合法有效的。

优先股便于吸引零散闲置资金，充实合作社经营实力，更为内部资金互助奠定基础。实行"上限封顶、下不保底"，不仅有利于避开法律上

"吸收公众存款"或"非法集资"的嫌疑，也比吸收存款更能保障资金来源的稳定。通过历史投入和劳务贡献折算为优先股，有利于保障合作社带头人、实际出资人的合理回报，同时坚持合作制原则。微观上基层合作社的规范化和改革创新，主要的突破点是优先股，可望借此化解很多症结。

合作社优先股可以划分为若干具体种类，在实践中继续探索和发展。现阶段建议采用单一上限、强制分红、可累积、限制回购的优先股。为了保护农民权益以及合作社规范化建设，建议参照"非上市股份公司"的类似办法，建立一个合作经济权益（包括优先股）登记托管系统。

四、联合组织的成员分类与纵向结构

（一）双重成员制与"联邦式"架构

合作经济的成员分类，在联合组织层面，必然涉及合作经济的纵向结构，即组织体系框架。从国外经验来看，无论专业合作社还是综合农协，基层组织一般以个人为成员，上级组织（联合组织）以下级组织为成员。例如，日本、韩国都是以基层农协为团体会员，逐级向上构成各级联合组织。中国现行的《农民专业合作社》规定"三个以上的农民专业合作社在自愿的基础上，可以出资设立农民专业合作社联合社"。

也就是说，联合组织通常采取团体成员制。但是，基于中国国情农情及前期试点经验，本文主张合作经济联合组织，特别是贴近基层的（如乡镇层级的）联合组织，在实行团体成员制的同时，保留个人成员。① 之所以要保留个人成员，是为了便于直接吸收农户和家庭农场（在法律上多以自然人主体出现），这对巩固和壮大合作经济很有必要。

合作经济联合组织，采取团体成员制，可以向下兼容原有的村集体经济合作社、农民专业合作社；同时采取个人成员制，可以直接覆盖到众多农户、家庭农场，有利于灵活开展各种业务活动，日益发挥合作经济的基层运营重心的作用。

更重要的是，这些直接参加联合组织的个人成员，往往也是基层合作社的成员。当基层合作社及其成员，同时进入上级联合组织，则联合组织在法理上的权威基础得到加强。我们称之为"双重成员制"。同样的道理，

---

① 也许称为"个体成员"更为合适。

对于更上层级的联合组织及其成员单位，也是适用的。

这有些类似于联邦制政体下，联邦及其成员（各州）的权力都来自于人民，或者说，每个公民同时是联邦和各州的选民，从而保障联邦的地位高于州，联邦可在其职权范围内对各州和州内公民行使管治权。而一般松散的协会、联合会（联合社）则类似邦联或者"独联体"，协会、联合会（联合社）对于自己的成员只有服务的义务，并没有管治的权力。

各国的合作经济联合组织，对于下级组织（也是成员单位）多有指导监督之责，通常是由法律授权或政府行政委托。在尚无法律明文授权或政府行政委托的情况下，建设合作经济联合组织，采取"双重成员制"有利于加强合作经济体系的上下贯通的纽带与整合合力。这种约束关系，既可以通过法律规定，也可以通过内部章程、相互协议来确定下列条款：①某个合作经济组织作为团体成员加入上级联合组织，其内部成员也自动加入上级联合组织。②某成员加入基层合作经济组织，亦同时要求该基层组织参加上级联合组织。③某成员直接加入联合组织，亦同时确认其所已参加、将要参加的基层合作经济组织均应加入联合组织，并接受联合组织的指导监督。

合作经济联合组织，可称为"农村合作协会""合作经济总社"或"合作联盟"。在现行管理体制下，无论其作为社会团体法人在民政登记，作为集体经济组织法人在农业农村主管部门登记，还是作为合作社法人或集体企业法人在市场监督管理部门登记，在基本原理上都是相通的。例如，《社会团体登记管理条例》是允许个人会员、单位会员并存的。在现行法律法规框架下，可以按照意思自治的原则，对合作经济成员分级、分类，相应的权利和义务做出自主规定，在章程中加以体现。

（二）关于县乡联合组织：合作经济的重心

从同为东亚小农社会的日本、韩国的经验来看，县乡联合组织相当于乡镇层级的综合农协，实体化运营，更为活跃，便利于民，也容易达到一定程度的规模经济。这可能是小农合作的最佳有效半径之所在，有其客观必然性和借鉴意义。如果历史可以重来，也许在 20 世纪 80 年代推行家庭承包、人民公社普遍解体、乡镇政府纷纷设立的同时，大致以原公社范围的社区为基础，构造新型合作经济组织，不断充实生产服务、供销服务、信用服务"三位一体"功能，才是贯彻"家庭承包、统分结合"的正解。这样可以避免片面扶持农业龙头企业或者农民专业合作的弯路，更有利于农村发展和共同富裕。

中国农民专业合作社及村级集体经济合作社的经营实践，很多并不成功，其中就有合作体量不足的原因。由于这些现已存在的"合作社"普遍没有规范运行，以此作为团体成员向上构建联合组织，必然导致合作经济的根基严重不牢。完全撇开这些"合作社"，则不利于团结各方面的力量和资源。缺乏合作经济联合组织与纵向体系的支持，坐等基层合作的发展与成熟，更是遥遥无期的。

一种考虑是：本来在很多地方，若把"基层"合作经济组织放在乡镇一级，可能更为合适，但是由于路径依赖的原因，目前在乡镇层面，只好在形式上构造为"联合组织"。因此，乡镇层级的"联合组织"，更有必要实行"双重成员制"，并直接穿透到基层农户。恰恰因为在中国现有的行政架构中，由于权力上收或者"部门化"，乡镇政府的权能、资源严重不足，推动工作更缺乏"抓手"，合作经济联合组织可成为其重要载体。

另一种考虑是：县在中国体制中具有特殊重要地位，既承上启下，又有相对完整的功能、较具规模的体量，应当以县级为基本单元，兼容各级各类合作经济组织（包括潜在性的），在联合组织的构造上贯通到基层。特别是在基层合作多不规范、发育不充分的条件下，要以超前的顶层设计来引领合作事业发展。

总之，未来的合作经济实体运营重心具体到哪一级，没有一定之规，要看当地人口、交通、产业乃至具体业务品种的实际情况和需求，在实践中探索，宜统则统，宜分则分。基于中国现实，基层合作社普遍发育不足，不能坐等基层合作社的成长，应重点在县乡层面联合组织的培育。

（三）如何兼容传统集体经济

在"三位一体"合作经济先行试点之初，联合组织的设计，主要是以合作社联合社（包括供销联社、信用联社、农民专业合作社联合社或协会，以及乡镇联合社）作为核心成员，形式上"条"（专业合作）与"块"（社区合作如乡镇联合社、村经济合作社）并重，事实上"块"的方面更为薄弱。这在当时主要是为了迁就供销联社、合作银行既成事实的特殊地位，同时预留未来新型合作社联合社不断进入的增量空间，逐步"稀释"原来供销联社、合作银行的权重；同时也是因为当时集体经济产权制度改革尚未全面展开，不得不把重点放在农民专业合作社方面，仅吸收了少数村经济合作社参加联合组织。这个方式可能更适用于经济体量较大、农业产业化程度较高（因此专业合作更有基础）的县域；但在专业合作社及其联合社本身基础不牢、规范化程度不高的情况下，又缺乏社区合作的支持，联合组织不容易巩固。

进一步的实践和研究表明，把集体经济与合作组织分开去搞，都不容易成功。在农民专业合作社或者供销社、信用社的基础上进行嫁接重组，并不容易做到全覆盖。全覆盖的意义不仅在于规模效益，更在于普惠和公平，这是共同富裕的必由之路。同时正因为全覆盖，这样的大规模多层次合作经济组织，不能是普通的民商事组织，而必然具有"半官方"特征或公法性质，更有必要加强政府的领导和推动，更有希望突破部门利益的束缚。

传统集体经济改革是一个老大难问题。集体所有制属于公有制范畴，有着特殊的政治历史渊源和意识形态内涵。集体所有制产权对内不可分割，集体成员身份不可自由转换和交易，集体成员范围不能自由调整，这些特征的存在，有其历史合理性，对维护农村稳定也有现实意义，却难以适应复杂多样的利益关系、人员变动和经营需要。前些年的集体经济产权制度改革，如土地确权（进而实行"增人不增地、减人不减地"）、经营性资产折股量化等，这些措施并不能充实集体经济组织本身，也很难使之成为责权利相称、便于运作、富有活力的经营实体。发展新型集体经济，唯有回归合作经济的本源。这既是19世纪以来社会主义运动的初心所在，也符合现代市场经济的要求，并有世界大范围内的成功范例可循。

1. 乡镇联合组织如何兼容村级集体经济

我国很多地方发展合作经济，在思路上囿于"村集体"层面，不仅对于传统集体权益不便处理，也由于村级体量普遍偏小，土地、农户和产业不足，并不容易达到规模经济。因此，可由若干村集体经济合作社作为核心成员发起组建乡镇联合社，同时吸收辖区内农民专业合作社、家庭农场等作为基本成员。为了平衡各种权利义务关系，可以实行成员分级分类。

传统集体所有制因素可留在村级内部逐渐消化。现在各地大多将集体经济组织法人按照"村（股份）经济合作社"进行注册，但其结构运作有很多不明确、不统一之处。对于构造联合组织来说，姑且不管这些传统集体经济组织的历史渊源、内部构造与未来前景，其对外就是一个独立法人实体，对于联合组织就是一个成员，可以作为核心成员（发起成员、创始成员），具有一些特殊地位。可通过联合组织章程赋予核心成员否决权，例如，在成员代表大会上的表决事项，应经所有成员代表过半数（重大事项为三分之二以上）同意，且核心成员代表过半数（重大事项为三分之二以上）同意，方为通过。这是为了承认和保障原集体经济组织及其成员（覆盖绝大多数农户）的传统地位和权利。

联合组织应按照合作经济主导原则进行规范，同时吸收部分股份制因素（如设定投资回报上限的优先股。至于合作社、联合社参股的公司，则是完全意义上的股份制）。其中奥妙还在于入社、入股行为，本身就伴随着资源、资产（也可包括资金）的集中与整合。

联合组织的资格股的额度分配可由各村平均分配，也可根据当地务农人数、农用地面积、参与联合组织的贡献进行适当调整，但总体上不要有大的差距。至于辖区内的农民专业合作社，可志愿加入联合组织。其中确有业务需要、较为规范的，可以参与出资（认购资格股），作为联合组织的基本成员。其他不适宜参与出资的，又不便打消其积极性的，可以只作为乡镇联合社的联系成员，如果没有实质性业务往来就只是"挂名"性质，权利义务都是象征性的。

山西大宁等地，是以行使集体经济职能的股份经济合作社（主要是村级合作社，有的称为联合社）作为核心成员。在当地集体经济全面改制为合作社的情况下，由政府推动，行使集体经济职能的合作社普遍进入联合组织，可以迅速做到合作经济组织的全覆盖。这个方式，其实是以"块"（社区合作组织，包括村级合作社、乡镇联合社）作为联合组织的核心成员，以"条"（专业合作组织，例如农民专业合作社及其联合社）作为基本成员。

在总体设计上，可以兼容了集体制、股份制、合作制因素，具有高度弹性。其中传统集体制的因素得到尊重和保留，股份制的因素有所引入、加以限制，合作制的因素预留空间最大。如果合作制的因素尚无大的发展，现有框架至少相当于集体经济组织之间相对平等的一个合股实体，仍然可以发挥较大作用。如果对成员的业务往来、交易返利不断提高，合作制趋于主导地位，也不影响原有的功能。

必须指出，这种合作经济联合组织，严格来说并非《农民专业合作社法》意义上的联合社，所以并不方便在市场监督管理局获得注册，但是可以在农业农村局取得集体经济组织法人登记。这实际是兼容传统集体所有制的新型合作经济组织法人，可以通过本组织章程的特殊设计来加以体现。

2. 村（社区）经济合作社如何兼容原有集体经济因素

在原有集体经济组织基础上改制组建的村（社区）经济合作社，继续履行集体所有制职能的，同时开展合作经济事业，必然面临这个问题。集体经济成员与合作社成员未必重合。原集体成员参与合作经济的程度各有不同。合作经济的发展一旦超出原集体成员的范围，其新吸纳的股金以及在经营中形成的财产和收入，属于新的产权关系。在同一个法人实体内部，为了保护新老成员的正当权益，有必要为原集体经济成员单设一类，如"原始成员"（或称"创始成员"）。原始成员的设置，是为了继承传统集体经济的职能和资源，维护传统农民的利益（有些传统意义上的农民，可能不再从事农业，甚至离开当地了，但其集体经济权益应予保护）。

原始成员的权利受到特殊的限制和保障。特殊限制主要是指作为集体经济成员的身份（及相应权益）不能自由转让，在身份认定上也有严格程序和条件。特殊保障主要是在表决权、受益权上另有安排。例如，实行分类表决时，可赋予原始成员否决权。在成员（代表）大会上的表决事项，应经所有成员（代表）过半数（重大事项为2/3以上）且核心成员（代表）过半数（重大事项为2/3以上）同意，方为通过。有关法规和政策明确由集体经济组织成员享有的权益，或者仅限传统集体所有制范畴内的权益，如集体土地征收补偿权益等，专属于原始成员。村（社区）经济合作社经营使用集体土地等资源，应向原始成员提供合理对价（特别是在原始成员占比减少的情况下）。

在相当长时期内，特别是在传统农区，原始成员、基本成员的重合度较高。但是由于农民的分化与流动，在某些地方特别是较发达农村，原集体经济组织成员留在当地的、从事农业生产经营活动的比例变少，新型农民的作用上升。即使是具备集体经济组织成员（原始成员）身份的当地农民，如果流转受让了其他农民的土地经营权，其作为原始成员的权益并不会相应增加，但是作为基本成员的权益可以相应调整。外来的新型农民，则不具备集体经济组织成员（原始成员）身份，其利益和诉求，更应通过基本成员的设置来体现。

未来，集体经济产权制度还可能面临进一步改革。随着经济发展，特别是新型合作经济的发展，原有集体经济的权重也会相对下降（绝对值仍可能有所发展）。在集体土地全部被征收、集体经济组织成员均已纳入社会保障体系的条件下，对集体权益及相关事项做出适当安排之后，可不再保留原始成员的类别。原集体经济组织成员可以继续作为基本成员或联系成员，长期存在和发挥作用。

上述过程中，合作社的权利和义务的重心，如向原始成员倾斜，则更接近传统的集体所有制；如向基本成员倾斜，则更接近通常的股份制；如向联系成员倾斜，则更接近标准的合作制。这个过程不要操之过急，要有耐心。

综合以上考虑，得出一个思路是：试图在同一个法人实体内部，兼容新型合作经济与传统集体所有制职能。另一个思路是：村（社区）经济合作社主要行使集体所有制职能，避免涉及经营性业务；另外新设合作经济组织的法人实体。在大多数农村地区和相当长时期内，这"两块牌子"往往实行"一套班子"或者交叉任职，更为简便高效。

五、合作经济的成员分级与附加表决权、交易配额制

（一）合作经济的成员分级

农民的分化，涉及农与非农的分化，在此基础上发展合作经济，主要可以通过成员分类来解决。至于所从事的具体业务品种的差异，对合作经济的需求整合，也会增加一些难度，但并不构成本质性的障碍。现实中更常见的是，合作经济成员各自的经营规模不同，因而是交易量上差异较大。合作经济强调平等互助，但也不能变成"平均主义""大锅饭""搭便车"。为了鼓励和扩大成员的经济参与，按照成员实际承担的义务和投入的贡献不同，在经济权利上应当有所区分，从而建立合作经济成员分级制度，其主要跟受益权挂钩，也可适当联系表决权。

合作经济成员的主要权利与义务，是与本合作经济组织进行交易。与本组织的成员社、附属实体、签约单位（如某某企业、商场、银行）进行业务交易，可视同与本组织的交易。例如，出售农产品，采购生产资料、生活用品，存贷款等都是被鼓励的，从而形成一个超大规模的"团购"机制，这样的业务越多，合作经济组织的市场地位就越强。成员越多参与和利用合作经济组织的服务，业务往来越多，所能获得的交易返利也就越多。这才是市场经济条件下，合作制的精髓所在。

按照交易量、交易额计量考核，可进一步建立交易积分体系，在优惠折扣、盈余返还、相关事项表决权上予以区别对待。例如，很多商家（包括电商网站）有自己的会员和积分制度，航空公司有会员卡和里程积分，银行信用卡也有金卡、银卡之类。这在商业模式上都是相通的，易于理解的。这些商家有时按照交易积分对客户进行少量回馈，有助于提升客户黏

性。与之区别在于，合作经济组织应将全部或者大部分盈余都回馈给客户（成员）。

（二）成员分级与附加表决权

合作经济的成员分级，可与加权投票（附加表决权）制度挂钩。加权投票制是一种根据成员实力的大小，更主要是根据其实际贡献和承担责任的多少以及利害关系的轻重等因素来分配投票权的一种表决方法。

传统上，合作经济倡导"一人一票"，体现了合作成员之间的平等，与营利性股份制公司所奉行的"一股一票"有所不同，后者更多强调了资本的权利。成员民主控制是国际合作联盟所确定的一项重要原则。其基本含义是：合作经济组织由其成员民主控制，成员有权参与制定政策和做出决策。经选举产生的代表向全体成员负责。在基层合作组织中，成员选举权平等即实行"一人一票"，在其他层次的合作，也按民主方式组织。

但是，随着合作经营规模的扩大和经济市场化程度的提高，很多合作社越来越感觉到资金不足带来的问题。由于资金紧张，许多合作社不能扩大经营规模，不能及时更新技术设备，从而难以提高竞争力。与营利性公司相比，合作社在市场竞争中越发处于不利地位。因此，在现代市场经济条件下，合作社需要想办法扩大筹资渠道来开拓资金来源。

此外，简单实行"一人一票"的表决权原则，限制了合作社本身的发展，迫使少数大农场服从多数小农场的意见，有时导致决策不合理，社员权利与风险责任不对称，助长了内部机会主义和"搭便车"行为。

面对强大的国内和国际竞争对手，合作社必须把注意力集中到如何与其他商业企业巨人进行有效竞争上来，因此必须重视商业原则。在此背景下，"一人一票"的表决权原则在一定程度上出现了松动，一人多票的表决权原则开始出现。一人多票的表决权原则主要基于两种情况：一种是社员对合作社投资，另一种是与合作社交易量（额）大。合作社由于资金紧张，出于融资的考虑，对于出资多的社员给予一票以上的表决权，这样可以吸引社员更多出资本。由于与合作社交易量（额）大而给予其一票以上的表决权，主要是因为社员的经济利益不均等，向合作社交售1吨小麦与交售100吨小麦的成员，承担的风险和责任心是不一样的，故其表决权也应有所区别。

如德国《合作社法》规定，合作社章程可授予少数对合作社经营事业有特别贡献的社员一人数票权，具体条件由章程予以规定，但是每一社员不能超过三票。我国《农民专业合作社法》规定，出资额或者与本社交易量（额）较大的成员按照章程规定，可以享有附加表决权；本社的附加表决权总票数，不得超过本社成员基本表决权总票数的 20%。

美国合作银行早期调查的 100 个合作社中，有 58 个采取了不等额投票制度。其中，有的水果合作社规定，每交易 100 箱水果增加一票；有的合作酿酒厂规定，每交售 10 吨葡萄增加一票；有的养鸡合作社规定，每交售 1000 打或 1000 美元鸡蛋增加一票；等等。在少数州，获得额外的投票权也可以持股量为基础，但通常都有一定限制，最常见的情况是规定投票权份额不得超过 20%，有的限定为 3% 或 5%，还有的规定最多不能超过 5 票或 10 票。①

（三）成员分级与交易配额制

在专业化、规模化、市场化程度较高的情况下，也可参照美国新一代合作社（New Generation Cooperatives）的经验，将"资格股"与"交易权"（Deliver Right）挂钩。这种"交易权"既是一种权利，也是一种义务，因此本文认为将其称之为"交易配额"更为合适。不同的交易配额，也就是不同的成员分级。

此时，合作经济成员加入的条件，就是购买相应的交易份额或交易权。这个交易配额，实际是"新一代合作社"与成员之间的契约，规定了合作社与成员双方各自的权利和义务。成员应当向合作社卖足（或买足）交易配额，不足部分应给予经济补偿，多出部分也不享有经济优惠（甚至不予受理）；反之，合作社对于成员也有相应的义务，例如，必须接受成员按约定交售的特定数量和质量的农产品。这既保证了合作社的供应链稳定，又可抑制合作经济成员的机会主义、分离主义倾向（例如，市场行情看好时不卖或少卖给合作社，反之则坚持要卖乃至多卖），也便于合理规划合作社的能力与设施。

"新一代合作社"并不要求每个成员的交易配额都是相等的，合作社通常对成员的最高份额和最低份额会有一个限制，以免受到个别成员的左右或控制。鉴于合作经济成员各自的经营实力和交易需求量存在差别，其所认购的交易配额（也就是资格股数量）也可以多少不等。在此情况下，按照资格股进行"股金分红"，其实等同于按照成员与合作社的交易比例

---

① Bakken H H and Shaars M A, The Economics of Cooperative Marketing, New York: MeGraw-Hill Book Company, Inc., 1937.

进行盈余返还,此时"二次返利"就与"股金分红"合二为一。按照资格股(交易配额)进行经营决策,也是一种经济平等。

"新一代合作社"的成员资格是受限制的,并不是所有愿意加入的人都能够加入。但是,成员个人的交易配额可以转让和买卖,其他人就可以通过交易配额的买卖和转让成为新成员。合作经济的成员分级,也就自动解决了。

六、结束语

在合作经济的中国道路探索中,创新引入成员分类、分级的制度安排,有利于吸纳各种力量和资源,平衡各方面的责权利关系,同时保持合作制的本位及为农服务的主导方向。这样既兼顾现状,团结大多数,又赋予其内生的动力。

合作经济通过成员分类,分清主次,包括在必要时实行分类表决制度,为特定群体的表决权、受益权提供特殊保障。这有助于确保农民及其合作组织的主体地位,优先照顾农民,特别是务农农民的服务需求和经济利益。联合组织采取"双重成员制",有益于增强其权威基础。通过适当的成员分类,还有利于兼容传统集体经济。合作经济通过成员分级,鼓励和扩大成员的经济参与,既坚持平等互助,又避免造成"平均主义""大锅饭""搭便车"。

在成员分类分级下,合作经济组织可以进一步采用优先股、附加表决权、交易配额等制度工具。这些改革精髓,在浙江"三位一体"合作经济先行试点之初即已体现,但此后在一些地方的经验推广中,没有得到深入理解和运用,在一定程度上造成了"走样"。因此有必要正本清源再出发。凡此对于解决当前合作经济组织普遍不规范、难巩固问题,对于合作经济组织具有重要而迫切的现实意义。

参考文献

陈林:《"三位一体"合作经济的金融构造:商业银行嫁接信用合作机制》,《农村金融研究》2022 年第 3 期。

陈林:《"三位一体服务三农:新型合作化的经验与理论"》,《马克思主义与现实》2015 年第 1 期。

陈锡文、魏后凯、宋亚平：《走中国特色社会主义乡村振兴道路》，中国社会科学出版社，2019 年。

杜润生：《中国农村制度变迁》，四川人民出版社，2003 年。

习近平：《习近平关于"三农"工作论述摘编》，中央文献出版社，2019 年。

习近平：《中国农村市场化建设研究》，人民出版社，2001 年。

徐祥临：《三农问题论剑》，海南出版社，2001 年。

如何在乡村集体创业过程中打造
利益共同体？

——以陕西省袁家村的共同富裕实践为例[*]

林海英[**]

摘　要　在乡村集体创业活动中，如何把农民的个人理性转变为集体理性，建立起人人自利、集体得益的利益共同体，对实现乡村共同富裕意义重大。本文以陕西省袁家村为例，分析了集体创业初期村域内的熟人互惠模式和集体创业拓展后的陌生人互惠联合模式，发现村域内建立的互惠关系已无法驾驭村域范围扩大后的复杂创业社群关系，需要从正向互惠、反向惩罚、思想教育、权利分享和透明管理等方面出发形成一套管理机制，打造利益共同体。本文推进了社会创业和集体行动领域的研究，拓展了Ostrom 的互惠机制并引入联合体概念，探索出了一套能够有效打造社区利益共同体、激励农民集体创业共同致富的联合机制。

关键词　共同富裕　集体创业　利益共同体　联合机制　互惠

一、引言

发展新型集体经济带领村民共同致富，是推进乡村振兴和共同富裕的有效路径。如何把分田到户后一盘散沙的农民重新组织起来集体创业，关键在于探索出一套有效的组织管理模式。集体创业的村庄常常高度依赖社

*　本文为国家社会科学基金重大项目"食品安全社会共治与跨界合作机制研究"（项目编号：20&ZD117）和海南省自然科学基金项目"建设共建共治共享的社会治理研究"（项目编号：720RC566）与"乡村振兴集体共治机制研究"（项目编号：622RC615）的阶段性成果。

**　林海英（通讯作者），海南大学亚利桑那州立大学联合国际旅游学院教授。

会网络和关系①，靠村里有能力的精英人士带领村民集体共同致富②。在这个情景下，集体创业是以追求社区共同利益为基础而创办的企业③。社区成员可以带来个体技能，综合形成社区的集体创新能力④。近年来，社区集体创业研究越来越引起学术界的关注⑤⑥⑦。这些前期研究关注集体创业与社会转型之间的关系，强调集体层面（相对于个人层面）可以更好地组织解决弱势群体的需求。这种集体创业既能刺激个体能动性又能打造集体共同利益的模式，可以带动更多人共同致富。如何将不同利益诉求的个体集结到一个集体创业平台上，来打造一个"你中有我，我中有你"的利益共同体，齐心协力共谋发展共同致富，是当前研究亟待解决的富有重要现实性的问题。

本文尝试在这一重大问题上做出努力，探讨中国乡村振兴语境下农村集体创业的组织模式。本文采用理论抽样，追踪中国独具特色的陕西省袁家村的集体创业组织模式。袁家村从中国上百万村庄中脱颖而出，成功试验出一种既能兼顾个体创业潜力，又能在集体平台上进行产业规模化运作，并建立品牌的集体创业模式。自 2007 年以来，袁家村党委书记郭占武通过打造并引导农民进入集体创业平台，解决了产业发展和农民增收问题。以股份合作为切入点，袁家村创办农民合作社，调节收入分配，避免两极分化，克服了农民个体经营的盲目性和分散化，共享产业发展收益，走共同富裕的道路。他们运用一系列联合机制，从村域内的近亲近邻互惠关系、赋权确立农民主体，到村域外的陌生人互惠机制，包括正向利益激

① Lu J and Tao Z, "Determinants of Entrepreneurial Activities in China", *Journal of Business Venturing* 25, No. 3, 2010, pp. 261-273.

② Huang Z, "Driven by Village Elites: An Important Condition for the Effective Organization of Collective Economy", *Journal of Huazhong Normal University (Humanities and Social Sciences)* 54, No. 1, 2015, pp. 15-20.

③ Peredo A M and Chrisman J J, "Toward a Theory of Community-based Enterprise", *Academy of Management Review* 31, No. 2, 2006, pp. 309-328.

④ Newbert S L, "Achieving Social and Economic Equality by Unifying Business and Ethics: Adam Smith as the Cause of and Cure for the Separation Thesis", *Journal of Management Studies* 55, No. 3, 2018, pp. 517-544.

⑤ Dana L P and Dana T E, "Collective Entrepreneurship in a Mennonite Community in Paraguay", in Entrepreneurship and Religion, Northampton, MA: Edward Elgar Publishing, 2010.

⑥ Branzei O, Parker S C, Moroz P W, et al., "Going Pro-social: Extending the Individual-venture Nexus to the Collective Level", *Journal of Business Venturing* 33, No. 5, 2018, pp. 551-565.

⑦ Suddaby R, Bruton G D and Si S X, "Entrepreneurship through a Qualitative Lens: Insights on the Construction and/or Discovery of Entrepreneurial Opportunity", *Journal of Business Venturing* 30, No. 1, 2015, pp. 1-10.

励（股份和分红）、身份激励（晋升为"新村民"）和精神激励（嘉奖），辅以权力分享、村民教育、反向惩罚（逐出村庄）和透明管理，真正做到了社会治理有效。通过一系列合作治理的创新实践，他们成功探索出一条破解"三农"难题、实现组织振兴的集体治理新路径。这个成功的社会治理实践值得好好总结并做理论提升，为决策层制定相关扶持政策提供借鉴。

二、文献综述

（一）社区联合体和利益共同体

为解释利益共同体，本文分别将社会学和政治学的"公地"或"资源共同体"（The Commons）和"社区联合体"（Consociation）两个概念延伸到社区创业和集体治理领域中来。首先，利益共同体可以用西方社会学里"The Commons"（公地）概念来阐释。根据 King 等（2002）的社会建设理论[1]，"利益共同体"是"①关键角色将自己的命运视为与该社会问题相关联；②这些个体将自己的行为与是否促成或激化该社会问题建立连接，并且他们愿意采取集体行动来解决这个社会问题"[2]。这些社会问题，如重大突发公共卫生事件、全球变暖、减贫、社会不公和食品安全等，其共性都是极其复杂、多变、不确定，其规模和挑战通常都超过任何一个单独个体的能力范围，所以需要组织集体行动。例如，在农村，社会组织为解决贫困和社会发展不平衡组织问题而组织集体创业，建立"利益共同体"，走共同富裕的道路。建立"利益共同体"涉及分配等共享机制和互惠机制的研究。Kabanoff（1991）认为，"分配正义"不仅与经济商品的分配有关，而且还涉及心理、生理、经济和社会诸多方面[3]。分配正义虽然不是解决社会冲突的唯一根源，但却是贯穿社会紧张局势诸多方面的共同主题。互惠机制如何解决分配正义问题值得进一步研究。

---

① Lustick I, "Stability in Deeply Divided Societies: Consociationalism Versus Control", *World Politics* 31, No. 3, 1979, pp. 325-344.

② Lijphart A, "The Wave of Power-sharing Democracy", in Reynolds A, The Architecture of Democracy: Constitutional Design, Conflict Management, and Democracy, Oxford: Oxford University Press, 2002.

③ Rothchild D, "Ethnicity and Conflict Resolution", *World Politics* 22, No. 4, 1970, pp. 597-616.

利益共同体还可以通过联合体理论和社区联盟文献获得影响建立利益共同体的因素和机制方面的见解。更确切地说，为了扭转社会群体间的冲突，Lustick 强烈推荐联合体模型①，鼓励"所有重要群体的代表参与决策"②，而不是具备权力的某一群体控制另一方面群体。建立联合体的典型方式包括协商、妥协、平衡、调节及相互合作③④。这些措施调节紧密相连的群体间的利益冲突，并寻求在不同重要社区间取得共识⑤。与构建利益共同体相关，另外一组学者查阅了社区联盟领域的 26 项研究，总结了能够促成有效社区联盟的 55 个关键因素⑥，包括领导风格、多元化成员组成、群体凝聚力、开放/频繁的沟通渠道、冲突管理、成员利益、培训、成员所有权/承诺、有效管理、全面愿景、信任、创新、获得政治支持、成员满意度、成员赋能、成员的集体意识、成员的自我发现等，这些文献对于指导本文的数据分析提供了帮助。

（二）互惠式集体治理

在国外，集体治理的研究始于哈丁（1968）的"公地悲剧"：当组织或家庭以公共利益为代价（例如，不受限制地使用公共池资源）寻求最大程度的自我/个人利益时，大自然环境和社会公共福利会遭到极大的侵蚀和破坏，这就形成"公地悲剧"⑦⑧⑨。因为不同人之间的福利相互依存，人人自利也使个体在应对复杂社会问题时寻求自保，人人自利而没有团队

---

① Selway J and Templeman K, "The Myth of Consociationalism？ Conflict Reduction in Divided Societies", *Comparative Political Studies* 45, No. 12, 2012, pp. 1542-1571.

② McGarry J and O' Leary B, The Northern Ireland conflict：Consociational Engagements, OUP Oxford, 2004.

③ Zakocs R C and Edwards E M, "What Explains Community Coalition Effectiveness？：A Review of the Literature", *American Journal of Preventive Medicine* 30, No. 4, 2006.

④ Hardin G, "The Tragedy of the Commons：The Population Problem Has No Technical Solution；It Requires a Fundamental Extension in Morality", *Science* 162, No. 3859, 1968, pp. 1243-1248.

⑤ Ostrom E, Governing the Commons：The Evolution of Institutions for Collective Action, Cambridge：Cambridge University Press, 1990.

⑥ Amartya S and Williams B A O, Utilitarianism and Beyond, Cambridge：Cambridge University Press, 1982.

⑦ Ostrom E, "Collective Action and the Evolution of Social Norms", *Journal of Economic Perspectives* 14, No. 3, 2000, pp. 137-158.

⑧ Elinor O, Dietz T, Dolšak N, et al. The Drama of the Commons, Washington DC：National Academies Press, 2002.

⑨ Ansari S, Wijen F, Gray B. "Constructing a Climate Change Logic：An Institutional Perspective on the 'Tragedy of the Commons'", *Organization Science* 24, No. 4, 2013, pp. 1014-1040.

协作反而会让每个个体利益受损[1]。

意识到个人理性（单纯追逐个人利益）的危害，一些跨学科学者研究了如何超越自利达成集体行动[2][3][4][5]。他们强调了社区规则和共享[6]，精心设计社会实验来研究扭转囚徒困境机制；认为激励[7]、互惠[8][9]和监控[10]等机制可以促进集体行动。互惠意为人们奖善惩恶。由于参与者利己并追求短期利益最大化，因此，为了组织集体创业，需要考虑提高参与者的可知利益，为参与者提供私利激励[11]。与积极正向互惠相关的包括理解他人的需求和担忧、"关心、同情、尊重、感恩"他人，可激发"同理心"和公共分享，使参与者意识到个体利益和集体利益的互补性和兼容性。基于集体共同拥有的文化、社会和种族禀赋[12]，互惠或许可以创造社区成员间和社区网络的团结，从而汇集资源、协调行动、建立安全网，为个体社区成员降低风险。随着时间的推移，这样的关系网络将在成员之间建立起信任和集体的身份认知以及社区意识。这些前期研究为本文的编码数据分析提供了理论基础。

---

[1] Aksoy O, "Effects of Heterogeneity and Homophily on Cooperation", *Social Psychology Quarterly* 78, No. 4, 2015, pp. 324-344.

[2][7] Sarasvathy S D and Ramesh A, "An Effectual Model of Collective Action for Addressing Sustainability Challenges", *Academy of Management Perspectives* 33, No. 4, 2019, pp. 405-424.

[3][9] Ostrom E, "A Behavioral Approach to the Rational Choice Theory of Collective Action: Presidential Address, American Political Science Association, 1997", *American Political Science Review* 92, No. 1, 1998, pp. 1-22.

[4] Olson M, "Increasing the Incentives for International Cooperation", *International Organization* 25, No. 4, 1971, pp. 866-874.

[5] Rotmans J and Loorbach D, "Complexity and Transition Management", *Journal of Industrial Ecology* 13, No. 2, 2009, pp. 184-196.

[6] Gardner R, Herr A, Ostrom E, et al., "The Power and Limitations of Proportional Cutbacks in Common-pool Resources", *Journal of Development Economics* 62, No. 2, 2000, pp. 515-533.

[8] Ansari S, Wijen F, Gray B, "Constructing a Climate Change Logic: An Institutional Perspective on the 'Tragedy of the Commons'", *Organization Science* 24, No. 4, 2013, pp. 1014-1040.

[10] Keeney R L and Raiffa H, "Decision Analysis with Multiple Conflicting Objectives", New York: Wiley & Sons, 1976.

[11] Daskalaki M, Hjorth D, Mair J., "Are Entrepreneurship, Communities, and Social Transformation Related?" *Journal of Management Inquiry* 24, No. 4, 2015, pp. 419-423.

[12] Suddaby R, Bruton G D and Si S X, "Entrepreneurship through a Qualitative Lens: Insights on the Construction and/or Discovery of Entrepreneurial Opportunity", *Journal of Business Venturing* 30, No. 1, 2015, pp. 1-10.

三、研究方法

（一）案例选择

2018 年，本团队随中国人民大学召集的"从乡村发现中国"跨学科调研团实地考察了七个在中国最贫穷的西北地区创新集体创业实践的村庄。根据 Pratt 等（2022）的内容，我们使用归纳法从七个明星村中选取了中国陕西省袁家村作为研究案例来构建理论，这是因为该村的集体创业组织得最为成功，通过十多年时间推动村庄从农业经济转型为全面发展的旅游企业，将袁家村从一个空心村变成中国乡村振兴的成功典范；村民委员会发起成立的集体经济组织——关中印象旅游公司也蜕变成一个拥有十多个不同合作社的大型社会企业，带领近两万农民共同致富。如此成功的集体创业组织机制值得深入调查和研究。

（二）数据来源

本文基于多个数据来源及数轮初始数据收集，确保了收集数据的广度和深度。本团队采访并收集了已发表的对郭占武及袁家村的访谈、讲话、纪录片和外部已发布的报告。不同的数据源都能帮助我们更好地分析数据并得出结论。

1. 实地观察

在三次实地考察中，通过五周的驻村调研，本团队能够深度参与村民的日常生活和特殊事件，观察村里不同的旅游服务。团队每天花超过 12 小时与提供信息的人员互动，一起喝茶、吃饭，住在村民的民宿中；参加了袁家村举办的乡村振兴峰会、夜校、会议，拜访村里的食品产业和位于城区的店铺，观察村干部、村民、商户和游客相互间的互动并撰写考察记录。

2. 访谈

本文使用的最初数据是通过三次实地考察的访谈所得。本团队和村民代表以及其他社区成员总共进行了 38 次半结构化访谈，参与访谈的人员包括郭占武、宰老师、村长和三位副村长，各个合作社负责人，村民，作坊街、小吃街、书院街和回民街的商户以及低薪工人等。为了探寻关于袁家村发展的更全面客观的观点，我们听取了关键信息提供者，如村长和合作社负责人的观点,同时也采访了村里的边缘群体,如低薪工人。为了重点分析村里一些改革的冲突和可能遇到的阻碍,我们听取不同社区成员(村民和外来商户)的声音,确保各方独立阐述不同观点。所有访谈均匿名,有音频记录并转录为文本。访谈时长从 30 分钟至 4 小时不等,大多数访谈时间约 1 小时。

3. 数据三角验证

为了提高数据有效性,本团队采用多种方法三角验证初始数据:查阅了一些由第三方拍摄的影像资料和纪录片,三角验证从实地考察中得到的观察结果;利用村里贴出来的股东详细信息验证关于利益分享的初始数据。还通过在不同场合(如村里、夜校、酒吧)回访同一受访者,三角验证、加强初始调查结果的一些具体信息。我们会向同一受访者重复一些相同的问题,反复核对在不同场合受访者回答的差异。另外,我们咨询了团队里其他从不同理论角度研究中国农村集体经济的研究学者,核查我们的初步调查结果。在此基础上,我们也收集了中国集体经济和先锋乡村的大量报告和文章,加深了我们通过访谈和实地考察获得的见解。

(三) 数据分析

为了建立基于实证的理论,参考 Pratt 等(2022)的质性研究方法,在数据和生成主题间迭代移动,通过三阶段逐步编码发现新见解、建立新理论。该迭代数据分析过程先是通过逐字逐句的开放性编码,分析访谈记录和考察笔记,然后建立通用编码类别,按照 Hernandez(2009)的建议寻找不同类别间的不同和相同之处,最终将相关类别缩减到更易于管理的68 个类别和子类别(见表 1)。

表 1 编码类别和子类别

1. 自身利益(自己)	1.4 利益结合	2. 互惠性	3.2 集体管理
1.1 利益(村民)	1.4.1 财富分配	2.1 亲属关系(村庄)	3.3 集体融资
1.1.1 空心村	1.4.2 和解	2.1.1 边界	3.4 集体采购
1.1.2 解放	1.4.2.1 收入差距	2.1.2. 近亲	3.5 秩序
1.1.3 农民主体	1.4.2.2 冲突	2.1.3 利他主义	3.6 组织
1.1.4 所有权	1.4.3 股份制	2.2 互惠性(外来者)	3.7 公开透明
1.1.5 激励	1.4.3.1 基本股	2.2.1 关系	3.7.1 开放
1.1.6 表彰	1.4.3.2 交叉持股	2.2.2 集体平台	3.7.2 善治

续表

1.1.7 积极	1.4.3.3 调整股	2.2.3 道德教育	3.7.3 示范性
1.2 孵化	1.4.4 平衡	2.2.4 共情心	4. 凝聚力
1.2.1 深塘(养大鱼)	1.4.4.1 收入再分配	2.2.5 反思	4.1 联合
1.2.2 风险覆盖	1.4.4.1 多样性	2.2.6 精神性	4.2 归属感
1.3 众筹	1.4.4.2 竞争	2.2.7 妥协	4.3 协调性
1.3.1 合作社	1.4.5 商议	2.2.8 道德裁决	4.4 共同繁荣
1.3.2 扩张	1.4.6 洞察力	2.2.9 信任	4.2 归属感
1.3.3 工业化	1.4.7 包容	3. 集体性	4.3 协调性
1.3.4 内生性	1.4.8 幸福感	3.1 集体参与	4.4 共同繁荣

接着进行理论性编码，利用这些概念连接器在类别和类别属性之间建立联系。它们将实质性代码间的相互关联概念化为假设，整合到理论中。在这个过程中，从不同理论角度考虑数据，探索哪些创造性见解可以最好地解释数据。因为和集体创业组织相关的主题频繁出现，为了指导数据编码，进一步搜索可以更好地描述与组织集体创业相关的影响机制和结果的相关概念。

最终进行主轴编码。再次分析了访谈记录、考察笔记和二手资料，将关注重点转移到联合体和利益共同体的打造，通过不断出现的新主题查阅相关文献产生新的见解。通过调查类别的条件、行动/互动和结果，建立从数据概念化的联系，按照 Strauss 和 Corbin（1998）的内容在文献和数据中进行了数轮移动迭代，确定了联合机制作为解释组织集体创业、打造利益共同体的统领性概念。当收集来的数据和建立的理论间的差异变小时，就停止了该过程。

四、案例发现与理论构念

访谈数据的编码显示了组织集体创业创新以共同致富的联合机制将个人理性转变为集体理性，打造起社区利益共同体或联合体。具体研究结果如下：

（一）联合机制的内核：赋权认可村民的经济利益和身份地位

1. 身份激励——认可农民利益和地位

基于近亲近邻熟人关系，郭占武一开始尝试农家乐时，就尽可能自己不花钱，不把自己当成投资老板，而是让村里贴补装修费以鼓励农民自己投资农家乐当老板。袁家村的集体创业初期模式体现了村民的主体性，其背后的熟人互惠和村民的主体性相结合产生了内生型创业驱动力，与传统的以外来开发商为主导的利益驱动模式（即农民出让土地成为打工工人）不同。所以，村里宰老师做了这样的比较："我一直在想，为什么大多数中国村庄振兴都失败了，而袁家村却是一个独特的成功案例。在查阅了国内著名学者撰写的关于乡村旅游的书籍后，我得到了答案。这些专家谈论了一切，唯独没有提到农民。我们的模式与传统的乡村旅游模式的根本区别在于我们把村民变成了经营主体和主人。袁家村家家有生意，人人能挣钱。"认可村民经济利益和身份地位就是互惠机制里面的正向激励，村民成为交易人而不再是被交易的人，由此激发村民积极投身集体创业的能动性和创造力。

2. 身份激励—认可外来商户的经济利益和身份地位

袁家村将赋权机制延伸，让外来商户获得经济利益和身份地位的认可。刚开始，袁家村没有什么名气，村里出资打造店铺，通过免租金来吸引外来商户入驻。由于店铺免费，商户可以放手琢磨生意，专注提高食品质量和口味，使袁家村小吃街越来越有名气。这里让人印象深刻的是，袁家村对外来商户的租金分文不取长达5年，确立商户主体地位，直到这些商户"羽翼丰满"才开始享受商户利润分成，并将优秀商户发展成合作，"深挖池塘养大鱼"。这种肚量和耐心是当前以短期利益为重的投资商所无法企及的。这或许就是很多效仿袁家村模式的村庄或实体没办法真正学到精髓而纷纷失败的原因。袁家村因为前期打造的孵化平台投资不高，且其经营的乡村旅游就是展示关中农民真实的日常生活，不像一些开发商投资建景区然后收租做生意，所以这种可持续发展模式更有韧劲。袁家村后来还为这些早期商户打造低价住房，让他们享受"新村民"待遇、利润分成、股份分红和住房福利。

3. 身份激励——股份制赋权确立农民主体地位

村里原来集体创办的水泥厂和砖厂因为没有给村民所有权，村民的积极性低，有时候还会从集体所有的厂里偷水泥和砖头。现在的集体创业平台以股份形式认可参与者个人的私利。该平台通过孵化机制培养一批优势商户，再通过股份制众筹将这些优势商户规模扩大，拓展成合作社，并将产业收益合理分配给村民和商户。正如郭占武所总结的："我们采用的股份制基本上回答了一个基本问题——谁拥有袁家村，谁拥有袁家村发展的好处。袁家村最重要的成功因素是我让村民享受到了发展的利益。农民是很现实的。当我真正将钱分到大家手里时，大家才开始把我当回事。"相比之下，中国大多数由开发商主导的乡村旅游项目倾向于将当地村民与旅游景点隔离开来，他们享受经济收益而村民的权利有限并被边缘化。

（二）联合机制的拓展

1. 近亲近邻熟人互惠

一个村域内的亲近感和归属感，以及村民间的相互依赖、关照、帮助和共享所形成的互惠提高了村庄内个体的生存率。所以，"不要把袁家村当成常规企业，这是一个大家庭。管理这个企业的是村民关系规范，而不是公司规则"（宰老师）。能人郭占武回乡带领村民创业，其与村民的关系纽带是联合机制互惠生发的原动力——有人愿意"舍"，有能力也愿意冒些风险、不计报酬先带领村民做些创业尝试。其所"得"是精神方面的奖赏（如村民的感恩戴德）和长期受益（如袁家村的后发品牌价值）。郭占武不愿意投资当老板而培育农民的自觉性和主体性，这或许在开始是为了规避投资风险，让大家都当主人，一起同舟共济。这种集体创业模式展示了郭占武睿智的一面。梁漱溟的乡村建设里面就强调了农民主体性，袁家村做了"坚持农民主体地位"的尝试。基于先锋村的经验，2018 年中央一号文件强调确立农民的主体地位关乎乡村振兴的成败。

2. 非近亲近邻陌生群体间的互惠

袁家村发展的第一个重要节点是 2009 年。袁家村为了走出农家乐打造创业孵化平台，邀请外来商户到袁家村开设关东小吃商铺，把小吃街建立起来。随着村子范围的不断扩大和外村人的融入，村民与村民之间、本地村民和外来商户之间、商户与商户之间、投资人和村集体之间、袁家村和邻村之间，各种矛盾错综复杂，利益冲突此起彼伏。原来的熟人互惠模式已不足够，需要以更复杂的陌生人互惠机制补充和替代。"村里人"的小范围亲密宗族关系和互惠如何拓展给陌生的外乡人？"互惠"如何运作才能产生更持久、更可持续的回馈？研究发现，分别有四种互惠机制调和不同社会群体间的关系，融合各群体利益：①"让利式互惠"认可外来商户利益（前面"身份激励——认可外来商户的经济利益和身份地位"已经详述）；②"利益互惠"调节各社会群体利益；③"同理心互惠"——反思学习培养陌生社会群体间的同理心，增强理解和信任；④"正向精神激励和反向惩罚互惠"；⑤"信任互惠"——透明管理将利益调节机制制度化，增强信任感。具体详述如下：

（1）"利益互惠"调节各社会群体利益。袁家村长达五年的孵化机制就是"让利式互惠"，认可外来商户利益，并让一小部分外来商户成功孵化，先富了起来。如何让先富带领后富，既不均贫富、抹杀个体积极性，又能调节各方利益，袁家村运用联合机制中的多种利益调节模式理顺各方关系，构建初次分配、再分配等协调配套机制。其中包括：

1）收入再分配机制——利润分成调节外来商户收入差别。袁家村以其数百道丰富的美食和小吃著称，样式繁多且不重复。这个绝佳卖点得益于村里的利润分成调节制度。为了避免村内恶性竞争，并阻止所有商户均涌向高利润业态而导致旅游产品单一化和同质化，袁家村规定每种类型的食品业态只能在村里开一家门店。其他候选商户可以通过比赛替代现有商户。袁家村推出了配合该策略的利润分成调节制度，调节不同商户的利益。据村长介绍："村里有三分之一的商户（如酸奶店、食用油店、醋店）利润不错，日营业额和利润率都很高，而三分之一的生意是收支平衡，根本没有利润，如馒头，另有三分之一的生意（如文化节目）出现亏损，这与其业务性质密切相关。尽管盈利困难，但最后三分之二的业务是村整体旅游规划的必要基础。如果没有平衡控制，商户就会涌入有利可图的食品业态，对整个村庄的旅游规划布局产生负面影响。考虑到这一点，我们在不同商户之间协商不同的盈亏分摊比率。我们半年一分红，有三七分红、四六分红、七三分红，按挣钱多少来确定分红比例，每年都不一样。有些商户净利润亏损，如馒头店一年挣 6 万元，还不够外面的工资，我们就给商户一年补贴 2 万元，这样比到外面打工挣得多。"该机制平衡了外来商户的盈亏，兼顾个体和整体利益，为游客提供独特而多样性的旅游服务。

2）调整股调节贫富差距。袁家村首先在作坊街的粉条作坊进行初步持股实验。由于村民和商户对股份制的不信任，第一轮筹资没有成功。村旅游公司垫付了所需的投资，半年后粉条作坊扩大再生产并获得高盈利。到第二轮融资时，村民和商户踊跃参与。虽然商户只要一百万元的投资，最后收到了十倍的投资额，每人的投资额从 3000 元至 200 万元不等。郭占武建议将这 200 万元退还给投资者，说"这个人很有钱，他不在乎你的分红，但是投资 3000 元的那个人需要你的分红，他可能是借了钱来加入你的合作社。把你的股份给他""现在在袁家村，一个人赚了所有的钱是不可能的"（商户 B）。调整股能够调整村里的贫富差距，反映了袁家村追求的是共同富裕，而不是少数人致富。

3）基本股调节村民和外村商户差距。对小吃街外来商户的"深水养大鱼"机制造就了村里第一批百万富翁，小吃街越来越好而村民的农家乐越来越衰落，村里贫富分化加剧、矛盾四起。为了调解村里和村外人的矛盾，袁家村倡导用基本股调节本村人和外来商户的利益差距：让村民每户以五亩地（每亩地折 4 万块钱）入股，获得小吃街合作社 20 万元的股份，86 户村民共获得小吃街近 1/3 的股份。这种"基本股"让村民得以共享外来商户在袁家村的创业成果。

4）交叉持股实现互惠，帮助打造利益共同体。为了拓展优秀商铺，同时将社区凝聚在一起，袁家村让村民和商户自愿交叉参与村里 30 多个食品合作社，成为股东。交叉持股让村民和商户多渠道投资获得多种分红，例如，有位商户很高兴地向我展示手机短信，上面显示其银行账户刚刚收到酸奶合作社高达 90% 的投资分红。虽然基本股改革使他必须放弃食品作坊 70% 的股份，但是因为有机会参与村里其他成功的合作社，他有了更多的收入来源。这个交叉持股模式绑定各方利益，打造"你中有我，我中有你"的利益共同体。商户 G 说道："你发现没有，在袁家村不管在哪家吃饭，都可以坐在别的商户店里。这是因为，哪家赚的钱都有我的一份。我们是一个合作社的，大家一起赚钱。"交叉持股带动了周边更多的村民，帮助大家实现共同富裕。

（2）"同理心互惠"——反思学习培养陌生社会群体间的同理心。尽管股份制帮助调节利益实现互惠，但最终的利益实现需要一段时间，而且有些改革（如基本股）因为让外来商户将 1/3 的既得利益分享给村民，受到商户抵制。袁家村的做法是一边进行利益调节，一边利用反思学习进行思想教育，鼓励每个商户回顾比较其加入袁家村前后的经济状况。许多商户来到袁家村之前没有固定工作，而现在住着村里建的房子，开着好车，有可观的收入和存款。"如果你还不满意的话，想想你之前做什么工作，和你的邻居比比，和周边村子的穷人比比"（商户 M）。这种反思会议在基本股实施期间夜夜举行，长达三周，每户都要分享意见。通过反思会，他们认识到：村里给予他们五年创业支持，如果没有袁家村的创业平台，他们也不会挣到钱；有钱的商户认识到小吃街还有近 2/3 的商户因为经营薄利食品或服务没赚到什么钱。这种学习帮助建立不同社群的同理心。这样的反思会持续了一个月时间，郭占武让商家们自我反思、全方位考虑，学习如何自己做决定、如何让步。一位商户表示："郭占武非常聪明，他不会逼你做什么。他让你自己选、为自己的选择负责。做了一个又一个选择后，我慢慢加强了这方面的意识，然后继续做出新的选择。他在培养我的自我能力。在这些反思会上，他让我们说出自己的想法。他也不逼我，而是让我自己说服自己、自己反思。有时他会让我的家属帮着一起说服。"

这些商户后来看到反对改革的商户离开了袁家村后赚的钱反而变少了，这是因为他们失去了袁家村的品牌价值和客流。留下来的商户虽然需要出让50%~70%的股份给村民和其他商户，但是众筹后原来的商铺得以扩大生产规模，商户剩下的30%股份价值有所提高。而且，商户还可以参与村里其他成功合作社拿到分红，同时继续在自己的店铺工作挣工资。分红时商户作为商铺老板可以先享受利润分成，剩下的利润又再根据自己的占股比例得到分红。这样算下来，商户有工资、利润分成、自己合作社的分红和别的合作社分红等多种收入，总额比预期还高。商户这么一比较算计，不断提高自己的自主选择能力，理解了股份制下的利益互惠如何最终让人人受利、集体得益。

（3）正向精神激励和反向惩罚互惠。股份制改革后，村里保留了夜校，每周开会讨论村务、展开培训，特别是同理心培训，来提高客户服务。互惠的表现形式是奖励善行、惩罚错误。村里的正向互惠是选出不同合作社的模范成员，让他们在夜校分享经验和最佳实践。郭占武表示："现在袁家村成了知名品牌，我成了公众人物。村民的信任和认可给了我压力，但我只能继续努力，不让大众失望。所以我也用奖励和表扬来鼓励村干部、村民和商户，让他们也像我一样努力。"郭占武曾经在公开讨论时帮村干部和一些新来的有突出贡献的合作社经理讨要一些额外股份作为贡献嘉奖。同时，村里的反向互惠是一旦有客户投诉，被投诉商户或村民必须在会上不断地进行自我批评，确保所有人（包括当事人）吸取教训。"这种反思会很丢脸，所以大家都非常努力不再犯错误。"一位村干部说。有些不守袁家村规矩者（如食品安全或质量出现问题者和拒绝改革者）会被逐出村庄。

（三）联合机制的成型：利益分配制度化

1. 信任互惠——透明管理

袁家村通过透明管理模式将股份制改革中的利益分配模式制度化、透明化，增强信任。首先是股份制管理系统透明。村里在每家店铺或合作社放了一个绿盒子以收取当天赚到的钱，每天结业后银行员工会到店铺结算并将此赚到的钱当天存入各合作社的专门账户。村旅游公司和各个合作社对每日的经营状况都了如指掌。所有合作社的财政收入、支出、损益、利润分配都保持公开透明。小吃街合作社共有 376 名股东，股东姓名和每人持有的股份份额都进行公开披露，信息贴在大街的墙上，确保了村民和商户的股东权益。合作社所有事情，特别是利益分配，都摆到台面上（而不是私下）讨论。

2. 权力分享——人人（按比例）参与、统中有分、分中有统的组织架构

郭占武在不同的场合重申了人人参与、共同富裕的宗旨。"共同富裕"不仅仅是一种宣传，因为大多数参与者在十年内极大地改善了财务状况。外来商人的归属感增强，不仅购买了村里的住房，还将家庭成员迁徙到村里。此外，股份制不仅使社区财富共享，而且促进了合作社成员之间的权利共享，鼓励他们为合作社的商业事务做出决策。目前，该村有 3000 多人。它将选举代表参加村里的商业会议，为村子的下一步行动做出决定。具体来说，村委会控股成立关中印象旅游公司，来负责袁家村大本营的整体运营、七个进城体验店和外面九个省份的合作项目。袁家村大本营下有八大合作社组成联合社，如作坊合作社、小吃街的合作社等（见图 1）。这些合作社分布在 10 条街上，每条街的街长和会长（一共 20 个街长、会长）以及大股东都可以作为商家代表参加。62 个村户中每个户可以派一名代表参加村会。重要的村庄事务将在会议上讨论，并由选定的代表决定。会议结束后，代表们将把信息传达给其成员。随着村子的快速发展，传统的现场会议形式辅以各种在线"团体"，成为袁家村组织管理的重要开放平台。便捷高效的在线管理方式，不仅帮助村干部传达信息、安排，也让各小组成员及时获取信息，发表意见。各个合作社都有大群，会议精神会在袁家村大群里传达，并在各个内部合作社群里公示。

（四）总结：打造利益共同体的联合机制

综上所述，在陌生人互惠阶段，为了将不同的社群融入村里，袁家村需要更为复杂的利益调节和互惠机制凝聚人心，不断壮大产业规模。刚开始，袁家村运用"让利式互惠"邀请村外能人参与孵化创业，慢慢打造亮点和优势项目。这种互惠将传统的熟人互惠机制的空间拓宽（打开村门）和时间拓长（长线思维），"深水养大鱼"。当初如果没有袁家村长期的

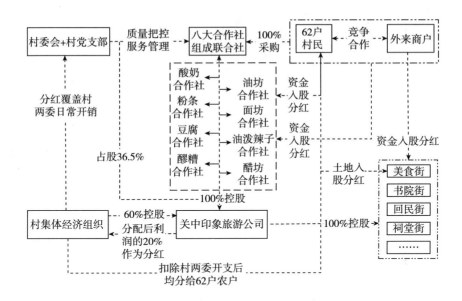

图 1　袁家村组织管理架构

"舍"，商户不会承担风险到村里来，也就没有今天袁家村的"得"。2012年，袁家村使孵化机制成功后转用股份制不断地做大蛋糕和合理地切分蛋糕。从熟人到陌生人的递进中，互惠展示出更清晰透明的赋权、利益激励和分配机制，以建立与陌生人的纽带和信任感。为了平衡村民和外来商户利益矛盾，袁家村还引入教育（带强制性的反思学习以建立同理心）和反向惩罚（逐出村庄），原来靠宗亲关系、面对面接触慢慢形成的纽带转变为更为复杂的需要教育和精神激励相结合的互惠机制。这套机制包括正向激励（身份激励、利益激励和精神激励）、教育（带强制性的反思学习以建立同理心）和反向惩罚（逐出村庄），从而可以全面驾驭一个不断发展壮大的融合多个社群矛盾和利益的村庄。交叉持股很高明地将各方利益捆绑在一起，透明管理又将已经拓展的分配格局制度化，从而在袁家村建立起一个以确权、调和、互惠和分权等机制为支撑而打造的利益共同体（见图2）。

　　这个利益共同体"利"字当头，利益分配得好大家才能团结一致向前进。各种互惠、利益调节和权利分享模式围绕"利益差别与平衡"，做到既差别又平衡（见图3）。"有时候因为郭占武知道周边全是他的父老乡亲，谁家的条件什么样他都清楚，该照顾的人他心里都清楚的，当然也不能保证每次大家都满意，也有不满意的。不满意可以来找郭占武，他下次再照顾你，这问题就解决了。袁家村的标准就是两杆秤，村民心里有杆

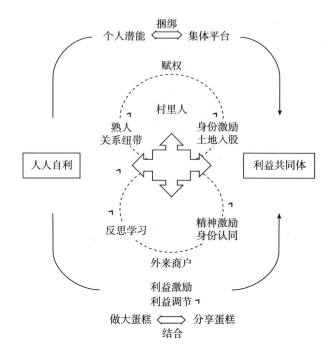

图2　打造利益共同体的联合机制

秤，郭占武心里有杆秤，这两杆秤碰在一起就行了，不是绝对平均主义，而是大体平衡"（村民D）。从互惠的角度来讲，村干部和村民之间（贡献度不同）、村民和村民之间（感情或家境不同）、村民和外来商户之间（身份权利不同、贡献度不同）、老商户和老商户之间（贡献度不同）、老商户和新商户之间（身份和贡献度不同）都是亲疏有别的，区别在于感情、家境、身份和贡献度等，所获利益分配相应有差别。享受发展红利时，相对于外村人，村里优先考虑62户原住民，村民特别是贫困村民有购买合作社股份的优先权（调整股）。商户之间也是既差别又平衡。小吃街商户之间因为贡献不同，袁家村虽然补贴薄利商户，但只是让他们有一份高于基本工资的收入，该收入不可能与高盈利商户收入齐平。新老商户之间分享的发展红利也不同，村里优先考虑2009年到村的老商户，让他们享受"新村民"待遇、利润分成、股份分红和住房福利。

2015年，袁家村在出名后，为了快速扩张，开始邀请外来投资商建设多条商业街和民宿，将村子从一日游景点打造成度假胜地。这些新街道的管理模式有别于前面的作坊街和小吃街。新商户的待遇也有别于2009年加入村子的老商户。如果说袁家村打造了农民集体创业平台，是造船

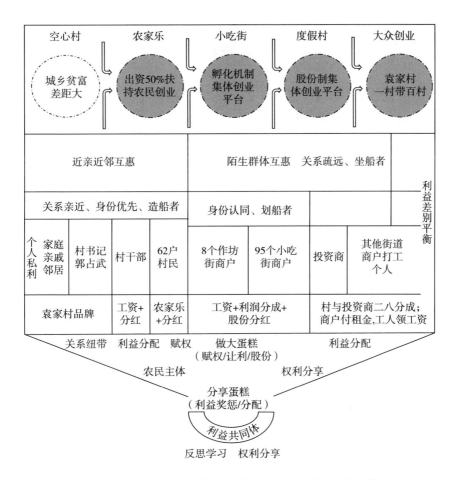

图3 利益共同体的打造——等级式利益差别和利益平衡

者，那么 2009 年加入村子的老商户奠定了袁家村的发展根基，跟村民一样是划船者："老商户同村民和占武是一条船上的，而村子成功后到来的新商户和创业者只是船上的过客，是来享受现成的"（引自一位老商户原话）。这些投资商（街道老板）盈利后需要将街道收入与村旅游公司八二分成，而这些新街道的商户属于转包商，需要支付店铺租金。因为需尽快获得投资回报，这几个街道老板有一些内部冲突，三条街上的商户都有资金压力，基本上只关注眼前利益；他们和村里的关系比较疏远，互惠模式仅仅剩下一个利益分成机制。

五、结论和讨论

本文重点关注农村社区，以及他们如何采用联合互惠模式组织集体创业，促进乡村振兴。它系统地探索了各种联合机制如何兼顾个人和集体利益，调和不同群体的利益和冲突，将社群融合成集体创业创新的联合体。基于对袁家村案例的归纳研究，我们总结了四种联合机制：赋权（参与个体）、调节（不同群体的）利益、联结互惠（让利式互惠、利益互惠、同理心互惠、正向精神激励和反向惩罚互惠、信任互惠）和权利分享（确保共同富裕的分配格局）。其中，确权、利益调节奖善惩恶①的互惠机制在施行过程中带来极差效应。根据社区成员的权利（村民 VS 外来商户）、贡献大小、关系亲疏的不同，联合体内呈现出一个既有差别又有平衡的利益分配秩序。同理心互惠、信任互惠和权利分享进一步将这一等级秩序制度化。这些研究成果推进了联合体和集体创业创新领域的相关研究。

联合体理论的最初概念源于政治学，侧重于权利分享以调和不同社会群体之间的冲突，强调所有重要群体的代表按人数比例参与最终政治决策。本文将这一理论从宏观政治领域扩展到社会创业创新领域，通过案例归纳性地总结形成经济联合体的理论要素。研究结果除了证实权利分享、比例参与、调和、平衡、互惠、合作等与传统政治学相结合的核心概念外，还强调了利益"平衡"及"相互合作"在建设经济联合体（利益共同体）中的重要作用。政治联合体强调要赋予弱势群体权利。运用到经济联合体构建中，相应的核心要素是要确认不同个体（特别是贫困村民）的权利并平衡他们间的不同经济利益。研究结果发现了股权等确权和利益调节方案，如收入再分配方案（以平衡不同外来商户之间的收入差距）、基本股权分配（以协调村民和外来商户之间的利益）和相互持股相互参与，打造"你中有我、我中有你"的利益共同体。

本文也推进了社会创业和集体行动领域的研究，特别是拓展了 Ansari（2013）前期研究，并引入政治学的联合体概念，系统深入地探索了一套能够有效打造社区利益共同体、激励社员集体创业共同致富的联合机制，

---

① Pratt M G, Sonenshein S and Feldman M S, "Moving Beyond Templates: A Bricolage Approach to Conducting Trustworthy Qualitative Research", *Organizational Research Methods* 25, No. 2, 2022, pp. 211-238.

丰富和拓展了联合体①②、组织社会变革和社区集体创业方面的研究。本文揭示了传统的基于乡邻的互惠关系已无法驾驭村域范围扩大后的复杂社群关系，需要从正向互惠（利益、身份、精神激励和利益调节）、反向互惠（惩罚）、思想教育（反思学习）和权利分享等多层面将互惠机制拓展并制度化，为打造社区利益共同体提供机制保障。在陌生个体之间从经济和精神层面培育互信和长期集体利益才更为持久和关键。本文结果也表明虽然经济利益互惠行之有效，但是为了持久建立利益共同体还需要从精神激励、反思学习、权利分享和透明管理等层面进行巩固。虽然袁家村的每个人都从乡村发展中获益，但共同富裕并不是平均分配，而是将利益向建设初期的造船者和划船者倾斜。反思学习获得的同理心让社员理解和接受这种差别化分配秩序，将分配模式制度化、透明化，从而能够团结更多的创业者共同创业、共同致富。

本文基于一个典型案例总结打造社区利益共同体的互惠机制有其局限性。后续研究应该用多案例进行对比研究，继续对如何打造这个"利益共同体"的机制进行系统研究，确定该机制的地域性和普遍性。后续研究还可以对比袁家村初期内生互惠型利益共同体模式和后期投资商主导的扩张型模式，寻求适合乡村组织振兴的机制和模式。袁家村一直有集体行动的传统。后续研究可以探索利用互惠打造利益共同体是否基于社区的集体行动传统，在没有集体行动历史的村庄是否可以取得成功。

参考文献

Feeny D，Berkes F，McCay B J and Acheson J M，"The Tragedy of the Commons：Twenty - two Years Later"，*Human Ecology* 18，No. 1，1990，pp. 1-19.

Granovetter M，"Economic Action and Social Structure：The Problem of Embeddedness"，*American Journal of Sociology* 91，No. 3，1985，pp. 481-510.

Hernandez C A，"Theoretical Coding in Grounded Theory Methodology"，

---

① Selway J and Templeman K，"The Myth of Consociationalism？Conflict Reduction in Divided Societies"，*Comparative Political Studies* 45，No. 12，2012，pp. 1542-1571.

② McGarry J and O'Leary B，The Northern Ireland Conflict：Consociational Engagements，Oxford：OUP，2004.

Grounded Theory Review 8, No. 3, 2009.

King A, Lenox, M, Barnett M L, Hoffman A and Ventresca M, Organizations, Policy, and the Natural Environment: Institutional and Strategic Perspectives, Redwood City: Stanford University Press, 2002.

Kabanoff B, "Equity, Equality, Power, and Conflict", *Academy of Management Review* 16, No. 2, 1991, pp. 416-441.

Lin H, Fang P, Zhou L, et al. "A Relational View of Self - protection amongst China's Food Safety Crises", *Canadian Journal of Development Studies/Revue canadienne d' Études du Développement* 40, No. 1, 2019, pp. 131-142.

Olson M, The Logic of Collective Action, Cambridge, MA: Havard University Press, 1965.

Pruitt D G and Kimmel M J, "Twenty Years of Experimental Gaming: Critique, Synthesis, and Suggestions for the Future", *Annual Review of Psychology* 28, No. 1, 1977, pp. 363-392.

Ostrom E and Delville P L, Pour des Systèmes Irrigués Autogérés et Durables: Façonner les Institutions, Inter-réseaux Développement Rural, 1997.

Pratt M G, Sonenshein S, Feldman M S, "Moving beyond Templates: A Bricolage Approach to Conducting Trustworthy Qualitative Research", *Organizational Research Methods* 25, No. 2, 2022, pp. 211-238.

Smith A, The Theory of Moral Sentiments, Oxford: Clarendon Press, 1976, pp. 1-2.

Strauss A L and Corbin J, Basics of Qualitative Research: Techniques and Procedures for Developing Grounded Theory, Los Angeles: SAGE Publications, Inc. ,1998.

元治理视角下农村基层社会治理共同体的构建与互动

——以 Z 县农业社会化服务改革为例

吴昊俊　施从美*

摘　要　在国家治理主体多元化的背景下，农村基层也应加强自身治理能力建设，农村基层治理现代化转型离不开农村基层社会治理共同体的建设。基于元治理视角对 Z 县农业社会化服务改革进行深入分析，前期政府通过各类政策工具组合推动形成以政府为核心，市场化主体、社会化主体、服务型主体参与的多元治理共同体。各主体间通过功能互补，基于契约、协商等互动方式最终形成"一主多元"的农村基层社会治理共同体互动格局。但也存在着资源输入不稳定、风险分担机制不健全、网络关系不对称等问题，未来构建农村基层治理共同体需要明确风险分担机制、优化公众参与制度、创新农民参与治理方式。

关键词　元治理　农村基层　社会治理共同体

进入 21 世纪以来，中国工业化进程加快，但农业现代化的进度却相对滞后。在农业社会进行社会转型期间，农村基层社会治理面临着诸多困境。一方面，农村大量的劳动力逐步向城市转移，造成我国大部分农村地区劳动力缺失、老龄化严重等问题，农村基层组织的队伍建设结构失衡、整体素质偏低、年龄严重失衡。另一方面，各地市级、乡镇较多地着眼于农村经济发展方向，而到了村里更加注重对上级政策的实施，完全忽略对自身的治理及优化，也没有将政策切实地与百姓相结合，这使农村基层社会治理能力亟待加强。在国家社会治理主体多元化的背景下，家庭联产承

---

* 吴昊俊，苏州大学政治与公共管理学院硕士；施从美，苏州大学政治与公共管理学院教授、博士生导师。

包责任制的推行及村民自治运动的推进，使农村社会孕育出广泛的利益主体，多元治理主体的兴起表明越来越多的力量介入农村治理的过程中①，构建农村基层社会治理共同体可以有效缓解治理危机，促进农业生产体系现代化。

一、文献回顾

社会治理共同体概念最早由张康之提出。工业社会将人类与生俱来的合作精神异化为协作体系，因此要构建合作治理形态的政府模式，② 政府、社会组织、公众等基于互动协商、权责对等的原则，基于解决社会问题、回应治理需求的共同目标，自觉形成的相互关联、相互促进且关系稳定的群体即为社会治理共同体。③ 社会治理共同体建设基于分工化和组织化的不同功能主体之间实现社会联结和社会整合。从认知的角度来看，社会治理共同体的观念体现了一种社会治理要素与整体辩证互动、有机复合的社会观；从实践来看，社会治理共同体建设一方面与社会治理现代化、社会现代化有着密切的关联，另一方面也深刻体现着现代化进程中社区共同体建设与城市化进程的内在张力。④

现有的关于基层治理共同体的研究主要从以下视角展开：

（一）社会治理的主体关系研究

西方学者认为政府和社会间存在"压制、敌对、竞争、契约订立、第三方政府、合作、互补和协作"八种关系形态。⑤ Najam（2000）认为，当政府和社会组织拥有相似的策略，但偏好不同的目标时，就可能形成"吸纳"关系，并指出权力决定了谈判中讨价还价的能力，权力的不对称将决定哪一方让步或放弃，当关系移动到合作、互补或冲突等模式时，关系状态才趋于稳定。康晓光、韩恒（2007）研究当前中国社会关系的结构

---

① 刘华、王观杰：《农村基层党组织的治理逻辑及能力建设：基于治理主体多元化视角的分析》，《江苏社会科学》2018 年第 6 期。

② 张康之：《论社会治理中的协作与合作》，《社会科学研究》2008 年第 1 期。

③ 郁建兴：《社会治理共同体及其建设路径》，《公共管理评论》2019 年第 1 卷第 3 期。

④ 李友梅、相凤：《我国社会治理共同体建设的实践意义与理论思考》《江苏行政学院学报》2020 年第 3 期。

⑤ Coston J，"A Model and Typology of Government-NGO Relationships"，*Nonprofit and Voluntary Sector Quarterly* 27，No. 3，1998，pp. 358–382.

特征，提出了"行政吸纳社会"概念，这一强调国家制度的结构论视角后来遭到了一些挑战。[①] 有研究发现社会组织并非只能被动接受制度安排，在策略得当的情形下，其自主性依然可能实现。[②③] 但整体上学界认为"行政吸纳服务"是中国政府与社会组织关系的真实写照，[④] 政府与社会组织之间的力量通常是不对等的，后者往往处于对前者的依附和服从状态。[⑤] 有学者在此基础上进一步提出"分类控制体系"，政府为了自身利益，根据社会组织的挑战能力和提供的公共物品，对不同的社会组织采取不同的控制策略。这是一套国家对社会实行全面控制、为社会提供公物品的新体制。[⑥] 新模式创造了以政治表现为标准的社会组织评价体系，并通过建立资源渠道和创造政治吸纳两个机制进行奖励，促使核心圈—外围圈两个不同群体社会组织的形成。[⑦] 各位学者都对治理主体中政府的强势地位予以了肯定，但都忽略了共同体其本身存在的对等性。社会组织虽然依赖着政府的资源，但是其本身也存在着优势，使用对两者之间的关系进行探讨的研究不够深入。

（二）政府购买服务的主体关系研究

后税费时代，国家在村庄公共产品的提供、各种惠农资源的下乡等方面往往都以"项目制"的形式，这意味着"国家在农村的治理目标从汲取型向给予型转变"。[⑧] 通过政府购买服务进行公共服务的供给成为乡村社会治理的一种重要手段。共同体是一种具备超网络结构的网络，在主体

---

① 王诗宗、宋程成：《独立抑或自主：中国社会组织特征问题重思》，《中国社会科学》2013 年第 5 期。

② 姚华：《NGO 与政府合作中的自主性何以可能？——以上海 YMCA 为个案》，《社会学研究》2013 年第 28 卷第 1 期。

③ 黄晓春、嵇欣：《非协同治理与策略性应对——社会组织自主性研究的一个理论框架》，《社会学研究》2014 年第 29 卷第 6 期。

④ 唐文玉：《行政吸纳服务——中国大陆国家与社会关系的一种新诠释》，《公共管理学报》2010 年第 7 卷第 1 期。

⑤ 郑佳斯：《和而不同：基层购买公共服务中的合作治理》，《深圳大学学报（人文社会科学版）》2019 年第 36 卷第 4 期。

⑥ 康晓光、韩恒：《分类控制：当前中国大陆国家与社会关系研究》，《社会学研究》2005 年第 6 卷。

⑦ 李朔严、王名：《政党统合与基层治理中的国家—社会关系》，《经济社会体制比较》2021 年第 2 期。

⑧ 温铁军：《生态文明与比较视野下的乡村振兴战略》，《上海大学学报（社会科学版）》2018 年第 35 卷第 1 期。

上呈现出多元化和异质性特征，在结构上实现了多个网络及其功能的耦合。[1] 基层治理共同体随着时间推移已经形成了"政府主导、社区负责、社会组织和群团组织协同、社区居民参与"的治理新格局，各主体角色有了新的定位。[2] 有学者把政府购买服务视为一个培育社会力量的过程，[3] 认为政府通过制度赋权、激励与约束并举、强化"党建引领"和优化政府统筹等手段实施"技术赋能"，[4] 促进基层社会治理共同体从政府主导到社会组织嵌入合作共建。[5] 也有学者提出不同的观点，认为政府购买服务是政府对社会采取吸纳与管控的策略，社会组织对政府购买的项目存在严重的依赖性就是最好的论证。[6] 当前针对政府购买服务对社会治理共同体的影响研究侧重于对共同体关系的探讨，忽略了两者之间互动的深入分析。

（三）社会治理共同体构建研究

郑敬斌、万坤利（2020）认为新时代建构社会治理共同体，要从理论与实践、历史与现实的四维向度入手。在马克思共同体思想考察下，要基于人人有责、人人守则、人人尽责、人人平等、人人共享等价值维度，以树立以人民为中心的包容性治理理念为先导，以完善乡村治理制度为保障，以构建"一核多元"的治理主体体系为抓手，以刚柔兼济的治理方式为手段，以共同利益的增量发展为动力，打好新时代乡村治理共同体构建的"组合拳"。[7] 在系统论视域下，形塑社会治理共同体，应从治理需要、治理主体、治理方式、治理目标四大子系统构成的有机整体破题，依循整合需要与资源、优化主体与结构、创新方法与手段、强化目标与绩效的系

---

[1] 锁利铭：《面向共同体的治理：功能机制与网络结构》，《天津社会科学》2020 年第 6 期。

[2] 戚晓明：《乡村振兴背景下农村环境治理的主体变迁与机制创新》，《江苏社会科学》2018 年第 5 期。

[3] 朱媛媛：《关系运作：社会组织参与基层治理的空间实践——以 G 市政府购买服务项目为例》，《江西社会科学》2019 年第 39 卷第 7 期。

[4] 黄建洪、高云天：《构筑"中国之治"的社会之基：新时代社会治理共同体建设》，《新疆师范大学学报（哲学社会科学版）》2020 年第 41 卷第 3 期。

[5] 张国磊、张新文：《基层社会治理的政社互动取向：共建、共治与共享》，《内蒙古社会科学（汉文版）》2018 年第 39 卷第 3 期。

[6] 陈尧、马梦妤：《项目制政府购买的逻辑：诱致性社会组织的"内卷化"》，《上海交通大学学报（哲学社会科学版）》2019 年第 27 卷第 4 期。

[7] 高卫星、张慧远：《乡村治理共同体构建的理论逻辑、现实困境及策略》，《中州学刊》2021 年第 2 期。

统路径，以合作共治维系社会治理共同体的生命体征及其有序运行。① 这两种视角都以多元主体的充分发育为逻辑前提，关键在于各种治理主体的功能耦合和行动协调,② 任何形态的治理本质上都是权力与权利协作,③ 而目前，我国尚存公共权力边界不清晰的问题。虽然政府逐渐向社会主体、市场主体、公众等赋权和分权，但政社关系、政市关系尚未从根本上完全得到捋顺，政府行政权力仍然有可能过多地干预市场和社会运转，导致了市场与社会主体对政府的过度依赖。④ 因此，构建社会治理共同体的逻辑起点应在培育多元主体的前提下，重视对公共权力的边界划分。在共同体基础薄弱的情况下，可以通过人们的日常生活实践并内化为其内在的组成部分，达成社会治理共同体建设。⑤ 政府购买服务就是其中重要的实践之一，但当前建构方针多为宏观视角下的倡导和建议，可行性路径的操作性和具体化程度均不足。社会治理共同体的构建，除了打通自上而下的行动逻辑外，还要通过自下而上的实践探索来使其不断发展和完善。⑥ 需要基层的特色创新实践对相关构建理论进行补充，当前对微观层次的共同体考察不够，对具体的实践路径分析不够深入。

以往研究或过于讨论宏观的主体关系，缺乏对微观主体的深入分析；或过于强调理论层次的构建，忽略了实际操作手段的分析。这些都有待我们从现实的农村构建社会治理共同体实践中进行经验总结和理论补充。当前，我们既不能完全走向政府中心主义，让政府承担所有的公共服务，使基层社会治理共同体成为另一种形式上的全能政府,⑦ 也不能全然走向相反的方向。尽管社会组织、公众能够积极地通过各种方式参与社会治理，

① 方堃、明珠：《社会治理共同体的逻辑内涵及形塑路径》，《中南民族大学学报（人文社会科学版）》2021 年第 41 卷第 7 期。

② 朱碧波：《论我国社会治理共同体的生成逻辑与建构方略》，《西南民族大学学报（人文社会科学版）》2020 年第 41 卷第 10 期。

③ 洪波：《"个体—共同体"关系的变迁与社会治理模式的创新》，《浙江学刊》2018 年第 2 期。

④ 王惠娜：《社会治理共同体的系统审视与构建路径探究》，《新丝路》2020 年第 1 期。

⑤ 王春光：《社会治理"共同体化"的日常生活实践机制和路径》，《社会科学研究》2021 年第 4 卷第 1 期。

⑥ 郭锦蒙、关信平：《社会治理共同体研究的现状、演进与展望——基于 CNKI、万方和维普核心期刊的可视化分析》，《西南民族大学学报（人文社会科学版）》2021 年第 42 卷第 7 期。

⑦ 公维友、刘云：《当代中国政府主导下的社会治理共同体建构理路探析》，《山东大学学报（哲学社会科学版）》2014 年第 3 期。

但社会治理的责任归根结底还在政府。① 政府是重要的制度供给主体，但制度执行必然要求获得多元主体协同，制度可持续的关键在于所有主体利益相容且在制度框架下实现共赢。② 这与元治理的视角极具重合性，建立政府主导下的社会治理共同体是中国经济、政治、社会和文化深刻变迁的产物，具有高度的适应性和迫切性。但基层政府是如何在政府主导模式下尽量避免自己的全面干预趋势，实现以其为核心、其他主体各司其职的社会治理共同体格局？或许元治理可以给我们提供一个较好的视角补充，让我们理解基层政府是如何平衡主体之间的关系和权力，优化自身统筹能力，发挥其在社会治理共同体中的核心作用。

二、政府购买服务农村基层社会治理共同体的构建

政府的重要职能之一就是提供公共服务，作为公共利益的代表者，政府承担着提供公共服务的首要责任。随着现代社会现代化进程的发展，政治、社会、经济、文化领域也在经历着快速的扩张和发展，相较于现代化进程的发展速度而言，政府自身提供公共服务的能力是有限的；就公共服务需求而言，社会也更倾向于多种方式供给，包括民主自治、社会化服务、市场化调节等手段来满足自身的服务需求。这就给了各个社会治理共同体发展和壮大的种子。Z 县自 2013 年农业社会化服务试点改革以来，通过各种扶持手段来促进社会治理主体的多元化，形成以政府为核心，市场化主体、社会化主体、公益性主体共同参与的社会治理共同体格局。

（一）以政府项目为核心的市场化主体

政府可以通过撬动涉农企业资本，利用与农业相关联的资源优势，扶持其发展为社会化服务龙头企业，成为参与社会治理的市场化主体。涉农企业本身就具有较强的专业性，可以弥补政府、社会组织等在专业性上的不足，Z 县政府通过项目招标、财政补贴等形式，促进涉农私营企业发展农业社会化服务组织，并利用现有优势，形成专业化、标准化的市场服务主体。公共服务的供给需要市场化力量的补充，Z 县政府通过项目为核心，催生了一系列本土农业社会化服务企业，它们以营利为目的，参与到

---

① 薛澜：《国家治理框架下的社会治理——问题、挑战与机遇》，《社会治理》2015 年第 2 期。

② 郁建兴、任杰：《社会治理共同体及其实现机制》，《政治学研究》2020 年第 1 期。

Z 县农业公共服务供给的过程中，当年就推动形成 168 家企业成立相关农业社会化服务机构。通过政府项目招标，Z 县政府一方面给予了市场力量参与社会治理的官方渠道，另一方面也极大激发了市场力量参与社会治理的热情与动力。

（二）靠政策扶持产生的社会化主体

政府可以通过各种政策扶持，如专项资金、定点扶持、项目招标等特殊形式，推进形成各种专业合作社类型的社会化主体。Z 县的专业合作社是由有意愿、有需求的农民社员自愿联合、自我发展，通过全体社员按照"民办、民管、民收益"的原则，发展起来的一类服务队伍；围绕社员在农业生产产前、产中、产后各环节，提供专业化的专项服务和全方位的综合服务，实现了抱团滚动式发展。Z 县政府现有针对小散农户的政府购买项目，这种社会化主体类型的合作社可以提供相较于企业更为多样化、精细化的生产服务，同时地理位置较近，从而在一定程度上补充公共服务的供给。Z 县政府通过定点扶持、专项补贴、宣传培训等一系列扶持手段，刺激社会需求，全县自发形成了 100 多家合作社，社会化主体成为 Z 县农业公共服务供给的关键主体。

（三）与政府关系密切的服务型主体

Z 县一些基层充分发挥基层党组织强有力的凝聚力、向心力作用，以村党支部引领创办合作社，把小农户、零散土地集中起来，整合机械装备、劳动力，统一采购生产资料、统一种植管理、统一销售农产品，在农业提质增效的同时，实现了村集体增收。这一模式的公益性最强，虽然数量较少，但个个都是 Z 县农业生产效率较高的村。这类通过政府助推形成的以党支部为核心的公益性主体，赋予了其更强的组织公信力、领导力，使这类主体业也成为 Z 县农业公共服务供给的重要主体之一。

Z 县通过多种政策工具组合，初步形成了以政府为核心的，一主多元的社会治理主体（见图 1），通过政府主导、其他主体积极参与，参与到公共服务的提供中，极大提高了农村基层社会治理的内在动力，强化了其治理方式的服务性，并通过主体间的相互配合，构建出有机的基层社会治理共同体。

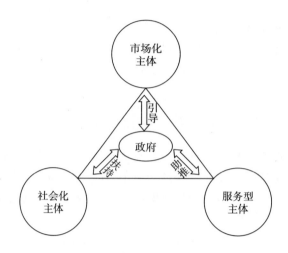

图 1　政府构建基层社会治理共同体

三、基于政府购买服务的柔性控制

政府向社会力量购买公共服务是政府与社会都高度认同的治理创新模式。[①]"项目制"在农村基层治理中并不鲜见，[②] 随着项目制的发展，出现了通过政府购买服务、由社会第三方承担的"项目制"。Z 县政府在构建农村基层社会治理共同体的基础上，使用政府购买服务工具实现对社会治理主体的柔性控制。

（一）发包阶段：需求整合

政府购买服务的公共服务类型和内容决定了其治理的属性和目标，基于上级绩效考核目的而确定的公共服务内容可能会使其脱离治理的目标，只有在发包阶段就进行服务需求的整合，才能保证政府购买服务的公共价值取向。Z 县在进行购买服务前，经过对农民需求的考察，结合社会组织、市场组织的实际情况等多元的公共诉求进行整合，确定购买的公共服务内容、种类及补贴标准。

---

① 陈家建、赵阳：《"低治理权"与基层购买公共服务困境研究》，《社会学研究》2019 年第 34 卷第 1 期。

② 温铁军：《生态文明与比较视野下的乡村振兴战略》，《上海大学学报（社会科学版）》2018 年第 35 卷第 1 期。

我们确定购买服务的种类标准是不定的，当然会有一定的上级政治要求的考量，但我们最主要还是考虑农民的诉求及专家意见，结合本地的生产实际，着力点是农业生产中的关键环节、薄弱环节，比如"小麦收割""玉米化控""病虫害防治"等，选择也是多元的，我们不限定一定要全有这些服务，给出了7项，由服务组织和农民协商确定其中的至少三个为购买内容，做到实事求是。（20210715 Z 县农业农村局局长）

Z 县政府通过前期农民调研及专家意见整合，明确政府购买服务的基本内容，在此基础上发挥民主协商的作用。通过协商，将农民、服务组织的诉求进行整合，保证其内容的确立是基于多元需求整合的基础之上，可以有效避免出现多元主体进入无限协商的混乱局面，也适度分解了政府在发包阶段的权力，有限避免了治理"行政化"的问题。

（二）招标阶段：资格控制

政府购买服务的招标程序决定了提供服务的主体，要实现"全过程"治理，招标环节就也要体现其公共价值取向。公共价值取向不是简单的行政取向或市场取向，而是突出以公共利益为导向的行为准则。公共服务由于其自身的公共性、难以量化评估等原因，不能简单地依据市场规则进行竞争和取舍，但过度的行政化指令可能会导致服务质量不能有效提升。因此在政府监管下的有限竞争，或许是政府购买服务招标过程得以实现其公共价值的有效路径。

为了实现购买服务的标准化，我们今年建立了农业生产社会化服务主体名录库，进入的标准主要是体现两点：一是在农民群众中享有良好的信誉，其所提供的生产性服务在质量和价格方面受到服务对象的认可和好评；二是能够接受农业农村局和相关社会化服务行业管理部门的监管。服务质量是我们非常看重的标准，但是我们也要关注服务组织的社会信誉，所以在推荐上使用了乡镇推荐，来确保服务资质的资质。（20210716 Z 县农业农村局农办秘书科相关负责人）

使用名录库是政府通过资格控制，从而保证治理共同体间的可信度的一种手段。资格控制保证服务组织既需要提供优质的服务，又需要一定的农民认可度，还得接受政府的监管。这三者缺一不可，每一项准则的行为逻辑都是处于农民切身利益的取向，体现了其公共价值。而这些资质的获得需要经由政府确定，防止资格确定过程中出现以假乱真、虚构信息等信息不对称的情况产生，是其在这一阶段重要的柔性控制手段。名录中既有优质的农业服务龙头企业，也有优质的农村集体经济组织，使服务主体公平与效率兼顾。

（三）实施阶段：监督反馈

购买服务的实施阶段，政府会更多降低干涉，由服务组织基于合同按时按期提供公共服务。这一过程中政府的重要职责就是监督，但这并不意味着政府要完全脱手。元治理认为政府在治理网络中存在着不可代替的责任，实施中缺少监管，会导致契约失灵的风险，会形成浪费公共资源、服务质量下降等风险。在一些专业领域的公共服务供给中，农业公共服务的专业性极强，农民可能是因为本身缺乏专业知识才需要公共服务来补充自身的不足。对服务不了解，自然就无法很好地了解并对服务供给情况进行及时监督，这就使政府在这一环节中体现的重要性不言而喻。

现在的农业技术已经发展很快了，我们购买服务本身的目的就是为了帮助农民去适应现代化农业。有的东西，比如说土壤保肥增肥这些他们很难理解，他们只知道今年放这个肥料，明年放那个肥料，这块地今年种玉米，明年就要换其他作物了。背后的原理农民们不懂，买来服务之后只知道专家和企业是这么做的，更难谈得上那些合作社做的保肥工作质量进行评价了。对于这一类农民们很难见成效的服务，我们都是组织专家以及我们农业农村局里自己的人去勘探土地，评价服务质量的。当然也会咨询农民自己对服务质量的评价，要把专家意见和农民意见结合起来，再进行评价。我们还有处罚措施的，对于质量不合格、农民投诉较多的组织我们会剔除名录，还有黑名单对恶劣的组织永不入库。（20210714 Z 县农业农村局农药管理股相关负责人）

Z 县的治理者在逐渐减少对控制工具的依赖，使其更具参与风格。监督过程中除了必要的专业性较强而难以评价的公共服务，其他的主要依据就是农民对于公共服务的评价。监督过程主体的多元，通过政府组织专家、科研机构、第三方机构参与到服务评比中来，保证了监督的效率，可以有效避免监督过多、滥用监督权等风险。

在整个购买服务流程中，政府的主要角色定位在于引导和支持，为相关多元主体参与社会化服务提供必要的监督，但却在全流程中实现了公开透明的柔性控制。政府购买服务一方面给予了政府合理参与社会管理的权限，另一方面也明确了政府参与的方式和职责，避免了政府过度干预影响其他主体发展的风险，符合元治理理论的核心立意。根据理论的核心定义，Z 县政府通过购买服务的制度化框架，合理有效地对社会治理环节进行适当干预，不仅没有降低各个主体的参与热情，反而促进了各个主体的参与热情和互动秩序。

四、"一主多元"的互动格局

农业公共服务的供给依靠着多元的主体参与，而其参与的基本规则和网络的资源输入，却极大程度上依赖政府进行供给。元治理理论认为，治理本身也存在失灵的风险，需要政府承担起保证网络形态以及促进行为者互信的责任。Z 县围绕着治理目标为核心，在前期构建出农业社会治理共同体的基础上，以政府购买服务为框架构建出"一主多元"的互动格局。

（一）基于治理目标的政府

治理网络并不会自然产生，网络治理是建立于信任之上的合作和协同。因此政府作为以治理为目标的行为主体，从元治理的视角出发承担着必不可少的信任建立的责任。Z 县政府从公共利益视角出发，在构建农业社会治理共同体的前期中，起着至关重要的作用，通过各种政策工具鼓励多元主体参与到公共服务的供给中。政府购买服务成为 Z 县社会治理共同体运行的重要制度工具，在这一互动过程中，政府出于对公共利益的保护和促进，通过资金输入保证网络的基本运行，通过购买服务进行柔性控制，保证各主体之间的良性互动，促进公共服务的质量提升。除此之外，政府也通过将治理目标转化为契约，赋予其他主体参与权力的同时，也保证对应的责任进行行为约束，避免寻租、腐败等可能存在的风险。

（二）基于契约约束的服务组织

通过政府购买服务的框架搭建起的社会治理共同体改变了各个主体的行为策略和基本职能。服务组织由于契约的约束，不再是简单地进行服务的供给，而是真正参与到治理的过程中，所以承担着一定的公共责任。契约将治理目标内化为组织目标，服务组织不仅要达到效率要求，更要兼顾公平，需要依据政府的要求提供均等化的公共服务。服务组织本身的主体也多元化，导致其本身的组织成分不再是简单地以盈利为目标的组织性质，集体经济、协会、合作社等形式主体的加入，可以有效控制其代理风险，并使公共责任和公共价值内化到组织的运行中。

（三）基于协商合作的农民

农民作为基层社会治理共同体的重要组成部分承担着重要的参与功能，在以购买服务为框架搭建的共同体中，农民作为服务对象承担需求整合的责任，也承担着对公共服务进行评估和反馈的责任。在政府提供的渠道下，农民可以有效向政府反映自身的公共服务需求，可以通过本村的集体协商，实行全托管和半托管，在自己整合利益的基础上与政府、服务组织进行协商。通过对服务质量进行反馈，行使监督权，可以使农民有效嵌入到共同体中来，避免农民成为被动的治理对象。分权和合作赋予了 Z 县农民更多的参与权，通过购买服务与政府、服务组织逐步培养出互利互信的关系网络。

如图 2 所示，其中政府公共服务机构在组织中作为制度、政策的供给者，通过对公共资源进行整合，对社会化体系内其他主体互动进行统筹和调试；市场化主体主要利用市场资源要素，快速更新并完善农业社会化服务质量，对具有较大规模的对象提供服务，带动农业社会化服务体系生产效率提升；社会化主体由于脱身于本土的互助需求，本身就具有较强的社会关系嵌入，经营性质以半营利为主，通过整合本村及附近村落的涉农资源，针对性地提供使用本土农户的个性化需求，是农业社会化服务体系中的核心力量；公益性主体基于本身社区的相关公信力等为基础，整合社区的公益资源，在经营的同时更为关注弱势群体，为贫困农户提供就业机会、为丧失劳动能力的农户提供社员保障，是社会化服务体系的有效补充。

	政策	资本	
制度	政府公共服务机构 资源输入、公共资源整合 针对重点生产环节、保障 粮食生产秩序	市场化主体 技术更新、市场资源整合 针对合作社、大户、整村 托管等规模化对象	管理
社会	服务型主体 社区服务、公益资源整合 经营并兼顾贫困或生活 困难对象，定点扶持	社会化主体 特色服务、本土资源整合 针对散户需求，创新服务 形式和内容	组织
	责任	关系	

图 2 Z 县基层治理共同体互动格局

五、结论

现有农村面临着现代化转型的艰巨任务，由于自己本身就面临着人员缩减、基层任务繁重的问题，农村基层政府难以也不可能提供全方位的公共服务，这个时候就需要多元主体进行公共服务的供给。元治理理论从政府的角度出发，以实现公共利益为目的，以政府购买服务为框架，构建以政府为核心的"一主多元"公共服务供给格局，主体间的良性互动可以有效保障公共服务的质量，促进实现公共服务供给均等化。

但是以政府主导的"元治理"公共服务攻击模式也可能存在问题，首先是该模式的资源长期有效供应机制不足，Z县作为改革示范县会不定期收到跨级的专项转移资金，这使其本身的资金预算极不稳定，每年公共服务提供的范围和质量也会受到其影响，政府作为唯一的资源输入者，一方面可以有效对主体进行控制，另一方面也会导致购买服务的内生动力不足，过于依赖政府资源供给的潜在风险；其次是政府购买服务中的责任风险分担机制不健全，政府作为网络关系的首要责任人，是风险的首要承担者，服务组织作为提供服务的主体也承担着责任，但在现实运作中政府可能会出于避免被问责的考量，通过契约转移责任到服务组织，忽略了自己作为元治理核心主体的首要责任；最后是主体间的互动意识不足，虽然各个主体间通过政府的核心位置作用连接在一起，与政府体现出较强的关联性，除政府之外的各个主体之间关联性较差、缺乏沟通，容易使网络关系走向行政化，社会组织获得项目主要依靠的是"关系"而不是"能力"。①

（一）明确风险分担机制

首先要树立国家及其政府是公共服务供给的主要负责人的意识，社会治理共同体的出现使政府更应该明确自身的责任和权力边界，只有这样才能保障各个主体间进行有序、有效地互动。公共服务可以通过政府购买的方式进行提供，这可能会使政府通过契约的方式转嫁风险，这明显脱离政府在多元治理共同体中的责任定位，既不能风险全由政府来承担，也不能全由服务组织承担，要通过组织间的责任划分，政府与服务组织共担风

---

① 朱媛媛：《关系运作：社会组织参与基层治理的空间实践——以G市政府购买服务项目为例》，《江西社会科学》2019年第39卷第7期。

险。基层政府应明确关于服务质量的问题由服务组织承担，但是服务供给的其他责任就必须要有政府来承担。

（二）优化购买参与制度

要吸引多方主体参与社会治理共同体的建设和管理，首先将一部分收益较高、风险较低的农业公共服务项目吸引相关主体参与供给，并设计投资者和管理有权享受收益的制度安排；其次通过政府补贴和优惠贷款等方式，引导和带动其他主体加大对农业公共服务及相关基础设施的投入；再次要划分相关农业项目的公益性和非公益性，公益性项目的政府补贴和贷款比例要高于非公益性项目；最后要给予相关供给主体参与建设和管理社会治理共同体的更多空间和机制，便于为保证共同体运行筹集更多的资金。

（三）创新农民参与治理方式

当前农村参与率不高的问题可以通过赋权来实现。当前 Z 县政府购买服务形式构建的共同体是政府主导下的多元参与，过于强调政府的位置从而忽略了农民与其他主体之间的关系。政府当前可在购买服务的决定权上适当让渡，可以后期对一些发展较为先进的村集体给予一定程度的决定权，由村自行上报服务需求汇总清单，由政府综合公益性、公平性等公共价值考量进行最终决定。除此之外，可以创新其他农民的参与，如服务过程中可以适当吸纳村里的精英优先进入服务主体中，自己服务自己，促进农村自治。

参考文献

康晓光、韩恒：《行政吸纳社会——当前中国大陆国家与社会关系再研究》，《中国社会科学》2007 年第 2 期。

郑敬斌、万坤利：《新时代社会治理共同体建构的四维向度》，《四川大学学报（哲学社会科学版）》2020 年第 6 期。

Najam A，"The Four-C's of Third Sector-Government Relations"，*Nonprofit Management & Leadership* 10，No. 4，2000，pp. 375-375.

案例研究

"三权分置"背景下宅基地改革的创新实践及未来发展

——绍兴市宅基地试点改革的探索[*]

袁海平　韦乐盈　周永亮[**]

摘　要　农村宅基地所有权、资格权、使用权"三权分置"的改革是我国实现乡村振兴、走向共同富裕的重大创举。绍兴市作为本轮全国宅基地制度改革试点仅有的三个整市推进试点市之一，主要在宅基地资格权制度设计、数字化管理（交易）模式、资格权跨村实现这三个方面做出了实践探索。本文在梳理了我国宅基地制度历史沿革的基础上，对绍兴市的改革试点工作进行了深入的分析，总结了改革的做法、优势与不足。研究结论：在宅基地退出过程中引入市场机制，实现资格权流转，但"权票"制度仍需完善；构建宅基地数字化管理（交易）系统框架，需进一步形成规范化、标准化的数据库；创新宅基地资格权跨村有偿实现方式，需科学规划选址，严格监督实施。

关键词　宅基地　三权分置　闲置农房激活

农村宅基地是我国农村土地的重要组成部分，在很长一段时间内起到了稳定农村社会、为广大农民提供生活保障的重要作用。[①]　然而，随着城

---

[*]　本文系"绍兴市农村宅基地'三权分置'研究"课题组成果，同时为韦乐盈参与的国家自然科学基金面上项目"基于村域区位的宅基地退出补偿及收益分配策略研究"（项目编号：41871181）和杭州市土地储备交易中心项目"土地储备全地类一体化收储工作机制课题"的阶段性成果。

[**]　袁海平，绍兴文理学院马克思主义学院教授，绍兴乡村振兴智库专家；韦乐盈，浙江工商大学公共管理学院在读研究生；周永亮，绍兴市农业农村局农村宅基地管理处处长。

①　高进云、周智、乔荣锋：《森的可行能力理论框架下土地征收对农民福利的影响测度》，《中国软科学》2010年第12期。

镇化、工业化的不断发展，许多农村劳动力为了追求更高的生活质量从农村向城市"迁徙"，农村宅基地出现大量闲置；与此同时，一户多宅、违规建房、村庄布局缺少规划等历史遗留问题仍然普遍存在，农村土地利用效率低、管理混乱，宅基地使用权流转不便，资产价值也长期得不到显现。① 长期固化的宅基地制度与不断发展的经济基础之间的矛盾日渐凸显，反过来阻碍了农村经济的发展与城乡社会的融合，宅基地制度改革势在必行。

为了盘活农村闲置土地、提高农村土地利用效率，中共中央提出要探索宅基地所有权、资格权、使用权"三权分置"试点改革。当前，针对宅基地"三权分置"改革的研究主要集中在宅基地使用权流转、制度体系建设等方面。郑风田（2018）指出，宅基地"三权分置"的改革需要保证使用权流转自由、把流转的范围和时间扩大、拉长，还应建立公开的农村宅基地交易市场。同时，他还认为要从宅基地产权制度、宅基地自愿有偿退出机制、宅基地抵押担保、宅基地取得、宅基地置换、宅基地民主管理等方面建立起与"三权分置"配套的制度体系。董祚继（2018）认为，宅基地"三权分置"的改革在稳定土地关系的同时放活了宅基地使用权，还突破了宅基地只能在本村集体经济组织内部限制性流转的传统制度，创造了极为宝贵的实践经验。丁关良（2020）总结了"三权分置"改革背景下宅基地权力在转让、抵押、出租、入股等多种流转方式上遇到的问题，并指出了当前改革存在的不足，引发学界思考。

一、我国宅基地制度的历史沿革

中华人民共和国成立至今，我国农村宅基地制度经历了从私有到集体所有、从自由流转到限制流转的过程。② 新中国成立之初，中国实行了大规模的农村土地改革，宅基地所有权和使用权归农民所有，且土地和房屋均可以自由买卖、租赁、继承等，处于"两权合一"的自由流转阶段，当时的宅基地承担了极强的社会保障功能。1962 年，《农村人民公社工作条例修正草案》明确了"农民宅基地所有权属集体，使用权和处置权无偿无

---

① 何鹏飞、杜伟：《农村宅基地"三权分置"研究综述与展望》，《成都师范学院学报》2021 年第 7 期。

② 朱新华、陈利根、付坚强：《农村宅基地制度变迁的规律及启示》，《中国土地科学》2012 年第 7 期。

限期归个人"的"宅基地集体所有制"。① 1998 年修订的《土地管理法》从法律上禁止了城镇居民可以购买农村宅基地和房屋的条款，并规定农村居民一户只能拥有一处宅基地，禁止城镇居民购买农地逐渐成为宅基地制度改革的红线。在近 70 年的漫长演变中，这一制度依然保持着所有权和使用权"两权分离"的核心，并逐渐形成了更为完善的"集体所有宅基地，成员无偿无限期使用，一户一宅、面积法定"②的宅基地制度。

在很长一段时间内，这一制度保证了农村居民的住房需求，并为农村社会的稳定和经济的发展提供了物质基础③，但随着时代的发展，其带来的"一户多宅"、超建超占、宅基地闲置、非法流转等诸多弊端也不断暴露，宅基地制度改革迫在眉睫。2014 年，中央农村工作领导小组办公室主任陈锡文提出，宅基地制度改革可以适当借鉴农村土地"三权分置"的路径，分为所有权、居住权和住房财产权"三权"，从而改善农民不愿流转土地造成的宅基地大量闲置、财产权难以显现等问题。④ 在 2015 年开启的"三块地"改革中，农村土地"三权分置"改革在各个试点地区取得了较好的成绩，由此，董祚继（2017）提出将现行宅基地"两权分离"的制度改为所有权、占有权和使用权"三权分置"的形式，试图解决宅基地集体虚置、农户占有和使用权无偿无限期等原有制度弊端带来的问题。此后，也有学者提出将宅基地的"三权"分为所有权、分配权和建筑居住权⑤，宅基地"三权分置"的理论基础在各地的探索实践与学术界的总结争鸣中逐渐成形。

2018 年 1 月，中共中央发布的《关于实施乡村振兴战略的意见》正式提出要探索宅基地所有权、资格权、使用权"三权分置"的试点改革，拉开了宅基地"三权分置"改革的帷幕；2019 年新修订的《土地管理法》明确规定保障户有所居多种实现形式、下放宅基地审批权和允许农民依法自愿有偿退出宅基地，鼓励盘活利用闲置宅基地和闲置住宅，标志着改革进入新阶段；2020 年，中央一号文件再次强调了要以宅基地"三权分置"

① 高波：《农村宅基地使用制度改革思考》，《农业现代化研究》1990 年第 6 期。
② 董祚继：《以"三权分置"为农村宅基地改革突破口》，《中国乡村发现》2017 年第 1 期。
③ 陈小君：《宅基地使用权的制度困局与破解之维》，《法学研究》2019 年第 3 期。
④ 欧阳觅剑：《"三权分置"原则也应运用于宅基地改革》，《21 世纪经济报道》2014 年 11 月 28 日。
⑤ 杨文君：《农村土地改革背景下的宅基地使用权问题研究》，《市场论坛》2017 年第 8 期。

改革为重点，切实做好宅基地制度改革试点工作。① 立足全面深化改革的要求，我国的宅基地制度从"两权分离"走向"三权分置"，用制度改革与试点实践，为缩小城乡差距、实现乡村振兴、最终走向共同富裕探索出一条全新的改革道路。

二、绍兴市宅基地"三权分置"改革的实践探索

2017 年 3 月，绍兴市在全国率先推行"闲置农房激活"改革，通过村集体主导、农民自发、招商引资、联合开发等多途径多主体参与的激活形式，并与农村旅游、康养、文化、运动等产业相融合，激活农村闲置农房。这一重要实践探索不仅为闲置宅基地使用权的流转提供了多种可能，也为绍兴市宅基地制度改革试点奠定了良好实践基础，为全国开创了农村宅基地流转、开发、利用的新篇章。绍兴"闲置农房激活计划"先后得到时任省委书记车俊点赞和时任省长袁家军批示肯定，被列为全省 26 条经济体制重点领域改革典型经验之一，入选"2019 年浙江省改革创新优秀实践案例"，入编 2019 年全国乡村振兴优秀案例，成为全市、全省乃至全国的样板范例。

2020 年 8 月，中办、国办印发了《深化农村宅基地制度改革试点方案》，启动了新一轮的农村宅基地制度改革试点工作，确定了全国 104 个县（市、区）及 3 个地级市作为试点地区。绍兴市作为东部地区代表被列为全国新一轮农村宅基地制度改革 3 个整市推进试点市之一，承担着为全国提供可复制、可推广的制度改革成果的重大使命。绍兴市委市政府高度重视农村宅基地改革试点工作，专门成立绍兴市宅基地改革专班（以下简称宅改专班），从制度设计、管理模式、权利实现等多个方面全方位展开了农村宅基地制度创新和实践探索，大胆创新探索宅基地所有权、资格权、使用权"三权分置"实现形式，先后研究出台了《关于宅基地农户资格权跨村实现的实施意见（试行）》《绍兴市农村宅基地资格权人认定办法》《关于农村宅基地整合、退出和利用的指导意见（试行）》《关于明确农民公寓确权登记发证有关问题的通知》《关于开展宅基地及房屋租赁使用权与抵押登记发证的指导意见》等文件，建立由农村集体经济组织主导实施的宅基地有偿使用制度，有效激活农村闲置宅基地和闲置农房，实现城乡要素

---

① 郑风田：《让宅基地"三权分置"改革成为乡村振兴新抓手》，《人民论坛》2018 年第 10 期。

双向流动，为宅基地"三权分置"改革提供了宝贵经验，也为以宅基地制度改革推动乡村振兴、促进农村共同富裕提供了"绍兴样板"。

（一）聚焦"户有所居"，着力提升农村住房保障水平

坚持发挥宅基地应有的保障功能，在高质量实现中央提出的"户有所居"目标基础上着力构建更加公平、多元、充分的农村住房保障体系，努力实现"基本权益有保障、困难群众有兜底、改善农户有途径"。一是设定统一标准。完善全市宅基地审批基本制度，出台《农村宅基地资格权人认定登记办法》，明确了宅基地资格权人认定、分户条件、最高审批面积等的保障标准。诸暨市在全国率先探索"三权三票"制度，即对应宅基地集体所有权、农户资格权、宅基地使用权的集体权票、保障权票、保留权票，为保障对象提供权利凭证。二是实施宅基地整合。制定出台《关于农村宅基地整合、退出和利用的指导意见》，鼓励各地对闲置、低效的宅基地和其他集体建设用地实施整合、退出利用，鼓励跨村域整合，优化乡村空间布局，有效盘活存量土地，增加土地要素供给。例如，诸暨市浬浦镇五美村采用"连片拆旧、集中建新"模式，整合盘活宅基地 11.7 亩、闲置建设用地 31.16 亩。三是开展调剂、选位改革。探索土地富余村以竞争性分配（竞拍）的方式将宅基地调剂给其他村农户，并进行有偿选位；没有宅基地的或有改善意愿的农户（需无偿退出原有宅基地）参与调剂和选位。越城区富盛镇董溪村、柯桥区夏履镇中墅村等已开展有偿选位。四是丰富建房类型。探索在土地资源相对充足的区域集中建设和建造联排房屋，在城镇开发边界内或其他土地资源紧张的区域建设农民公寓。越城区孙端街道吴融村农民公寓项目涉及退出农户 69 户，将在退出地块建设农民公寓 203 套。

（二）聚焦"强村富民"，着力彰显宅基地应有价值

充分利用农村宅基地这一宝贵资源，进一步放活宅基地使用权，提升宅基地价值，为农业农村发展和农民共同富裕注入更大动力。一是打造"闲置农房激活"2.0 版。通过社会资本或由村集体出资租赁农民闲置农房，并将其改造为可营利的出租房、民宿、咖啡厅、书店等场所，激活农村业态，改善生活环境，增加农民收入。宅基地制度改革试点启动后，进一步发挥村集体宅基地所有权地位，建立"农户—村集体—经营业主"紧密型激活利用机制，深化探索出租、入股、合作等方式，推动农村自然生

态、文化旅游资源联动激活和整片整村整区域联动激活。到 2021 年底，全市累计引进开发建设项目 5570 个，引入社会资本 98.3 亿元，激活闲置农房 19902 幢、453.44 万平方米，每年分别增加村集体、农民收入 3.36 亿元、6.25 亿元。二是推动使用权全市域流转。在"严禁城镇居民到农村购买宅基地"的限制之下，绍兴利用整市试点的优势，探索宅基地使用权跨村域转让，满足不同农户需求，提升宅基地价值。柯桥区王坛镇喻宅村举行了全市首场宅基地使用权跨村实现竞拍会，所拍的 5 宗宅基地溢价率达 81.7%。同时，编制《农村宅基地基准地价体系》，评估建立 233 个农村宅基地片区基准地价，在全国率先编制《农房基准价格体系》，为宅基地流转提供价格参考。三是全面开展抵押贷款。印发《绍兴市农民住房财产权（含宅基地使用权）抵押贷款业务操作指引（试行）的通知》《金融服务乡村振兴"一镇一行"助推农村集体经济消薄增收促共富实施方案》，探索农民住房财产权（含宅基地使用权）抵押贷款，并对相对薄弱村实施金融机构一对一精准帮扶。试点以来，全市已办理农民住房财产权（含宅基地使用权）抵押贷款 99 笔，贷款金额 8960.8 万元。

（三）聚焦"宜居宜业"，着力推进新时代美丽乡村建设

推进"五星 3A"迭代升级与宅基地制度改革紧密结合，着力破解美丽乡村建设中"地从哪里来""钱从哪里找""人往哪里聚"等问题。一是实施示范引领。集中打造一批"乡村振兴先行村""闲置资源全域激活示范村"，统筹激活村内各类资源，以市场化理念实行专业化运营，打造乡村建设标杆。例如，上虞区岭南乡东澄村实行整村激活打造乡村振兴先行村，引入专业团队，丰富乡村业态，2021 年吸引游客 120.8 万人次，实现经营性收入 125.96 万元，同比增长 118.3%。二是开展退出利用。探索"以宅换宅""以宅换房""以宅换钱""以宅换权"等模式，引导农户退出布局不合理、居住不适宜、环境不美观的老旧房屋，以重新开发利用。三是吸引社会资本。充分利用农村特色风貌和环境优势，激活闲置农房、宅基地和美丽庭园，吸引乡贤、工商业主、农创客等社会资本进入农村，发展多种新业态、新模式和新产业，创办创业基地、创新基地和创富基地。例如，嵊州石璜镇白雁坑村启动油罗山自然村整村退出和打造高端民宿项目，意向引入社会资本 1.1 亿元，涉及宅基地 28 处、房屋 70 幢、占地面积 3268 平方米，努力实现"空心村"整治、城市和乡村有机更新融合、乡村产业发展的多赢。

（四）聚焦"数字赋能"，着力打造数字化管理平台

紧紧抓住数字化改革契机，加快推进宅基地管理制度重塑和流程再造。在全国率先成立独立的市县两级宅基地管理处（科）室，负责全市农村"人、户、地、房"等基础信息全面摸底调查，建立宅基地数据库。目前全市已完成1040个村、75.85万户农户的基础信息调查。建设绍兴市农村宅基地数字化管理服务系统，构建宅基地数据资源体系和应用支撑体系，集成农业农村、自然资源和规划、建设、综合执法、公安等部门数据，以"一宅一码"为基础，打造宅基地一件事办理、一张图管理、一体化决策等应用场景，以实现宅基地相关业务"网上办""掌上办"，为宅基地管理和保障决策提供更加精细、有效、及时的信息支撑。

三、绍兴市宅基地"三权分置"改革的样本价值

（一）宅基地资格权的制度设计

宅基地"三权分置"的改革将宅基地的权利"分置"为所有权、资格权、使用权"三权"，其中，宅基地的所有权和使用权由来已久，均有较为完善的权能和制度设计，而宅基地资格权作为一项新设立的权利，其在权利内涵、权利取得、权利实现等许多方面均缺少明确的规定。在绍兴市的实践中，如图1所示，宅改专班对宅基地资格权的制度设计主要围绕资格权的实现及其实现形式、资格权的放弃及其补偿安置方式两个方面展开，这一设计的前提条件是农户作为农村集体经济组织的成员，仍享有宅基地资格权或已实现宅基地资格权。

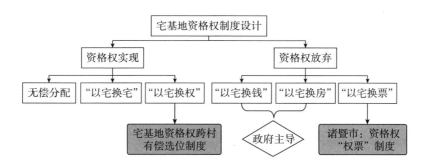

图1　宅基地资格权制度设计

1. 资格权的实现及其实现方式

作为本村集体经济组织的成员，农民享有在本村实现其宅基地资格权、获得宅基地使用权的权利，其资格权随着使用权的取得而灭失。绍兴宅基地资格权的实现主要有以下三种形式：

一是无偿分配。对于从未实现过宅基地资格权的农户，由村集体根据其实际情况、按照法定程序分配一宗宅基地。

二是"以宅换宅"。对自愿或因整合需要同意退出的农户，给予宅基地重新安置。在传统农村等土地资源相对充足的区域，仍按"一户一宅"安排联排房屋；在城镇开发边界内的区域，土地资源相对紧缺，则可安排多层、小高层等公寓。为了更加集约节约地利用农村土地，绍兴市宅改专班提出了建设农民公寓的实施方案，由村集体牵头在农村宅基地上建设多层或小高层的农民公寓，用于宅基地的分配、安置和选位。

三是"以宅换权"。对自愿或因整合需要同意退出全部宅基地且未获得过相应补偿的农户，给予跨村有偿取得宅基地的权利，即宅基地资格权的跨村实现方式。

2. 资格权的放弃及其补偿安置方式

宅基地资格权的实现意味着宅基地使用权的取得，此后，如果农户选择完全退出宅基地，也就等于同时放弃了宅基地的使用权以及随宅基地使用权放弃而回归的宅基地资格权。对于自愿退出宅基地的农户，往往采用"以宅换钱"或"以宅换房"的补偿安置方式，但在实际执行的过程中普遍存在农民在宅基地退出补偿安置过程中话语权缺失、利益受损的现象，农民的经济利益得不到保障。为了更好地保障农民退地权益，各地都在探索将市场机制引入宅基地退出补偿过程的有效方法，重庆的"地票"改革就是对宅基地资本化的典型实践；浙江省学习其改革经验，提出了量化宅基地使用权的"宅基地权票"，通过权票的流转、交易实现宅基地的自由、有偿退出。

在绍兴市的试点实践中，诸暨市借鉴了现有的"权票"改革经验，创造性地提出了宅基地资格权"保留权票"和"保障权票"两个概念，允许资格权"权票"在特定平台上进行公开交易。一方面，资格权"权票"制度为农户宅基地资格权的市场化提供了制度依据，更大程度地保障了农户放弃资格权后的利益；另一方面，进一步丰富了宅基地有偿退出、资格权进入市场流转的理论研究，为维护农民利益、创新"三权分置"制度实践提供了新的思路。

（二）宅基地数字化管理（交易）模式

宅基地数字化管理（交易）模式（见图2）是当前宅基地制度改革的必然要求，也是时代发展的必然趋势。伴随着宅基地制度改革的不断深化，大量与宅基地相关的信息数据被生产出来，过去纸质化的宅基地信息管理模式以及独立、小型的宅基地数据平台已经无法满足对宅基地进行科学、高效、精准管理的要求。

农村宅基地基础信息调查工作是宅基地数字化管理（交易）的基础工程。为了全面摸清绍兴市宅基地的数量、权属、地理位置、闲置情况、流转现状等基础信息，改革专班在与自然资源和规划、建设、公安、农业农村等部门共享、汇总已有宅基地数据资料的基础上，开展了宅基地信息的专项调查工作，将所有信息汇总为完整的农村宅基地数据库，并编制相关图件。在此基础上，建设一个数字化管理平台，实现数据的实时共享，满足不同群体对宅基地的不同需求。

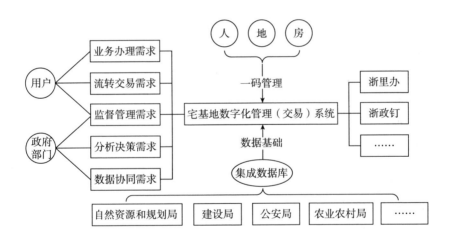

图2　宅基地数字化管理（交易）模式

1. 业务办理需求

业务办理是信息化管理平台最核心的功能。绍兴市宅基地数字化管理平台通过 PC 端、移动端等客户端口，农民能够快速地查询到与自己的宅基地有关的信息，并能在客户端上实现包括宅基地建造、出租、转让、竞拍、有偿选位、公寓房申请、宅基地退出、登记颁证、抵押融资等业务的在线办理。针对办理流程中出现的问题，可以通过平台进行即时的咨询甚至举报。除了建设单独的 PC 端和移动端的软件之外，平台还与浙里办、浙政钉等 App 进行对接，实现主要功能的嵌入。平台核心功能的建设能够极大地简化农民办理宅基地相关事务的流程，通过规范化的手续、清晰的指引，加快办事速度，提高办事效率，为农民带来切实的便利。

2. 流转交易需求

随着宅基地制度改革的不断深入，宅基地使用权得到进一步放活，宅基地使用权的流转也需要一个开放、规范、安全的交易平台，为其提供高效便捷的工作载体。在流转模块的建设过程中，绍兴通过在权利流转的相关流程中加入交易资格审查、过程规范、登记颁证等必需环节，对权利的流转进行更加全面的监督管理，保证流转过程合法、合规、合流程。此外，随着宅基地资格权制度改革的推进，资格权"权票"将最终实现线上流转。

3. 监督管理需求

监督管理需求主要来自宅基地平台用户和管理者。对于平台用户即农民来说，他们可以通过系统对所办业务的进展情况进行实时监督和在线咨询，同时平台也可以为农民提供工作代办、工匠联系、建材服务等"一条龙"线上便民服务。对于平台管理者即地方政府部门工作人员来说，平台能满足其对全市宅基地的基本情况、业务工作、流转交易、整体规划和价值体系进行全面监督和管控的需求，从而促进政府服务效能提升、交易管理规范化，保障各主体的合法权益。

4. 分析决策需求

平台通过简单的数据统计，从宏观或微观的角度实时了解绍兴市各乡镇、农村的宅基地规划、建设、使用、退出、流转、估价等情况；通过智能化的数据分析，平台还为政府部门提供辅助规划的功能，为闲置宅基地整理、跨村有偿选位等工作的决策提供快速有效的依据。

（三）宅基地资格权跨村实现方式

宅基地资格权的实现方式是绍兴宅基地改革试点的重中之重，作为宅基地权利中新增的一项重要权利，其权能的内涵、范围及实现途径都需要严格界定、慎之又慎。宅基地资格权的跨村实现方式为宅基地跨村有偿选位。这项制度赋予了农户在全市范围内跨村有偿取得宅基地资格权的权利，并通过在其中引入适度的宅基地分配竞争机制，实现宅基地资格权的市场化，创造更公平的宅基地资格权实现市场。它与其他宅基地资格权实现形式的区别在于突破了宅基地资格权只能在本集体经济组织内部实现或交易的限制，将其扩大到了市域范围，为全市各镇、各村提供了统筹协调农村土地资源的重要渠道。

2021年7月28日，绍兴市柯桥区王坛镇喻宅村率先开展宅基地镇域跨村有偿选位工作，成功对五宗宅基地进行了公开拍卖，为此项制度改革落下了第一锤。对于尚未实现宅基地资格权的农户来说，这一制度创新使其能够在更大的行政区域内选择宅基地，而不用受限于本村可选的宅基地状况。对于已有宅基地的农户来说，现有的宅基地可能存在宅基地年久失修、周围环境"脏乱差"、村内道路不通畅、面积较小等问题，宅基地有偿选位一方面为有需要的农户提供了改善生活环境、提高生活便利度的途径，另一方面也为农村整治并重新利用村内闲置、废弃的土地，提高农村土地利用率，改善村居环境提供了可能。与此同时，宅基地拍卖产生的收益归村集体所有，纳入村集体"三资"管理，为村集体增收、农村环境改善提供了新的可能。

四、绍兴市宅基地"三权分置"改革的未来方向

绍兴市宅基地"三权分置"改革主要从资格权制度设计、数字化管理（交易）模式、资格权跨村实现三个方面做出了实践探索，其主要创新之处在于：第一，在宅基地资格权放弃（也即宅基地退出）过程中引入市场机制，创造性地提出了资格权"权票"制度，使资格权得以进入限定市场流转，保障了退地农户地合法权益；第二，顺应浙江省"数字化改革"的号召，构建了完善的宅基地数字化管理（交易）系统框架，并完成了基础调查工作，为实现高效、便捷、安全的宅基地数字化管理奠定基础；第三，创新宅基地资格权实现方式，打破了只能在本村集体经济组织内实现宅基地资格权的限制。

随着绍兴市宅基地"三权分置"改革的不断推进，其积极影响也日益呈现：第一，激活了土地权能，唤醒了沉睡资源，使"沉睡"的宅基地资产变资金变产业；第二，为乡村旅游、乡村民宿、休闲养老等产业在乡村落地提供方法和路径，撬动更多金融和社会资本进入农村，解决城市资源流入农村渠道的难题，为乡村振兴提供人才支持，推进城乡融合发展，推动乡村全面振兴，促进农民共同富裕。

下一阶段，针对宅基地试点地区发展现状，还应从以下几方面继续深

化改革：

其一，完善资格权"权票"制度的设计。借鉴全国经验，从类似的实践中学习经验，谨慎、逐步地开展"权票"的认定、流转工作。

其二，建立农村宅基地数字化管理系统。通过逐步形成规范化、标准化的农村宅基地数字化管理系统，使其能在更大的行政区域内与其他地区实现精准的数据对接，为该平台能在绍兴市以外的地区进行推广打好基础。

其三，深化宅基地资格权跨村有偿选位。宅基地资格权跨村有偿选位作为一项全新的政策，必须根据实际情况进行科学的政策调整。一方面，宅基地资格权的跨村实现应与各村的村庄规划、农地整理、跨区域土地资源统筹等工作结合起来，科学规划新建宅基地选址，将新整理的宅基地纳入村庄规划，避免"拆东墙、补西墙"等情况出现，切实有效地提高农村土地利用效率，整理闲置、低效利用的土地。另一方面，对于不同区域范围内的跨村选位工作，绝不能为了村集体收益随意选点、大肆拍卖，镇一级、市一级的有关部门应做好协调监督工作，确保跨村选位工作公平公正、顺利高效地开展。

其四，结合《中共中央　国务院关于建立健全城乡融合发展体制机制和政策体系的意见》明确的"鼓励农村集体经济组织及其成员盘活利用闲置宅基地和闲置房屋，建立城市人才入乡激励机制"的要求，积极探索非集体经济组织成员通过继承农房后可申请有偿使用宅基地改革试点，按照相关规定翻建或新建，为非本集体经济组织成员通过继承农房或其他合法方式使用宅基地提供路径，同时更好落实"两进两回"，吸引更多乡贤、大学生、资金、技术服务乡村振兴。

参考文献

郑风田：《让宅基地"三权分置"改革成为乡村振兴新抓手》，《人民论坛》2018 年第 10 期。

田逸飘、廖望科：《民族旅游地区宅基地"三权分置"改革的实践探索——来自云南大理市的例证》，《云南农业大学学报（社会科学版）》2021 年第 4 期。

董祚继：《"三权分置"——农村宅基地制度的重大创新》，《中国土地》2018 年第 3 期。

丁关良：《"三权分置"政策下宅基地流转方式运行机理的剖析和思考》，《农业经济与管理》2020 年第 4 期。

高超、施建刚：《上海农村宅基地置换模式探析——以松江区佘山镇为例》，《中国房地产》2010 年第 7 期。

戴燕燕：《上海农村宅基地退出机制研究》，《上海国土资源》2021 年第 1 期。

张婷、张安录、邓松林：《期望收益、风险预期及农户宅基地退出行为——基于上海市松江区、金山区农户的实证分析》，《资源科学》2016 年第 8 期。

赵弈涵：《我国城市化中农村土地新增价值再分配问题研究——"城中村"模式与"宅基地换房"模式的比较分析》，《产经评论》2016 年第 6 期。

郁俊莉、孔维、宗一鸣：《新型城镇化建设中"安居难题"解决的理念、机制与路径研究——以天津华明示范镇"宅基地换房"实践为例》，《中国行政管理》2015 年第 10 期。

彭舒月：《宅基地退出的法律制度探究——以重庆的"地票"模式为例》，《法制博览》2017 年第 26 期。

黄桂芳、王伟、葛艳艳：《基于乡村旅游视角的闲置农房盘活模式研究——以"全国摄影小镇"陵阳镇为例》，《安徽农业科学》2020 年第 12 期。

汪明进、赵兴泉、黄娟：《激活闲置农房和宅基地经验、问题和思考——基于浙江四地改革实践的启示》，《农业经济》2019 年第 12 期。

曾旭晖、郭晓鸣：《传统农区宅基地"三权分置"路径研究——基于江西省余江区和四川省泸县宅基地制度改革案例》，《农业经济问题》2019 年第 6 期。

刘圣欢、杨砚池：《农村宅基地"三权分置"的权利结构与实施路径——基于大理市银桥镇农村宅基地制度改革试点》，《华中师范大学学报（人文社会科学版）》2018 年第 5 期。

李静：《农村宅基地"三权分置"的内涵、实践及破局——基于 15 个试点县宅基地制度改革实践》，《山东农业大学学报（社会科学版）》2012 年第 3 期。

以"科特派"创新助推"三茶"融合发展

——以政和县为案例

裴俊巍*

摘　要　科技特派员制度缘起于南平,在"三农"领域发挥了巨大作用。当前,面对乡村振兴的新要求,科技特派员制度亟须在传帮带机制、全产业链整合机制和市场销售机制等方面实现机制创新。政和县立足特色白茶产业,从产业前端的"科特学"、产业中端的"科特问"和产业后端的"科特卖"三个方面进行了创新探索,为统筹"三茶"融合发展,以及在新时代推动科技特派员制度实现新发展贡献了基层力量。

关键词　科技特派员制度　乡村振兴　产业发展

一、背景

政和县位于福建省北部山区,县域面积 1745 平方千米,其中山地面积 223 万亩,耕地面积 22 万亩,森林覆盖率 79.6%,呈"八山一水一分田"。政和县于 1986 年被省政府确定为贫困县,2012 年被列为省扶贫开发重点县,2019 年实现贫困县"摘帽"。

长期以来,政和县以农业为主导,农民以茶叶、毛竹、锥栗为主要收入来源,其中超过 1/3 的收入来源于茶产业。全县茶叶种植面积 11 万亩,涉茶企业 700 多家,生产红茶、白茶、绿茶、花茶四大类产品。当前,政和县茶产业发展面临诸多科技问题,比如:茶农种植技术参差不齐,茶青品质高低不同;茶叶加工标准化较低,茶叶全程生产的机械化、连续化、自动化设备不足;科技创新能力较弱,缺乏龙头企业,仅有 19 家规模以

---

* 裴俊巍,福建省南平市政和县人民政府科技副县长。

上工业企业，工业产值均未超过亿元。如何借助科技的力量，为政和县茶产业插上腾飞的翅膀，成为当务之急。

二、科技特派员制度的起源及其成效

农业是国民经济的基础，科技是农业文明迈向工业文明的催化剂，加快科技成果转化是解决我国农业问题的根本出路。在计划经济体制下，农业科技推广作为一种公共产品，完全由政府提供。地方政府依托农业主管部门和三农站所，组建起一套传统的农业科技供给体系。然而，我国在20世纪末开始面临经济社会全面转型，尤其是计划经济向市场经济转轨的巨变使"三农"问题凸显为全国性难题，农村出现严重的人才空心化，基层农技推广体系名存实亡，造成"线断、网破、人散"的农业技术推广残局。

福建省南平市素有"福建粮仓""南方林海""中国竹乡"之称，农村发展面临的困境更为突出，滞后的科技服务体系难以适应农业科技创新的需要。面对这一困局，福建省南平市根据农业农村的迫切需要，着力解决科技服务缺位问题，1999年2月第一批225名科技人员下派进驻215个村，将科技人员派往农业生产第一线，开展了一场轰轰烈烈的"科农携手"运动，开启了科技特派员制度的探索。2002年，时任福建省省长的习近平同志到南平调研，对这一做法表示肯定，并在《求是》杂志上发表《努力创新农村工作机制——福建省南平市向农村选派干部的调查和思考》一文，提炼出"高位嫁接、重心下移、互动联动、一体运作"的农村工作思路，指出这一做法是"对市场经济条件下创新农村工作机制的有益探索，值得认真总结"[①]。2002年起，科技特派员制度迅速在福建省推广。同年，科技部在西北五省开展科技特派员试点工作。2004年12月，科技部与人事部联合印发了《关于开展科技特派员基层创业行动试点工作的若干意见》，为科技特派员试点工作提供了政策保障，科技特派员制度迅速在全国推广。这时期，科技特派员基本采用一对一帮扶式，以提供农业技术服务为主，科技特派员制度还处于1.0版。2016年5月，国务院办公厅出台《关于深入推行科技特派员制度的若干意见》，首次在国家层面对科技特派员工作做出制度性安排，鼓励科技人员深入农村开展科技创业，建

---

① 习近平：《努力创新农村工作机制——福建省南平市向农村选派干部的调查和思考》，《求是》2002年第16期。

立利益共享、风险共担的利益共同体，提供合作式技术服务，开启了科技特派员制度 2.0 版。

科技特派员制度在全国推广后，仍然得到习近平总书记的关注。2019 年 10 月，习近平总书记对推行 20 周年的科技特派员制度做出重要指示，要坚持把科技特派员制度作为科技创新人才服务乡村振兴的重要工作进一步抓实抓好。2021 年 3 月，习近平总书记来闽考察时指出，要很好总结科技特派员制度经验，继续加以完善、巩固、坚持，要深入推进科技特派员制度，让广大科技特派员把论文写在田野大地上。

二十多年来，科技特派员制度在农村经济发展中起到了巨大的推动作用。全国有数十万名科技特派员活跃在农业农村生产第一线，领办、创办 1.15 万家企业或合作社，平均每年转化示范 2.62 万项先进适用技术，直接服务 6500 万农民。以南平市为例，科技对农业增长贡献率从 1999 年的 33% 提高到 2021 年的 60% 以上，累计推广新品种、新技术 1.6 万项/次，带动发展家庭农场 2650 户、专业合作社 3635 家、龙头企业 103 家，全市农民人均纯收入年均增长 9.8%，带动全市 3.77 万建档立卡贫困人口全部脱贫，5 个省级贫困县和 346 个贫困村全部"摘帽"。

三、"科特派"制度在实践中面临的新挑战

科技特派员制度让才人下沉、科技下乡，在服务"三农"、助力脱贫攻坚和乡村振兴中发挥了重要作用，但面对新的市场环境，也遇到了一些新问题和新需求。

首先，科技特派员的传帮带机制有待加强。科技特派员主要来自两个渠道，一个是高校科研院所，由于在大学甚至国外名校进行过系统性、规范性的学术训练，因此被称为"洋秀才"；另一个是农业技术推广站所，如农技站、农机站、畜牧站等，由于他们经常活跃在田间地头指导一线生产，乡土气息浓厚，因此被称为"土专家"。从两者构成比例来看，"洋秀才"所占比例越来越高，年龄结构也朝着年轻化和高学历化发展；相比之下，"土专家"所占的比例则越来越低，年龄结构也逐渐老化。

以政和县为例，1999 年第一批共选派 13 名科技特派员，其中 11 名分别来自本县农业局、水电局、畜牧水产局、农机站，以及乡镇农技站，另外 2 名来自南平市农校和市农业外资办，清一色都属于土生土长的乡土专家。这种情况一直持续到 2016 年皆是如此，科技特派员全部来自本市农

业系统。

自 2017 年起，根据选派单位的不同，将科技特派员分为省级和县级两个层次，2018 年又新增市级层次。省级科技特派员主要来源于高校和科研院所，市县两级仍然以本土专家为主。以 2021 年为例，政和县共有省级科技特派员 50 人，除 2 人分别来自南平市种子管理站和政和县林业局外，其余 48 人均来自福建农林大学、闽江学院、福建工程学院、武夷学院等单位，甚至还有浙江大学、南京农业大学和安徽农业大学等福建省外高校。在 50 名县级科技特派员中，仅 25 名来自本市，其余也均来自高校和科研院所，甚至有 2 名还来自清华大学。由此可见，"洋秀才"越来越成为科技特派员的主要力量。

同时，"洋秀才"越来越呈年轻化和高学历化发展。2021 年，政和县来自高校和科研院所的科技特派员年龄结构以"70 后"和"80 后"为主，达到 83.7%，最年轻者仅 29 岁；学历都为硕士及以上，博士居多，占比 40.8%。而在"土专家"中，则以"60 后"为主力军，而且大多是年年派的"老面孔"，其中一位"土专家"从 1999 年起先后选派了 16年，曾经的青壮年如今早已"不惑"。

"洋秀才"具备最前沿的科技知识和先进理念，却无法长期深入基层；"土专家"能够及时掌握一线情况，更好地融入当地生产，却苦于技术老旧。一位乡镇农技站负责人说：我从事农业技术指导工作快四十年了，目前虽然已经是高级职称，但还是面临三大难题：第一是技术跟不上发展，第二是观念跟不上时代，第三是体力跟不上需求。一位来自省内高校的"科特派"也说出了他的难处：我从福州来回一趟要花一整天时间，真正用在调研上的时间总感觉不够，很难细致全面地了解当地技术需求，也很难在后续环节保持跟进，特别是有新问题和新想法时，很难及时与农民进行面对面的沟通交流。因此，如何增加"洋秀才"和"土专家"两者之间的互动，已成为当前工作中急需重视的一大难题。

其次，科技特派员的全产业整合率有待提升。随着市场经济的发展和资源要素的整合，越来越需要向全产业提供全方位科技服务，尤其是针对县域内的特色产业，更需要实现全产业的统筹。一方面，面对全县各茶企大量的一线科技需求，科技特派员人数仍显不足，难以覆盖全产业中的各相关企业。另一方面，茶企同时需要面临茶树育种栽培、病虫害防治、施肥控药、茶园管理、加工工艺提升、深加工研发和产品营销等多方面帮扶需要，对于那些"有幸"分配到科技特派员的企业而言，由于每个科技特派员术业有专攻，一对一的帮扶难以解决全产业链各环节中出现的问题。

以政和县茶产业为例。2017年到2021年的五年间，政和县涉茶科技特派员人数分别为9人、17人、32人、34人和39人，虽然已实现逐年递增，但相比"嗷嗷待哺"的诸多茶企，数量仍然少之又少，人数最多时茶企覆盖率也仅为5%。即便目前普遍要求一家茶企原则上不能同时选派两名以上科技特派员，一名科技特派员也不能同时派驻两家以上企业，但总量不多的科技特派员仍然属于"稀缺资源""僧多粥少"，大多数茶企始终缺少科技特派员的直接挂钩帮扶。

此外，在2021年政和县涉茶科技特派员的擅长领域分布中，种植领域20人，加工领域13人，市场营销和文化推广领域3人，物联网、大数据和企业管理等技术服务领域3人。每一位科技特派员都术业有专攻，难以满足所派驻企业的所有技术需求，尤其是电商推广和市场营销等属于大多数茶企所共需的领域，而专家却仅有寥寥数人，完全无法满足企业的强烈需求。

最后，科技特派员的市场销售价值有待提升。科技特派员制度的初衷是解决农业种植环节中的技术缺失问题，因此最初大多科技特派员的专长主要集中在生产领域。政和县从第一批（1999年）到第十批（2017年）涉茶科技特派员专业领域均为种植和加工两个环节（第一、第二产业），直到第十一批中才有市场营销、电子商务、物流管理等第三产业的专家，人数也仅为8人，占比只有5.6%。

时至今日，市场经济已经充分发展，企业的现实需求更多向销售环节倾斜，如何把产品生产好又卖出去，成为摆在所有企业面前最大的难题，也是对科技特派员的一大考验。诚如一位茶企负责人说，我们不仅需要进行茶园管理，还要生产加工和市场销售，所以我需要的不仅是种植专家和加工专家，更需要能够指导如何把产品卖出去的销售专家。

四、政和县科技特派员制度的创新举措

之所以出现上述问题，主要是因为一些地区过分强调科技特派员与企业之间的双向互动，却忽略了政府层面的有效整合，使原本资源稀缺的科技专家未能充分发挥集聚效应。因此，对科技特派员制度的改革创新发力点，应该在政府层面建立整合机制，促使县域内的科技特派员形成合力，推动全产业内各环节和各企业的全面发展。

为了整合资源、凝心聚力，政和县国企——国有资产投资运营集团有限公司成立了茶业科技发展有限公司，不以盈利为目的，搭建技术供需和信息共享平台，承担更多的社会责任。茶科技公司作为科技特派员力量整合的公共平台，以此为抓手，先实现科技特派员的集中派驻和"一盘棋"运作，再通过市场化运作，有效推动茶产业全面发展。具体而言，通过整合科技力量，聚散为整，创新"科特学""科特问"和"科特卖"等方式多对多的全产业、全行业、全方位合作，予以解决产业前端、中端和后端的三类难题，实现普惠性和系统性的科技服务，扎实推进广大群众共同富裕，打造科技特派员制度 3.0 版。

（一）"科特学"：解决产业前端技能难题

"授人以鱼不如授人以渔"，因此需要创新本土人才培养机制，为产业发展培养更多更优秀的专家。"洋秀才"掌握更多先进技术和前沿理念，"土专家"更多扎根本地，具备一线技术，要求前者每日到田间地头和工厂车间指导生产未免"大材小用"，要求后者提供最新前沿科技理念则"强人所难"，因此需要积极搭建"洋秀才"和"土专家"之间的交流平台，实现教学相长。

为了建立两者之间的传帮带机制，解决茶产业前端技能培训难题，政和县通过成立科技特派员学院（以下简称"科特学"），搭建线上线下培训平台，组织"洋秀才"和"土专家"之间经常进行交流，及时引进新技术，传播新理念，提高本土专家的业务能力、知识理念和眼界视野，力求将前沿科技第一时间运用到生产第一线。

"洋秀才"来自高校和科研院所，经过长期严格的学术训练，掌握最完备的理论基础和最前沿的科技知识。但是，他们属于学界的"香饽饽"，是各地都抢着要的"金娃娃"。因此，政和县在 2022 年科技科特派员选任之前就提前谋划主动出击，走访全国涉茶著名专家和科研院校，用"三顾茅庐"的韧劲邀请相关高校的权威专家团队派驻本县。最终，政和县共邀请到浙江大学茶学系、安徽农业大学茶与食品科技学院、南京农业大学茶学系、福建农林大学茶学院、福建省农科院茶科所、武夷学院茶与食品学院等全国涉茶著名高校科技特派员团队共计 74 人派驻政和茶科技公司。此外，政和县还成立政和白茶科技研究院，聘请湖南农业大学刘仲华院士担任名誉院长，并聘请上述 6 个院校的茶学专家担任顾问委员。如此一来，政和县便汇聚了来自全国最权威的茶学领域专家学者和科研团队。

根据本县茶产业科技需求与学科特点，政和县建立起一套完整而且系统的学科体系。其中，一级学科包含茶树育种与栽培、茶叶加工与深加工、茶文化和品牌推广、茶品鉴与仓储四大类，二级学科体系包含茶园管理、茶树育种与种植、茶叶采摘、病虫害防治、白茶制作工艺、白茶标准化生产、白茶深加工、白茶文化、白茶品牌营销、白茶品鉴、白茶仓储与规范标准等15个细类。同时，根据74名科技特派员的研究领域和最新研究动态，将其分别对应到一级和二级学科体系当中，并为其设置一节课程，建立起涵盖74门课程的三级课程体系。2021年以来，政和县共邀请福建省农业农村厅、福建省市场监管局、福建省农科院、福建农林大学、集美大学等科技专家，开展茶叶方面培训45场次，参训人数达到3000人次，授课内容包括茶园病虫害绿色防控、茶鲜叶品质提升技术、生态茶园管理、机械化设备研发、企业发展战略、品牌建设与推广等。

（二）"科特问"：解决产业中端技术难题

"科特问"所要解决的是茶叶生产过程中遇到的多元化技术难题，建立一套全产业内科技需求者与全体科技特派员之间的互动机制。目前虽然已有一些线上互动平台，但是仍有部分科技需求者并不习惯上网远程询问，加之日常生产中的科技问题发生在田间地头或工厂车间，需要通过现场望闻问切方能厘清、弄懂问题症结，仅靠网上的三言两语和隔空传话难以有效对症下药。因此，现实的需求呼唤更具乡土气的解决方案。

目前，政和县县级层面在发改科技局内设科技特派员办公室，各乡镇都已设立科技特派员工作站。两者之间明确职责分工，前者主要起信息中介功能，后者侧重全局协调功能。一方面，各乡镇需要做好信息收集工作，在各村设立科技特派员工作站或设置科技信箱，由乡镇科特派工作站通过人工问询和信箱留言等方式实时收集一线科技需求，并及时上报至县级科技中转站。

另一方面，县级科技特派员办公室做好信息汇总分析工作。对于产业发展而言，通常存在一些共性难题。县级科技特派员办公室通过对其进行整理分析，重点梳理其中同质化科技需求。在此基础上，做好组织对接工作，定期开展"科技赶集日"，由县级科技特派员办公室有针对性地邀请派驻茶科技公司的74名专家前来现场开展集中科技问诊。如此一来，可以充分调动全县科技特派员资源，实现科技服务的普惠、科技知识的共享和科技效益的放大。例如，2017年福建农林大学科技特派员帮助瑞茗茶业有限公司，解决了政和白茶连续化智能化萎凋技术与装备上的难题，缩短茶青萎凋时间近一半，节约劳动力90%，降低生产成本，保证了茶叶品质稳定，产品价格提高了30%。同时，申请发明专利一项，获得实用新型专利四项，被列为福建省科技特派员后补助项目。例如，浙江大学、武夷学院科技服务团队帮助隆合茶业有限公司解决了政和白茶远红外仿生萎凋关键技术，建立仿日光生态的新型人工光照智能控制萎凋室，并申请发明专利两项、发表论文三篇。

（三）"科特卖"：解决产业后端销售难题

茶叶市场中，由于供求双方信息不对称，往往好茶也卖不出好价钱，主要原因在于农产品在品牌建设上长期存在一头一尾两个矛盾：一方面，在宏观层面，区域公用品牌范围太大，不易管理，常常被"滥用"；另一方面，企业私人品牌数量太杂，不易推广，往往"无用"。政和县通过"科特卖"搭建供求双方的信息桥梁，建立市场两端的信任机制，打造茶产业国企公益品牌，提高茶叶的市场附加价值。

国企公益品牌是介于宏观区域公用品牌和微观企业私人品牌之间的中观层次概念，是指地方政府通过国企打造的服务于全产业的品牌。"政和白茶"属于区域公用品牌，"隆合""政名"等属于政和县内私人茶企品牌，由政和县国企——国投集团注册的"非特联茗"属于国企公益品牌，"非"指的是非遗传承人，"特"指的是科技特派员，"非特"结合在一起也暗含"非常特别"之意。政和县国投集团在"政和白茶"区域公用品牌的授权下，通过规范程序挑选出私人品牌中的好茶，赋予"非特联茗"商标，实现区域公用品牌商标、国企公益品牌商标和私人茶企商标"三标联动"。

国企公益品牌的战略定位主要分为五个方面：第一个方面是自身功能定位：国企公益品牌最重要的功能是提高品牌知名度，提高茶叶市场销量和附加值；与此同时，还需在品牌塑造过程中成为茶叶市场的规范者和引导者。第二个方面是帮扶对象定位：由于一些大企业具备品牌运作能力，甚至已经形成品牌优势，国企助力属于"锦上添花"，因此国企公益品牌应该将着眼点更多倾向无力打造品牌的中小企业，为其"雪中送炭"。第三个方面是产品价值定位：应该物美价兼，"物美"是必备，之所以提"价优"而非"价廉"，是因为品牌塑造的目标就是为了提高产品附加值，实现物有所值。第四个方面是销售模式定位：国企的主责主业应是品牌打造，而不是市场销售，因此，可以通过鼓励私企回购返销为主，直接销售为辅。第五个方面是利益分配定位：之所以称之为"公益品牌"，说明国企不以自身盈利为目的，而是以"私企赚大头，国企赚零头"的气度，以帮助诸多茶企卖好茶为初衷，以推动产业发展为目标，以提升行业效益为导向。

"科特卖"指的是由科技特派员参与并背书的品牌打造机制，具体而言，通过以下五个环节把好五道关得以实现：第一个环节是征样，把好标准关。政和县国投集团在向茶企征集茶样时，严格按照白茶行业规范和国家标准进行把关，对不符合标准的茶样实行一票否决，确保产品质量达到国家标准。第二个环节是选茶，把好品质关。一方面，通过向白茶非遗传承人征集茶样，为茶叶选择设立了一个较高门槛，确保制茶技艺正宗；另一方面，组织科技特派员专家对茶样进行评审，评选出的"茶王"入选，通过其专业知识为茶叶品质进行二次把关。第三个环节是送检，把好安全关。要求茶企将送样的全批次茶叶全部送至"中国白茶城"入库封仓，由国企工作人员随机抽样送审，提交权威机构进行食品安全检测，对入选茶叶进行全程监制封装，严格确保食品安全。第四个环节是定价，把好价格关。由国投集团与入选茶企和科技特派员专家共同商议，对每款入选茶叶进行合理定价，明码标价，实现童叟无欺。第五个环节是防伪，把好技术关。国投集团要求每个茶样明确总量，分仓入库，并对每份成品茶内置编号成序的收藏证书，此外，还通过现代科技手段，为每份成品茶生成单独防伪码，供消费者随时查询。通过"科特卖"机制的运作，首批"非特联茗"茶热卖，实现市场溢价增至 1600 万元。

五、结论与讨论

科技特派员制度是一项对原有农业技术推广体系的制度创新，在农业生产中发挥了巨大作用。但是，任何有生命力的政策都要在实践检验中不断完善，在市场经济发展中不断改进。在新的历史起点上，农业生产将向规模化、集约化、信息化转变，推进实现高质量的农业农村现代化。但现阶段，农业农村科技还不完全适应新形势、新要求，农村科技人才短缺、农村科技资源配置薄弱、农业农村科技自主创新能力不强、科技服务"三农"不充分等问题依然存在，需要更多科技力量下沉，进一步完善科技特派员制度。

政和县于 2021 年出台《深入推进新时代科技特派员制度三年行动计划（2021-2023 年）》，在科技、信息、资金、管理等现代生产要素方面加大整合力度，从产业发展的前、中、后三个环节，创新"科特学""科特问""科特卖"机制，成立"一办一企一院"，即科特派办公室、茶科技公司、政和白茶科技研究院，实现政企院一体运作，产教融合发展。具体来说，科特派办公室负责县乡村三级、部门之间沟通协调，形成部门协同、上下联动的组织体系和长效机制，为深化科技特派员制度提供组织保障；茶科技公司作为载体，集中所有科技特派员力量，聚散为整、整体推动，并通过公司化运作，直接将科技成果转化为经济效益；白茶科技研究院提供科技资料、创业辅导、技能培训等，着力培养科技人员，为科技服务"三农"提供人才支撑，为科技特派员科技服务提供技术支撑，推动解决产业发展关键技术难题。从可操作性角度来看，"一办""一企""一院"属于"一套人马、三块牌子"，无须额外增加人员编制，更不用聘请专职教师，立足现有科技特派员队伍，通过有效整合，充分放大科技特派员政策红利；科技特派员原本就需要进企业、下基层，提前预约一堂讲座或现场解惑，并不会增加其过多边际成本，却能带来更多红利，让农民、合作社、企业都能从中受益。

政和县的创新做法有效解决了科技特派员单兵作战、服务单一、力量分散的问题，有效解决了本土人才培养、生产技术、产品销售等难题，激发了广大科技特派员创新创业热情，形成全产业链可复制、可推广的工作体系、机制体系。只有上下联动、齐抓共管、协同推进，才能将科技特派员工作落到实处，形成一首市场机制主导、政府合理引导、产业有效联动、科技特派员积极参与、茶企茶农普遍受惠的"交响曲""大合唱"，最终实现农业增产、农民增收和农村的全面振兴。

职业教育助力乡村振兴的双元机制

——以广东碧桂园职业学院为例

李彩虹[*]

摘 要 作为与经济发展联系最为紧密的教育类型，职业教育的价值定位与乡村振兴之间存在高度的耦合性。目前，职业教育正处于巩固脱贫攻坚成果与乡村振兴有效衔接的历史时期，如何推进职业教育体系改革，着力探索职业教育助力乡村振兴的新方法、新模式和新样态，成为职业教育未来发展的重要机遇与挑战。本文以广东碧桂园职业学院作为典型案例，通过深入分析该校"产教融合、校企共育、三段递进"人才培养模式及其精准扶贫模式在新时期的转型拓展，总结归纳了职业教育服务乡村振兴的双元机制与双重面向。研究发现，职业学院一方面可以通过"专业人才供给制"培养全日制专业技能技术人才，助力乡村振兴；另一方面可以通过"全纳教育帮扶制"与多方主体分工协作开展各类非学历职业培训项目，短时高效地为乡村振兴培养各类所需人才。两个机制分别对应职业教育"教育性"与"社会性"的二分概念属性，二者主辅作用，交叉运行，相互补充，可共同助推职业教育服务乡村振兴战略全面有效实施。

关键词 职业教育 乡村振兴 产教融合 人才供给 非学历培训

---

* 李彩虹，清华大学公共管理学院社会创新与乡村振兴研究中心助理研究员。

一、职业教育助力乡村振兴的背景分析

（一）乡村振兴面临的人才困境

乡村振兴，人才是关键，人力资源是乡村振兴迫切需要解决的短板问题。20世纪80年代以来，伴随着工业化和城市化的快速推进，农村适龄劳动人口对土地的依赖性明显下降，越来越多的农村人选择进城谋求发展，特别是青壮年人群的劳动力转移，造成了农村人才长期处于"失血""贫血"状态，已不能满足现代农业农村发展的需求。[①] 加之"离农"教育价值观的长期盛行，农村知识精英大量涌向城市，加剧了农村优秀人才的流失[②]，农村人才资源愈发匮乏。长期以来，单向的人口流动格局导致农村出现了严重的"空心化"问题，表现为农村人口、地理、经济、社会甚至是文化等多个层面的"空心化"，乡村发展缺乏有效的主体，农业生产功能大大弱化，以熟人社会为纽带的乡土社会渐趋解体，乡村治理能力逐渐式微。城市对于农村的"虹吸效应"引发了我国农村社会走向全面凋敝的局面。[③][④][⑤]

进入新发展阶段，全国全面推进乡村振兴，加快农业农村现代化，乡村人才供求矛盾更加凸显，乡村人才总体发展水平与乡村振兴的要求之间还存在较大差距。[⑥] 乡村振兴不仅需要大量劳动力，更需要高素质的农业实用人才与农村治理人才。目前，农业专业技术人才总量占全国人才资源总量较低，缺口仍然很大；涉农实用型人才以初中以下文化程度为主，具备农民技术资格、职业技术资格的人才数量偏少；涉农人才结构主要以经

---

① 蒲实、孙文营：《实施乡村振兴战略背景下乡村人才建设政策研究》，《中国行政管理》2018年第11期。

② 邬志辉、杨卫安：《"离农"抑或"为农"——农村教育价值选择的悖论及消解》，《教育发展研究》2008年第Z1期。

③ 祁占勇、王志远：《乡村振兴战略背景下农村职业教育的现实困顿与实践指向》，《华东师范大学学报（教育科学版）》2020年第4期。

④ 李博：《乡村振兴中的人才振兴及其推进路径——基于不同人才与乡村振兴之间的内在逻辑》，《云南社会科学》2020年第4期。

⑤ 徐小容、李炯光、苟淋：《产业振兴：职业教育与乡村产业的融合机理及旨归》，《民族教育研究》2020年第3期。

⑥ 《〈关于加快推进乡村人才振兴的意见〉解读》，平顶山市人民政府官网，2021年12月30日，http：//www.pds.gov.cn/contents/31766/287531.html。

营型、生产型人才为主，技术带动型、科技服务型、社会服务型人才不足，这与发达国家相比存在明显差距；① 城市人才少有意愿进入农村工作，即便进入也难以留下来，涉农人才队伍流动性较大；农村外流劳动力一旦"走出去"往往"回不来"，乡贤群体回流难度更大。② 由此可见，在乡村振兴的过程中，农村内生与外源人才均远远不足，涉农人才的数量和质量都亟待提升，人才培养、引入与"水土保持"机制皆不健全。

2021 年 2 月，中共中央办公厅、国务院办公厅印发了《关于加快推进乡村人才振兴的意见》，着力解决乡村中青年、优质人才持续外流，人才总量不足，结构失衡，素质偏低，老龄化严重等突出问题③，坚持把乡村人力资本开发放在首要位置，大力培养本土人才，引导城市人才下乡，推动专业人才服务乡村，全力打造各类人才支持服务乡村的整体格局④。职业教育作为跨界融合的教育类型，不仅能最大程度地发挥人力资本的外溢效益，还能提升农村地区整体生产要素的利用效率，成为乡村振兴战略格局中快速开发农村地区人力资本、释放人口红利的最佳选择。⑤

（二）职业教育与乡村振兴的稳定耦合及前期探索

作为社会扶贫系统工程中的重要组成部分，职业教育曾经在助力打赢脱贫攻坚战中发挥了不可替代的重要作用，其扶贫成效显著、见效快，堪称教育扶贫的"排头兵"。进入发展的新时期，职业教育还将继续在助力巩固脱贫攻坚成果和助力全面实施乡村振兴战略的新征程中大有可为、大有作为。⑥ 2018 年，《中共中央　国务院关于实施乡村振兴战略的意见》⑦和《乡村振兴战略规划（2018-2022 年）》⑧ 先后出台，均提出要大力发

---

① 冯超、孟宪生：《涉农人才培养短板在哪》，《人民论坛》2019 年第 21 期。

② 罗俊波：《推动乡村振兴需补齐"人才短板"》，《人民论坛》2018 年第 30 期。

③ 《〈关于加快推进乡村人才振兴的意见〉解读》，平顶山市人民政府官网，2021 年 12 月 30 日，http：//www.pds.gov.cn/contents/31766/287531.html。

④ 中共中央办公厅　国务院办公厅：《关于加快推进乡村人才振兴的意见》，中华人民共和国中央人民政府官网，2021 年 2 月 23 日，http：//www.gov.cn/xinwen/2021-02/23/content_5588496.htm。

⑤ 朱德全、杨磊：《职业教育服务乡村振兴的贡献测度——基于柯布-道格拉斯生产函数的测算分析》，《教育研究》2021 年第 6 期。

⑥ 鲁昕：《职业教育在乡村振兴中大有可为》，《乡村振兴》2021 年第 9 期。

⑦ 《中共中央　国务院关于实施乡村振兴战略的意见》，中华人民共和国中央人民政府官网，2018 年 2 月 4 日，http：//www.gov.cn/zhengce/2018-02/04/content_5263807.htm。

⑧ 《中共中央　国务院印发〈乡村振兴战略规划（2018-2022 年）〉》，中华人民共和国中央人民政府官网，2018 年 9 月 26 日，http：//www.gov.cn/zhengce/2018-09/26/content_5325534.htm。

展面向农村的职业教育，实施新型职业农民培育工程，支持新型职业农民通过弹性学制参加中高等农业职业教育，满足乡村产业发展和振兴需要。2019 年，国务院颁布《国家职业教育改革实施方案》，明确回应了乡村振兴战略的发展需求与规划，职业教育特别是中等职业教育要"服务乡村振兴战略，为广大农村培养以新型职业农民为主体的农村实用人才"①。2022 年 5 月，《中华人民共和国职业教育法》颁布实施 26 年来首次大修，不仅预示着职业教育的整体面貌即将发生格局性变化②，也必将为职业教育面向农村开展农业技能及创业就业培训、培养高素质乡村振兴人才③提供前所未有的历史契机和黄金发展期。

　　服务乡村发展是职业教育自身的历史传承，面向乡村办学是职业教育发展的重要方向，融入乡村振兴是职业教育改革的使命担当，从这个意义上说，积极、主动、充分地融入乡村振兴，是职业教育改革发展的必由之路。④ 朱德全和杨磊（2021）的研究表明，2007~2018 年职业教育投入对乡村振兴具有高回报率，整体贡献率高达 16.19%，显著高于农村居民固定资产投入和农村劳动力投入，主要原因是职业教育的价值定位与乡村振兴存在高度的耦合性。乡村振兴的最终实现，离不开职业教育的功能支持与帮扶。作为与经济发展联系最为紧密的教育类型，职业教育可直接或间接地作用于乡村振兴，有效推进乡村供应链、价值链与创新链的"三链同构"，推动建设具有中国特色的现代乡村社会体系。同时，职业教育的最终崛起，也离不开乡村振兴的实践检验与反馈。⑤

　　党的十八大以来，我国职业教育参与扶贫和帮扶事业总体上经历了"输血式扶资""造血式扶智""内生式扶志"三个阶段——在扶贫理念上，注重物质扶贫转向精神扶志；在扶贫方式上，注重从"输血送血"到"养血造血"；在扶贫机制上，从政府救济到校企合作、产教融合。⑥ 职业

---

　　① 《国务院关于印发国家职业教育改革实施方案的通知》，中华人民共和国中央人民政府官网，2019 年 2 月 13 日，http：//www.gov.cn/zhengce/content/2019-02/13/content_5365341.htm。

　　② 《职业教育发生格局性变化——党的十八大以来我国职业教育改革发展纪实》，中华人民共和国教育部官网，2022 年 5 月 27 日，http：//www.moe.gov.cn/jyb_xwfb/xw_zt/moe_357/jjyzt_2022/2022_zt09/03zyjy/202205/t20220527_631280.html。

　　③ 《中华人民共和国职业教育法》，中华人民共和国中央人民政府官网，2022 年 4 月 21 日，http：//www.gov.cn/xinwen/2022-04/21/content_5686375.htm。

　　④ 吴一鸣：《乡村振兴中职业教育的"角色"担当》，《现代教育管理》2019 年第 11 期。

　　⑤ 朱德全：《乡村"五大振兴"与职业教育融合发展》，《民族教育研究》2020 年第 3 期。

　　⑥ 李强：《十八大以来我国职业教育扶贫核心议题与发展愿景——基于 CiteSpace 知识图谱的可视化分析》，《成人教育》2022 年第 5 期。

教育作为一种以技术性、应用型为导向的教育类型，兼顾"职业性"和"生计性"的扶贫功能，在精准扶贫战略推进过程中，发展为一种生计式扶贫教育，是激活贫困地区经济活力、促进贫困地区产业结构转型升级以及满足贫困人口精神需求的内在动力，在教育扶贫攻坚中发挥了主渠道的作用，也是成效最为显著的扶贫方式之一。①② 进入乡村振兴阶段，教育精准扶贫与乡村教育振兴既有相同点也有相异之处，乡村教育振兴是教育精准扶贫的战略升级，是巩固脱贫攻坚成果与乡村振兴有效衔接的重要抓手，担负着保持固脱防返稳定状态到开创振兴发展局面的重要衔接点功能。③④

目前，职业教育还存在内涵式发展不充分、管理体制机制不健全、教育体系开放融通性不高等问题，职业教育的歧视性偏见在一定程度和范围内依然普遍存在，人才培养的学历化、学科化倾向较为严重，职业教育与产业、市场、社会的需求还欠融合⑤，尤其"跳农门"思想长期蔓延导致职业教育服务乡村的培养目标发生偏移，"离农"的职业教育价值取向亟待调整⑥。面对脱贫攻坚与乡村振兴有效衔接的新形势，职业教育既要抓住发展机遇，也要正面迎接挑战，积极探索职业教育参与乡村振兴的新方法、新模式和新样态，逐步推进职业教育的"适农"和"为农"转向，助力乡村振兴战略全面展开。

二、广东碧桂园职业学院的教育体系与办学特色

（一）广东碧桂园职业学院简介

广东碧桂园职业学院是由碧桂园集团董事局主席杨国强先生、联席主

---

① 滕春燕、肖静：《职业教育精准扶贫的现实要义、原则及发展指向》，《教育与职业》2017 年第 23 期。

② 蒋昌忠：《论职业教育在教育扶贫攻坚中的主渠道作用》，《中国职业技术教育》2019 年第 21 期。

③ 李芳：《职业教育固脱防返的内在逻辑与政策框架——基于"三区三州"的调研》，《教育发展研究》2021 年第 11 期。

④ 张地容、杨丹、李祥：《从精准扶贫到乡村振兴：十八大以来乡村教育发展的政策表达、基本经验与未来路向》，《天津市教科院学报》2022 年第 2 期。

⑤ 杨小敏：《精准扶贫：职业教育改革新思考》，《教育研究》2019 年第 3 期。

⑥ 祁占勇、王志远：《乡村振兴战略背景下农村职业教育的现实困顿与实践指向》，《华东师范大学学报（教育科学版）》2020 年第 4 期。

席杨惠妍女士建立的广东省国强公益基金会投资创办，经广东省人民政府批准、教育部备案、广东省教育厅主管的一所民办全日制普通高等学校。学校于 2013 年 9 月选址广东省清远市，2014 年 9 月正式落成并开学。建校之初，为响应国家精准扶贫战略，碧桂园职业学院面向贫困学子进行招生，并全额资助贫困学生的学习及生活费用，助力他们"一人成才，全家脱贫"，从而实现源头扶贫、阻断贫困代际传递的办学目标。2019 年，伴随全国脱贫攻坚即将取得全面胜利，针对贫困生源逐年减少的现状，学校开始尝试招收部分非贫困生。2021 年，碧桂园职业学院全面放开生源，实施普通招生，办学性质由纯慈善属性转为非营利性，参照公办学校标准收取学费，同时设立奖助学金、绿色通道、助学贷款等制度和办法，继续资助家庭经济困难需要帮助的学生。

广东碧桂园职业学院依托碧桂园集团的产业结构资源，设置专业和课程，并对接粤港澳大湾区智能制造、管理的产业发展新要求，适时调整专业结构及布局，旨在培养兼具智能技术应用能力的建筑类、管理类技术技能人才，将学校建设成为民办高职教育体制机制改革的引领者。目前，学院设有机器人技术系、智能建造工程系、智慧管理与服务系、教育与艺术系四个教学系，开设了智能控制技术、智能机器人技术、建筑工程技术、建筑装饰工程技术、工程造价、园林工程技术、酒店管理与数字化运营、现代物业管理、连锁经营与管理、学前教育 10 个高职专业。截至 2022 年 7 月，碧桂园职业学院共有教职员工 220 人，全日制在读学生 1929 人，建校八年来累计招生 4109 人，培养毕业生 2383 人，其中贫困学生 2048 人，这些贫困学子绝大多数为家庭第一代大学生，初次就业薪酬水平名列全省同类院校前列，极大地推进了贫困学生家庭的脱贫进程，有力地推动了乡村振兴战略在广东省的落地落实。①

（二）"产教融合、校企共育"的人才培养模式

目前，我国技术技能人才培养供给侧与产业需求侧的不匹配现象依旧突出，结构性失业问题成为制约经济社会可持续发展的隐患。究其原因，教育链、人才链、产业链、创新链的脱节是导致我国人力资源供给水平不高的重要因素。2017 年 12 月，国务院印发了《关于深化产教融合的若干意见》，明确提出"深化产教融合，促进教育链、人才链与产业链、创新

---

① 此段数据均来自"广东碧桂园职业学院"提供的内部资料。

链有机衔接，是当前推进人力资源供给侧结构性改革的迫切要求。"① 可见，深化职业教育产教融合，助力人才资源供给侧改革，已经成为新时期职业教育内涵式发展的重要命题。②

广东碧桂园职业学院以培养"基层一线管理干部或技术骨干"为人才培养目标，全力打造培养"会做人会做事""对人好对社会好""用人单位抢聘"的高素质技术技能人才基地。2015 年 5 月，"广东碧桂园职业学院校企共同办学理事会"揭牌成立，2017 年进一步升级为"碧桂园集团校企共同办学理事会"，由集团董事会联席主席杨惠妍任理事长，集团主管人力资源的副总裁和学院院长任执行理事长，各子公司总经理任副理事长。此后，碧桂园集团和"共同办学理事会"先后出台了《碧桂园集团校企共同办学理事会工作制度》《产教融合校企共育优秀企业、优秀部门、优秀导师评选办法》等 10 个校企共育管理文件，进一步规范理事会内部管理和办事程序，强化对企业育人工作的可量化性及科学性评价，调动企业导师的积极性，构建了"集团领导重视—高管直接推动—校企共同落实"的产教深度融合的运行机制，形成了集团高层决策、集团层面出台制度文件、旗下企业"一把手"推动落实、企业高管对接执行的校企共育产教深度融合格局③，实现了教育链、人才链和产业链的有机衔接，从而在体制上解决了长期横亘在职业教育改革中"校企两张皮"的痛点问题。

在"倾集团之力支持职业学院"④ 的方针指导下，碧桂园集团将丰富的人、财、物产业资源、职业教育应用场景和企业真实工程案例，不断融入学校人才培养全过程，持续打造校企共建共享生产型实训基地，实现了校企在知识、技术、工艺、设备、师资和课程资源等方面的全链条、全方位无缝对接和共享⑤。学院"产教融合"的培养模式将教学主体由单一的学校主体转变成校企双元主体，教学环境由学校延伸拓展到企业，教学组

---

① 国务院办公厅：《关于深化产教融合的若干意见》，中华人民共和国人力资源和社会保障部官网，2017 年 12 月 20 日，http://www.mohrss.gov.cn/SYrlzyhshbzb/dongtaixinwen/shizhengyaowen/201712/t20171220_284399.html。

② 郝天聪、石伟平：《从松散联结到实体嵌入：职业教育产教融合的困境及其突破》，《教育研究》2019 年第 7 期。

③ 《高等职业教育质量年度报告（2022）》，广东碧桂园职业学院官网，2021 年 11 月 30 日，http://125.89.147.168：82/static/pdf/2022nb.pdf。

④ 《关于发布〈加强"产教融合、校企共育"人才培养工作实施办法〉的通知》，广东碧桂园职业学院官网，2019 年 7 月 8 日，https://www.bgypt.edu.cn/xingz/chanxueyanhezuo/zhiduwenjian/2019-07-08/8505.html。

⑤ 此段数据均来自"广东碧桂园职业学院"提供的内部资料。

织形式由传统班级管理扩展到企业、专业、学习小组的管理形式，教学内容由理论知识扩展到实操技能等①，从"进口"到"出口"全面实现了学校和企业在人才培养方面的深度融合。碧桂园职业学院这一办学模式和特色推广辐射到了粤桂地区甚至全国，获得中央电视台、《人民日报》等多家主流媒体报道300余次，广受好评，对于探索健全以企业为重要主导、高校为重要支撑、产业关键核心技术攻关为中心任务的高等教育产教融合创新机制发挥了重要的引领作用。

（三）"三段递进"的教学组织改革

碧桂园职业学院围绕智能建造产业基层技术骨干人才三级培养目标，按照"3+1+2"学期，实施校企共育"厚德筑基—分岗专修—实岗综训"三段递进的人才培养改革。

第一段（1~3学期）：厚德筑基。学院将员工职业素养引入思政教学和企业认知，厚植学生思想品德、职业品行和家国情怀；同时将专业平台课程融入智能建造发展新技术，并依据专业岗位群对技术技能的需求变化整合课程内容，培养学生专业岗位群基础能力。

第二段（4学期）：分岗专修。引入企业真实项目开发课程包，根据企业岗位分岗设课，专门培养学生完成单一岗位的专业综合能力，每个专业设2~3个不同的岗位，供学生个性化选择。

第三段（5~6学期）：实岗综训。围绕智能建造施工技术主管、智慧管理基层干部等岗位，由350名企业导师参与开发岗位职务能力提升课，设立了"企业教室"，以集中授课方式解析共性问题，以企业真实生产问题确定毕业设计选题，由企业主导实践考核，解决了产教脱节、应届毕业生岗位职务胜任力弱的问题。②

"碧桂园集团校企共同办学理事会"建立了产业大企业集团最大化深度全程参与人才培养运行机制，确立了"岗位群专业基础能力—单一岗位（员级）能力—单一岗位（主管级）能力"的三段递进人才培养目标体系，重构了三阶段课程体系与教学标准，实践推广了以培养岗位职务能力为主线的名企主导、三段递进的校企共育人才培养模式。这一教学组织形式改革深度实现了"产业"与"教育"在中观和微观层面的融合，即产

---

① 孙明霞：《"产教融合、校企共育"背景下高校思想政治理论课教学改革探索与实践——以广东碧桂园职业学院为例》，《福建教育学院学报》2018年第1期。

② 此段数据均来自"广东碧桂园职业学院"提供的内部资料。

业部门和教育部门在办学体制上的产教结合及教育教学过程同生产（经营、服务）过程在教学体制上的产教融合，有利于破除职业教育产教脱节的桎梏，可推进高等职业教育内涵发展逻辑与产业需求更迭在共同发展中获得双赢①②，最终促进人才培养供给侧和产业需求侧结构要素全方位融合，对于在新形势下全面提高教育质量、扩大就业创业、推进经济转型升级、培育经济发展新动能具有重要意义。

三、学历教育服务乡村振兴的"专业人才供给制"

自 1997 年设立"仲明大学生助学基金"伊始，碧桂园集团就开启了民营企业响应国家战略需求积极参与扶贫与帮扶事业的探索之路。集团明确"做党和政府扶贫工作的有益补充"的角色定位，先后历经"教育扶贫起步""整村扶贫试点与扩散""扶贫模式迭代升级"三个扶贫阶段，在脱贫攻坚时期形成了以党建扶贫扶志、产业扶贫扶富、就业扶贫扶技、教育扶贫扶智为主体，辅以自选扶贫措施的"4+X"精准扶贫模式。进入乡村振兴阶段，碧桂园集团将继续提升并完善帮扶策略与机制，在"1+5+X"的统筹战略规划下，以党建为引领，全面推进乡村产业、生态、人才、组织、文化振兴，以人才和文化为载体寻求破解城乡二元结构、实现融合发展的新路径，助力巩固拓展脱贫攻坚成果同乡村振兴有效衔接，助推乡村振兴战略在广袤农村生根、开花、结果。

广东碧桂园职业学院作为碧桂园集团及国强公益基金会创办辖属的教育帮扶机构，在精准扶贫时期深度参与对于贫困学子的学业资助和就业帮扶，成功探索出中国扶贫战略中一种标本兼治、有效的教育扶贫模式③。进入脱贫攻坚与乡村振兴衔接与转型的新时期，学院面向粤港澳大湾区产业升级和技术发展的新需求，继续贯彻落实乡村振兴战略，助力农业农村高质量发展，扎实稳妥推进乡村建设和发展。我们将其创新帮扶模式与机制总结如下，以促进职业院校互学共鉴，加以推广。

---

① 何介雄：《简论"产教结合"》，《教育与职业》1993 年第 6 期。
② 李梦卿、刘博：《高职院校深化产教融合的价值诉求、现实困境与路径选择》，《现代教育管理》2019 年第 3 期。
③ 广东碧桂园职业学院：《"产教融合、校企共育"慈善教育模式开辟职教扶贫新道路》，载《中国教育扶贫典型案例 100：打赢脱贫攻坚战的教育扶贫创新探索与实践》，江西人民出版社，2022 年。

（一）贫困代际传递之教育阻断功能持续发力

广东碧桂园职业学院在 2021 年转型为非营利属性之前，是全国唯一一所专招贫困家庭学子的全免费、纯慈善高等院校，实行全额资助贫困生学费、教材费、食宿费、服装费、床上用品费、学习用品费并补助寒暑假探亲往返路费的政策，致力于扶助这些贫困学子顺利完成学业、成才立世，从而帮助家庭消除贫根。办学性质转型为非营利属性并扩大招生范围之后，学院新增了校内奖助学金、勤工助学、绿色通道、助学贷款等一系列资助制度和管理办法，2021 年已完成对 672 名学生的家庭贫困认定，继续帮扶经济困难学生求学增智习技。

截至 2022 年 7 月，碧桂园职业学院累计招生 4109 人，其中贫困家庭学生 2048 人，这些贫困学子 99% 是家庭第一代大学生。2017～2021 年，学院连续五届毕业生就业率近 100%，就业对口率达 95.0% 以上，其中 79.6% 的毕业生在世界 500 强企业就业，毕业即成为企业基层一线管理干部或技术骨干的占比高达 77%。据统计，碧桂园职业学院五届毕业生的平均起薪点为 5500 余元，月薪过万的优秀毕业生占比 5.1%[1]，历届毕业生初次就业率和薪酬水平在广东省高职院校名列前茅，2018 届、2019 届毕业生平均薪酬位列全省高职院校第四名，在民办高职院校中排名第一，2020 届、2021 届毕业生平均薪酬均跃居广东省高职院校第一名，切实达成了碧桂园职业学院"万元月薪高薪就业，一人成才全家脱贫，阻断贫困代际传递"的办学目标。[2]

进入全面推进乡村振兴的新阶段之后，广东碧桂园职业学院仍将困难家庭学生作为主要的招生对象，通过招生帮扶减轻困难家庭经济压力，帮助经济困难学生轻装上阵，接受良好的职业教育，通过习得一技之长，增强致富本领，实现一人高质量就业带动全家增收脱贫。[3] 而碧桂园集团倾力支持、碧桂园职业学院不断探索创新而成的"产教融合、校企共育、三段递进"的人才培养模式便是实现这一帮扶目标的根本保障和支撑，该模式将教育与产业、教育与创新、教育与专业人才培养、教育与就业、教育与高薪有机结合起来，不仅解决了困难家庭学子读书深造的经济窘境，而

---

[1] 《高等职业教育质量年度报告（2022）》，广东碧桂园职业学院官网，2021 年 11 月 30 日，http：//125.89.147.168：82/static/pdf/2022nb.pdf。

[2] 此段数据均来自"广东碧桂园职业学院"提供的内部资料。

[3] 王嘉毅、封清云、张金：《教育与精准扶贫精准脱贫》，《教育研究》2016 年第 7 期。

且锻造了他们从事建筑、管理服务、智能建造等行业的扎实职业技术技能和可持续发展的专业能力，毕业后大多可获聘施工主管、造价主管等企业基层管理干部或技术骨干职位，通过高薪就业助其家庭阻断贫困代际传递。这一帮扶路径不仅是脱贫攻坚时期精准扶贫、根治贫困的成功之路，也可巩固拓展脱贫攻坚成果同乡村振兴有效衔接，大大降低农村脱贫家庭的返贫风险，成为乡村振兴阶段帮扶弱势家庭增收致富、同心协力建设共同富裕社会的重要途径和方式。

（二）困难学子返乡：乡村组织振兴的人才"蓄水池"

乡村要振兴，人才振兴是关键。要达到产业兴旺、生态宜居、乡风文明、治理有效、生活富裕的总体要求，关键要培养造就一支懂农业、爱农村、爱农民的"三农"工作队伍，成为农村的领导者和引导者，才能带领群众投身乡村振兴事业，适应农村经济发展的新形势，促进农民增收和以创业带动就业，助推乡村振兴战略的实施。[①] 陈亮等（2020）认为，职业教育与乡村组织之间存在要素、结构、功能的三重耦合关联，职业教育对乡村组织振兴大有可为，但在现实情境中也遭遇着动力不足、能力不行、保证不够等困难。值得肯定的是，碧桂园职业学院以慈善教育为基，着力扶贫扶志，培养贫困家庭子女学成就业，不仅助力个人实现了全家脱贫的梦想，而且这些学成就业的孩子毕业之后，为数不少的职院学子延续了扶贫的精神，义无反顾走上扶贫之路，反哺家乡，扎根乡土，完成了从"受助者"到"助人者"的华丽转身。这表明广东碧桂园职业学院在培养乡村治理人才、服务乡村组织振兴的格局中率先迈出了可喜的一步，通过自主探索创新了乡村组织振兴的人才培养制度与人才振兴的服务保障机制，可供借鉴。

案例 1：许俊煌，籍贯广东省梅州市，广东碧桂园职业学院 2018 届建筑工程专业毕业生，属学院贫困资助生。毕业之际，许俊煌放弃了留在碧桂园集团旗下建筑企业的就业机会及优厚的薪酬待遇，毅然选择进入集团扶贫体系的广东乡村振兴项目部工作。2018 年 3 月，经过了两轮面试，许俊煌最终如愿成了一名企业驻村帮扶干部，来到了英德市连江口镇连樟村。三年来，许俊煌与驻村工作队、村委干部一同在村子里吃住。每天，他都骑着小电动车在村子里各个项目间跑来跑去，从雨污分流系统、道路

---

① 伍国勇、鲁莎莎：《乡村振兴关键要培养懂农业、爱农村、爱农民的人才队伍》，光明网，2021 年 12 月 11 日，https://m.gmw.cn/baijia/2021-12/11/35374268.html。

一体化，到乡村振兴学院选址规划，村里各个角落都有他的身影。现在的连樟村，一度堵塞的河流变为了碧道，村里有了农家乐和商业街，2019年底村里的贫困户全部达到了脱贫标准顺利脱贫，许俊煌是变化的见证者，也是亲历者①。连樟村的帮扶工作结束后，许俊煌选择回归家乡梅州丰顺县，继续组织开展帮扶项目，竭力为家乡做点事情。两年前，许俊煌夫妇与连樟村的几位扶贫同事一起举办了集体婚礼，立志继续驻村，扎根乡土，不断探索碧桂园可造血、可复制、可持续的乡村振兴之路，奋力开创全面推进乡村振兴的新局面。

"很多人问我为什么当初要选择驻扎在农村扶贫，而且会一直坚持下去。我不是对专业岗位不喜欢，而是感恩来自广东碧桂园职业学院对我三年的培养。影响我最深的是学校的校训'立志、修身、博学、报国'，还有毕业时签过一份《道义契约》。我记得有这样一句话：永怀回报社会的爱心，将来在自己有能力的时候，积极扶贫济困，传承发扬碧桂园学院倡导、践行的爱心与精神。我们接受高等教育的目的，是为了家乡摆脱贫困，而不是为了摆脱贫困的家乡。我要不忘初心，时刻谨记自己是碧桂园扶贫干部的身份，谨记自己是碧职院的学子，将良心、奋斗和感恩作为人生信念，用自己的实际行动践行对人好、对社会好。"②

案例 2：王志为出生在英德市石灰铺镇的一个农村家庭，家里两兄妹，靠父母种田和打散工维持生活，虽然说不上富裕，但也不愁三餐。然而，在他初中的时候，母亲突然患上恶疾，为了给母亲治病，王志为一家花光了所有积蓄，还欠下不少的债，原本并不富裕的家庭顿时陷入了贫困。2014 年高考，王志为的成绩并不理想，此时的他一心只想早点出来打工帮补家计。所幸天无绝人之路，得知广东碧桂园职业学院的招生信息后，王志为通过高考、面试和学业考试等综合考评，终于被录取了，就读工程造价专业。2016 年，王志为因大学社会实践活动来到了英德市西牛镇树山村，协助碧桂园集团的扶贫人员开展帮扶工作。"虽然工作内容只是帮忙打杂，但却感触无比深刻。"这是王志为第一次接触公益、扶贫，他第一次直观认识到，原来还有许多家庭情况比自己家还贫困，还有许多的家庭需要帮助。毕业那一年，刚好遇上广东省国强公益基金会的校园招聘，王志为没有犹豫，报名应聘，并通过层层面试，成为基金会的一员，从一

---

① 《"90后"党员许俊煌：连樟村里的"青春火焰"》，人民资讯网，2021 年 7 月 26 日，https://baijiahao.baidu.com/s? id＝1706311695475743887&wfr＝spider&for＝pc。

② 此处资料来自"广东碧桂园职业学院"提供的内部资料。

名"受助者"变成一名"助人者"。第一次工作的王志为回到了熟悉的树山村，负责村里的工程项目建设。因为在农村长大，也懂得客家话，他很快和村民们打成一片。参加扶贫工作四年多来，王志为扶贫的足迹遍布了清远市英德树山村、清新西尾村，韶关市黄塘村、南雄丰源村，肇庆市德庆四村村等地①，感触最深的一是乡村环境的变化，二是贫困户思想的转变。2020 年 5 月，王志为的家在政府和碧桂园集团的帮扶下也实现了脱贫，"现在妹妹已经大学毕业，准备当一名老师，大家的日子都会越来越好。很感谢碧桂园给予的平台和机会，不仅圆了我的大学梦，还让自己有幸参与到精准扶贫和乡村振兴的事业中。"②

像许俊煌和王志为这样来源于乡土又反哺家乡的贫困学子，在广东碧桂园职业学院并非个案。他们富有学识，专业技能、开阔视野与振兴乡村的坚定信念，既注重知识力和生产力的提升，又重视治理力和组织力的增强，熟知农村实际情形，又深得农民群众的信任，是碧桂园职业学院培养的深扎乡土、全力助推乡村振兴不可或缺的基层干部和宝贵的人才资源。他们通过内源性的"扶志""扶心"与"扶智"可实现帮扶村庄及对象在"志、心、智、资、业"的逻辑统一与整合协调发展③，有利于推动农村"空心化"治理，形成"农业全面升级、农村全面进步、农民全面发展"的乡村治理新格局。

（三）"专业人才供给制"的概念提炼及特征

朱成晨和闫广芬认为，职业教育作为一种横跨"职业域""技术域""教育域"与"社会域"的教育类型，就其本质和规律而言，主要表征为四重价值属性：指向社会发展的"人力性"、社会与人力发展的"职业性"、职业发展的"技术性"及技术发展的"教育性"。在"人力性"与"职业性"上，职业教育的专业覆盖社会职业的方方面面，不仅通过学校教育向社会输出各级各类技能型人才，还通过其功能外化表征的教育培训服务，为社会发展提供人力资源支持，通过培养"职业人"为社会发展服

---

① 《授人以渔，根治贫困——广东碧桂园职业学院教育扶贫的成功实践》，广东碧桂园职业学院新闻网，2021 年 2 月 8 日，https：//www.bgypt.edu.cn/xinwen/xueyuanyaowen/2021-02-09/11234.html。

② 《碧桂园扶贫人王志为：从"受助者"变成"助人者"》，凤凰新闻网，2019 年 11 月 21 日，https：//ishare.ifeng.com/c/s/7rmTUs4besk。

③ 朱成晨、闫广芬、朱德全：《乡村建设与农村教育：职业教育精准扶贫融合模式与乡村振兴战略》，《华东师范大学学报（教育科学版）》2019 年第 2 期。

务；而在"技术性"和"教育性"上，职业的发展对应"职业人"的培养，"职业人"的养成必然需要相应技术与技能的支持，不仅技术的外在更迭与传承需要职业教育的支持与实现，技术的内在理性也需要职业教育去挖掘和转换。四重价值属性表征的逻辑前提是："职业"需要"技术"，"技术"需要"教育"，而"职业""技术"和"教育"主要依附"人"实现其功能，功能作用的对象又指向"社会"。[①]

因此，就本质内涵与外延的划分而言，我们认为"人力性"和"职业性"实为职业技术教育的扩展性外延，是对应社会现象与实践领域具有伸缩弹性的概念边界，而"技术性"和"教育性"才是职业教育的本质内涵，它是界定职业技术教育目的、教学目标、课程系统和教学系统的根本标尺与基准。以此观之，广东碧桂园职业学院的全日制学历教育无论是通过培养专业技能技术人才、增值其人力资本而助力贫困家庭脱贫致富，还是全面赋能困难家庭学子反哺家乡、助力乡村振兴，都可视为职业教育本质内涵之"技术性"和"教育性"派生出来的特定教育制度服务乡村振兴、参与乡村治理的专业人才供给制。这一人才培养机制是职业教育服务乡村振兴战略本质核心的内容及推动媒介与抓手，具有直接性和不可跨越性的特征，可最为直观、有效地为全面推进乡村振兴提供人才资源、智力支持和组织保障，是职业教育助力乡村振兴战略最为内核且显性、最需依赖和发展的乡村人才培养与振兴的体制机制，也为其他职业教育人才振兴机制的建构与发展提供参照典范。

目前，碧桂园职业学院直接服务于乡村发展的全日制学历教育专业人才培养机制尚处于探索阶段，其课程和教学体系仍处于转型过程之中。在全面推进乡村振兴的战略格局中，职业教育如何秉持"为农"的价值取向，既要关注乡村居民的生存，坚持生计价值取向，又应关注乡村居民个体之存在教育，坚持生活价值取向，科学调整人才培养定位，培养切实符合农村区域经济发展需求的复合型人才，推动农业农村的现代化发展；[②]同时，将职业教育嵌入乡村地方社会经济文化中，重构职业教育的乡土气息，服务乡村社会村民和乡土社会的可持续发展，致力于促进村民对于乡土文化的理解，增进他们的乡土认同，从而推动乡村文明的持续传承，助

---

① 朱成晨、闫广芬：《精神与逻辑：职业教育的技术理性与跨界思维》，《教育研究》2020年第7期。

② 刘飞：《脱贫攻坚与乡村振兴有效衔接下的职业教育》，《教育科学论坛》2021年第9期。

力乡村振兴战略全面推进实施。[①]

四、职业培训赋能乡村振兴的"全纳教育帮扶制"

"专业人才供给制"彰显了广东碧桂园职业学院服务乡村振兴战略的一个面向，可视为职业教育助力乡村振兴的双元机制之一。职业教育之"教育性"与"社会性"的二分属性与概念界定，天然地蕴含了学历教育和职业培训的双重内容维度，也规定了职业教育赋能乡村振兴双元机制的基本内容。朱德全和杨磊（2021）认为，职业教育对乡村振兴具有高贡献率，一方面表现在通过招生就业从根本上阻断农村地区的代际贫困，另一方面是通过职业培训提升农村地区人力资本的体量和质量。乡村振兴最关键的是人的振兴，职业院校在农村地区开展职业培训，可以将农村剩余劳动力进行合理再分配，在为乡村地区提供直接人力资源的同时，还能扮演催化剂的角色，加速乡村振兴资源的优化配置。与"专业人才供给制"相比，职业院校通过非学历教育的职业培训服务并赋能乡村振兴的人才机制可归结为"全纳教育帮扶制"，其含义、特点及实践运行逻辑如下文阐释。

（一）非学历职业培训的项目及特点

广东碧桂园职业学院是碧桂园集团及国强公益基金会投资创办的一所民办全日制普通高等学校，积极响应国家战略和集团号召，在脱贫攻坚时期已经探索出了教育扶贫的有效模式和机制，多次入选职业教育精准扶贫与创新模式的典型案例。进入乡村振兴阶段，学院继续紧密配合集团服务乡村振兴的整体规划，以开展高层次、高水平、高质量、多元化的非学历继续教育、技能培训和各类社会服务工作为目标，多次与基金会下属的社会企业以及相关政府部门、企业协会等单位合作开展一系列乡村人才振兴培训工作，具体包括四类培训项目或班型。

第一，乡村创业致富带头人项目。学院联动"连樟村振兴学院""碧乡农业发展有限公司"，在省乡村振兴局、农业主管部门的指导下，开展多个乡村创业致富带头人培训项目，如"全国乡村创业致富带头人"项目和"乡村青年致富带头人"项目。通过产学研一体的培训，大力培育创业致富带头人、乡村振兴干部、农村创业创新型人才等，为破解城乡二元结

---

① 谢元海、闫广芬：《乡村职业教育的应然价值取向：生计、生活与生态——以乡村振兴战略为视角》，《教育发展研究》2019 年第 1 期。

构、实施乡村振兴战略提供智力支撑，为乡村振兴培育高素质人才。

第二，基层干部全面推进乡村振兴的培训项目。2022年6月，碧桂园职业学院承办了"碧桂园—粤桂协作首期广西基层干部全面推进乡村振兴（广东）专题培训班"，旨在促进粤桂两省持续协同推进"九大协作"，实现两地联动发展、互利共赢①。

第三，"高素质农民"专题培训项目。2021年，学院在碧桂园集团、基金会支持下，与乳源市农业农村局、武江区农业农村局、广东文生教育公司合作，举办了两期"高素质农民"主题培训班，通过系统的培训，激发了农村青年创造活力，提高创业兴业能力，为当地现代农业发展和乡村振兴提供了人才保障与智力支撑。

第四，广东省民生工程帮扶项目。例如，粤菜师傅培训、南粤助残培训计划、英德市精准扶贫铝模板培训等，通过"以培训促进就业，以就业带动培训"的方式，帮助农村弱势就业劳动力群体掌握一技之长，实现高薪就业和创新创业。②

"我们简单地说就是理论加实践、课堂加现场教学这样一种模式，每一种班型的时间长短也不太一样，比如说像那些'致富带头人'项目一般5~6天，涉及技术类型、要实训的，基本上是10~15天。其实这些都可以协调或者说协商，政府本身有这个需求，也是可以根据实际情况调整的，反正大概5~15天之间都可以有，要根据这个项目的学习目的或者需要掌握技能的熟练程度来定。"

——广东碧桂园职业学院梁主任访谈，2022年7月9日

统合来看，广东碧桂园职业学院开展的职业培训，多为短期班次，一至两周时间不等，通常采用集体教学的形式，培训内容综合立体地体现了多元、多样、全纳的社会教育的特点。第一，培训对象多元、数量众多。不仅包括农村基层干部、青年人才、新生代农民，还将农村弱势群体纳入帮扶对象的范围。第二，培训方法多样互补，大多包含理论学习和实践操练两个模块。专业理论学习大多采用讲授法进行教学，通常邀请政府部门领导、学者专家、高校教师、企业家或乡村振兴实践模范等现场授课；同时贯穿实地调研、项目路演、岗位操作等实践操作环节；两种学习方法交

---

① 《碧桂园—粤桂协作2022年首期广西基层干部全面推进乡村振兴（广东）专题培训班圆满结束》，广东碧桂园职业学院培训与职业技能鉴定中心网，2022年6月25日，https://www.bgypt.edu.cn/peixun/news/yaowen/2022-07-24/13608.html。

② 此段数据均来自"广东碧桂园职业学院"提供的内部资料。

互使用，两个教学环节交替进行，因课程目标不同而进行差异性配置。①
第三，培训目标广覆乡村振兴五大领域。四类培训项目不仅致力于培养乡村各类产业发展的带头人、农村生产经营人才和新型职业农民，将技术、项目、企业及资金等一系列生产要素因素引入乡村社会，全力助推乡村产业振兴，实现乡村生态的可持续发展，建立人与乡村和谐共生的文化生态；同时着重提升乡村基层干部的学历水平和治理能力，为乡村组织振兴提供量足质优的人力资源，打造充满活力、和谐有序的善治乡村；以集体培训为中介，各类乡村振兴培训班也在隐性地发挥着连接资源、搭建城乡互构之社会关系网络的作用，悄然建构着将城市和城镇各类人才引入乡村的平台，推动乡村人才振兴体制机制不断健全发展；最终通过提升以农民为中心的文化主体、激活乡村潜在的多元文化空间、挖掘基于乡村禀赋的文化产业等举措繁荣农民文化，推进乡村文化的全面振兴②。

因此，广东碧桂园职业学院具有"职业性"和"人力性"的非全日制社会培训已然探索出了一种全纳并包、协同并举、广泛帮扶、短时高效的职业教育服务乡村人才振兴的模式，与职业学历教育的"专业人才供给制"所呈现的长期培育、专业聚焦、专项供给、深度参与的特征明显不同，相互区别，由此命名为"全纳教育帮扶制"。这是碧桂园职业学院当前服务乡村振兴战略的主要人才输送路径，也是职业教育未来高效助力人才振兴、全力开拓乡村振兴格局可继续探索、深化的一种人才培养机制。

（二）"全纳教育帮扶制"的运行机制与实践逻辑

在广东碧桂园职业学院，专门负责乡村振兴职业培训的部门叫作"终身学习与培训学院"，它是职业学院的一个二级部门，最初由碧桂园"国良职业技术学校"融合衍变而来，现在成为碧桂园职业学院专项进行继续教育培训和对外社会服务的一个职能部门。碧桂园职业学院由碧桂园集团和国强公益基金会创办主管，紧承集团定位及民营企业的发展策略和社会使命，积极响应国家乡村振兴战略，在广东省主管部门领导下，全力承办"广东技工""粤菜师傅""南粤家政"三大民生工程和其他技师工人的培训项目，采用人才订单培养新型职业农民，将他们输送到定点合作企业或

---

① 此处关于职业教育培训特点的分析源自于对"广东碧桂园职业学院 培训与职业技能鉴定中心"所有新闻资讯的编码分析和归纳总结。

② 周永平、杨和平、杨鸿：《文化振兴：职业教育融合赋能机制构建》，《民族教育研究》2020 年第 3 期。

部门，为乡村产业发展与人才振兴提供丰富的人力资源支持。

"我们学校的基因肯定是从碧桂园集团上面继承下来的，我们为什么很积极地参与这种社会服务，从集团的层面来说，它是创始人社会责任和使命感的体现；从学校的角度来说，学校也是一个组织，是教育行业的一个机构，理所当然也会去承担这一块责任。另外，在中国，民办和公办的这种待遇肯定是有天差地别的，或者说是一种很微妙的角色，现在政府公正透明，决策也是科学合理的，我们相信学校在发展过程中结合实际参与一些力所能及的教育扶贫和人才培训服务，这也是一个共同进步的需求，或者说是一个发展的趋势。"

——广东职业技术学院梁主任访谈，2022 年 7 月 9 日

"我们学院在人才培训这块，其实更多的是借助高职院校的平台开展一些诸如广东特色的培训项目，我不知道您有没有听过'粤菜师傅工程''南粤家政'，还有'广东技工'，我们从 2019 年开始在基金会的支持下、省主管部门的指导下，就开展了这些培训项目……从这几大板块的联合就把农村一些就业无门或者说薪资水平比较低、本身没有多大技能技术水平的人培训出来，然后定点或者订单式输送给这些企业，让企业能够招到人，这些人也能够找到一个合适自己的工作岗位，这是一种双赢的模式。"

——广东职业技术学院梁主任访谈，2022 年 7 月 9 日

"我们响应国家乡村振兴的号召，以及省委、省政府提出了这几大工程之后，上面各级政府部门是要积极响应的，集团也是非常希望助力政府在这个板块做点工作。至于到底谁具体对接这个事情呢？我们也会去找政府，政府也会跟我们提这一块的意见，商量项目是不是可以一起做一下？政府和企业 1∶1 出资，整体上双方都有合作的需求；政府部门会审核我们的培训课程安排，每一期培训班都会有两三个带班的领导，是作为学员来体验，也是作为监督参与的一种角色全程跟进……人员是乡村振兴局挑的，因为他们有系统有渠道，只有他们才能直接面对到那批参训的学员，在开始培训之前，就可以了解到他们的一些需求……其实我们还是聘请外面的老师更多一点，由于对培训班质量的要求比较高，我们学校师资本身对这块经验不足，也不太知名，我们还是请广东比较出名的几所高校的一些二级学院的副院长、院长、博士生导师来给他们讲课。"

——广东职业技术学院梁主任访谈，2022 年 7 月 9 日

在非学历职业培训项目的运行过程中，实际存在着宏观、中观、微观

三个层面，显性与隐性并存的五大主体。首先，中央政府及广东省政府构成了宏观层面的主体，国家乡村振兴战略总方针和广东省民生工程的建设要求规定了民营企业履行社会责任的时代使命，它是处于碧桂园职业学院职业培训最为上位的政策指导。其次，地方政府是振兴乡村的责任主体，切实需要提升农民的生产技能和经营水平从而推动农村产业振兴和农业农村的现代化进程，他们是碧桂园职业学院承接职业培训位于中观层次真实、显性的"甲方"主体。而属地乡村振兴局、人力资源和社会保障局等行政部门则是链接"甲方"培训需求与"乙方"供给职能的一个中介性结构，微观而直接地承担着助推乡村振兴的具体任务，有力地推动各地举办各类培训活动，实施乡村振兴战略，提升乡村治理和发展的水平。再次，碧桂园集团及国强公益基金会是承接政策指导、进行社会服务的"乙方"主体，其代表性机构"碧桂园集团校企共同办学理事会"发布了多个管理文件，规范职业学院的办学方针、教育教学与人才培养的方向，但在该职业培训的逻辑链条中，集团和基金会并不直接承办培训班次或对接地方政府的人才振兴需求，实则身处中观隐性的功能角色。最后，广东碧桂园职业学院只有下沉至"终身学习与培训学院"，才是承办乡村振兴职业培训、全面助力振兴战略的显性"乙方"主体，具体承担着对接甲方的培训需求、制定培训计划、确定合作意向、外聘师资、组织培训、过程性评价、培训后反馈评估等一系列工作环节，实然性地扮演着培训承办者、组织者、执行者、评估对象、资源汇聚平台等多重复合型角色。

在巩固拓展脱贫攻坚成果同乡村振兴有效衔接的探索初期，广东碧桂园职业学院便迅疾响应国家号召，积极对接各级政府培训乡村人才的市场需求，明确自身的社会服务定位和功能，并在职业教育改革的时代背景下主动探索教育属性转型的方向，目前发展出了非学历教育五大主体在职业培训项目的不同环节相互作用、各居其位、彼此相扣、密切合作的乡村振兴服务模式。五大主体在服务角色上相互区分并互相补充，在功能作用上协力配合并前后相续，在项目运作中纵向贯通并横向延展，展现了职业教育非学历培训赋能乡村振兴的运行机制与实践逻辑，对于各地职业院校探索助力乡村振兴格局的机制模式提供了有益的经验和启示，未来对于提升职业培训质量、培养乡村振兴各类人才、开拓乡村振兴新局面也将继续发挥不可或缺的重要作用。

五、职业教育赋能乡村振兴双元机制的总结与建议

（一）"专业人才供给制"与"全纳教育帮扶制"的双重面向

广东碧桂园职业学院依托碧桂园集团的资金支持与资源链接，对接粤港澳大湾区智能制造产业发展的新需求，适时设置并调整专业结构和布局，在办学实践与孜孜探索中逐渐形成了校企共育共扶、产教深度融合的人才培养模式以及理论融合实践、三段递进的课程设置和教学组织形式，在一定程度上破解了职业教育领域长期存在的"校企两张皮"的问题，有力地推动了技术技能型人才资源的供给侧改革。在脱贫攻坚时期，广东碧桂园职业学院就秉持"慈善教育精准扶贫、万元月薪高薪就业、一人成才全家脱贫、阻断贫困代际传递"的办学目标，成功开辟了"慈善教育扶贫扶志、产教融合精准育人、一人成才全家脱贫"的职业教育精准扶贫模式①，助力贫困学子成才就业，从而帮助贫困家庭有效地阻断了代际贫困。

进入巩固脱贫攻坚成果与乡村振兴有效衔接期，广东碧桂园职业学院全力顺应职业教育进行体制改革与服务乡村振兴的时代需求，紧承碧桂园集团的乡村振兴统筹战略规划，已经探索发展出了服务乡村振兴的双元机制与双重面向（见图1）。一方面，学院持续推进全日制教育教学体制的创新和改革，多元化教育帮扶举措，旨在促进职校毕业生高薪就业，助推代际贫困之教育阻断机制持续发力，有效防止了脱贫家庭因病因老因灾而返贫，为巩固拓展脱贫攻坚成果同乡村振兴有效衔接做出了有益尝试；同时碧桂园职业学院还着力倡导困难家庭学子学成返乡、反哺农村的乡土情怀与自助精神，为乡村振兴和农村现代化建设蓄积了丰富的人才储备。如此教育帮扶举措是职业院校在全日制学历教育的背景下凸显职业教育之"教育性"和"技术性"的实践表征，也是在职业教育体制转型的时代背景下拓展职业教育的社会服务功能、响应国家战略需求的必然体现，笔者在上文将其归结为职业教育服务乡村振兴的"专业人才供给制"。

---

① 广东碧桂园职业学院：《"产教融合、校企共育"慈善教育模式开辟职教扶贫新道路》，载《中国教育扶贫典型案例100：打赢脱贫攻坚战的教育扶贫创新探索与实践》，江西人民出版社，2022年。

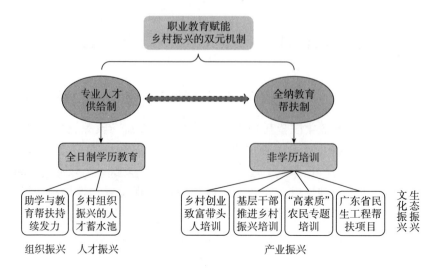

图 1　广东碧桂园职业学院赋能乡村振兴的双元机制

　　另一方面，广东碧桂园职业学院迅速对接各级政府赋能乡村人才的教育需求，承接广东省民生工程的各类技术技能培训项目，在我国职业教育体制首次大规模改革初步启动的阶段①，就精准定位自身在社会培训中的市场定位，率先探索出了高职院校服务乡土社区、助力乡村振兴的一种短时高效、全纳并包的社会培训模式——"全纳教育帮扶制"。碧桂园职业学院不仅成立了专门的乡村振兴培训部门，还与多方主体分工协作、合力举办了旨在培养高素质农民、创业致富带头人、乡村振兴基层干部的多个非学历培训项目，有效延展了职业院校在推动经济发展、社会进步中的多元角色和功能，也为其他高职院校在助力乡村振兴进程中多元化自身服务角色、不断创新服务举措提供了良好的借鉴和启示。

　　从职业教育的概念界定来看，"专业人才供给制"是对职业教育本质内涵之"教育性"和"技术性"的具象实践和形式延展，其所培养的乡村振兴人才缘于专业知识深厚扎实，兼具理论思维和实践创新力，可专项供给于乡村振兴的特定板块，达成深度帮扶之效，未来必将成为我国职业教育供给乡村振兴人才资源的重要机制之一。相对于"专业人才供给制"，职业院校面向社会举办非学历培训的"全纳教育帮扶制"则具有明显的

---

　　① 《职业教育发生格局性变化——党的十八大以来我国职业教育改革发展纪实》，中华人民共和国教育部官网，2022 年 5 月 27 日，http：//www. moe. gov. cn/jyb＿xwfb/xwzt/moe＿357/jjyzt＿2022/2022＿zt09/03zyjy/202205/t20220527＿631280. html。

"职业性"和"人力性",这一职教人才振兴机制可在短时间之内快速、便捷地为乡村振兴培养各类所需人才,提供丰富的人力资源支持,助推各类人才服务乡村的格局初步塑形,为全面推进乡村振兴战略奠定初级层次、宽泛的人才基础。在脱贫攻坚接续乡村振兴的转型发展期,该机制可通过最为高效的方式对接乡村产业发展、物质生活水平提高、基层干部素养快速提升的当下需求,是贯彻"产业兴旺、生态宜居、乡风文明、治理有效、生活富裕"总要求的前期人才供给方案和短时性补充策略,其培训方式具有点多面浅、覆盖人群广、立竿见影速效快等特点。就培训效果及作用时效而言,"全纳教育帮扶制"服务乡村人才振兴的当下贡献率较大,但影响程度还不够深远,可持续服务的时效性还有待增强,其在服务乡村振兴的过程中不可避免地会出现时效短浅、后劲不足等问题。

总的来看,在职业教育助力乡村振兴的转型、调整与发展进程中,可将"全纳教育帮扶制"与"专业人才供给制"相结合,二者协调兼用,交叉运行,相互补充,相辅相成,共同助推乡村人才振兴。

(二) 职业教育助力乡村振兴的建议

首先,"产教融合、校企合作"是广东碧桂园职业学院自发创新探索且卓有成效的一项办学特色,在精准扶贫时期为成就贫困学子、阻断家庭代际贫困发挥了重要作用。深入乡村振兴阶段,职业院校可进一步对接农业农村现代化对于职业教育的发展需求,推进职业教育与乡村产业振兴的互嵌式融合——促使职业教育与乡村产业之间形成一种以"教"为纽带,并将"教"镶嵌在纵向的产前需求与产后发展之间以及横向的三产结构之内的更高层次的融合。[1] 为此,职业教育需要加强课程内容、教学设计等方面的更新与建设。及时融合现代农业发展的元素,把具有乡土气息的课程内容予以情景化再现,并将基于乡村产业发展实际所增设的教育培训实践基地融入学校课堂教学情景中,切实让学生感受到具有乡村地域文化等特色的教育真实感,推动构建职业学校课程结构与教学模式的匹配性实践创新,实现课程内外的"理实一体";[2] 同时引进先进的农业现代化教学设备,提供在线学习、管理考核、跟踪指导服务等,通过课程内容革新和

---

① 徐小容、李炯光、苟淋:《产业振兴:职业教育与乡村产业的融合机理及旨归》,《民族教育研究》2020 年第 3 期。

② 袁利平、姜嘉伟:《关于教育服务乡村振兴战略的思考》,《武汉大学学报(哲学社会科学版)》2021 年第 1 期。

教学设计创新激发内生动力。[①]

其次，推动职业教育多元路径与多层级结构的人才振兴建设。进一步激活职业培训的育人途径，通过产业带动、人才训育、技术积累、生态重构、组织建设等方面的优势助力乡村振兴，为农村地区培养新型职业农民，继续释放农村人口红利。[②] 也可着力构建乡村管理与服务人才、产业经营人才、农业农村科技人才、农村实用人才梯次分布的乡村振兴人才"金字塔"，明确人才培养的功能定位和市场导向，培育与乡村振兴新形态相适应的涉农专业，构建有针对性的农课程群，建立相应的涉农师资[③]，搭建"专业人才供给制"和"全纳教育帮扶制"相互协同的平台，不断深化复合型乡村振兴人才的培育路径。

最后，职业教育服务乡村振兴必然要深化"四性融合"和"四域共生"的"理实"探究。职业教育作为一种跨界的教育类型，兼具教育性、技术性、职业性、人力性四种属性，横跨职业域、技术域、教育域、社会域四大场域，可通过人才培养、专业建设、教育场景、教育体制机制、教育理念的协同建设，打造职业教育生态链、职业市场链、技术创新链、社会产业链的"链式联通体"和"四域共生"的网络式生态。[④] 这是职业教育参与乡村振兴、实现教育体制与社会需求有效对接的必然探索方向，也是职业教育在中国现代化进程中进行转型改革势必完成的一项任务和使命。

参考文献

陈亮、陈章、沈军：《组织振兴：职业教育的"应为"与"何为"》，《民族教育研究》2020 年第 3 期。

[①] 祁占勇、王志远：《乡村振兴战略背景下农村职业教育的现实困顿与实践指向》，《华东师范大学学报（教育科学版）》2020 年第 4 期。

[②] 朱德全、杨磊：《职业教育服务乡村振兴的贡献测度——基于柯布-道格拉斯生产函数的测算分析》，《教育研究》2021 年第 6 期。

[③] 王柱国、尹向毅：《乡村振兴人才培育的类型、定位与模式创新——基于农村职业教育的视角》，《中国职业技术教育》2021 年第 6 期。

[④] 朱成晨、闫广芬：《精神与逻辑：职业教育的技术理性与跨界思维》，《教育研究》2020 年第 7 期。

他山之石

乡村振兴视角下的日本故乡税政策评述[*]

王 猛[**]

摘 要 在日本，青年人群体因求学和就业而向城市的流动造成了乡村纳税人群数量的减少，同时，也造成乡村产业发展面临消费群体不足等问题。故乡税政策通过个人捐赠方式，实现个人所得税和个人居民税由城市向乡村的再分配，缓解了乡村发展资金不足的问题。本文通过对日本故乡税政策的分析，发现日本故乡税具有三重属性：捐赠的属性、消费的属性和伦理消费的属性。在此基础上，故乡税通过众筹机制、"礼物经济"机制和竞争机制，促进乡村发展。

关键词 故乡税 乡村振兴 礼物经济 众筹 再分配

一、引言

相较于乡村地区，城市地区在教育资源、就业机会等方面更具优势，在此背景下，出生和成长于乡村的年轻人为求学和就业而不得不向城市流动。乡村为这些出生于乡村并向城市流动的人提供了成年期之前所需的医疗、教育、卫生等公共服务。但是，当这些年轻人流动到城市就业后，这些免费接受乡村公共服务多年的人却需要向城市缴税，曾经的"故乡"提供的公共服务并未得到有效补偿，这进一步加剧了城乡财政收入的差距。[①]为此，2008 年，日本出台了"故乡税"（Hometown Tax）政策，目的是通过鼓励城市中的居民向"故乡"捐赠原本应向实际居住地城市缴纳的个人

---

* 本文为国家社科基金一般项目"社会力量参与乡村振兴的困境与机制研究"（项目编号：20BKS010）的阶段性成果。
** 王猛，青岛大学政治与公共管理学院副教授，硕士生导师。
① 西川一誠：「ふるさと納税のすすめ」，『税務弘報』第 3 号 2011 年。

所得税和个人居民税，通过税收再分配的方式，解决劳动力、资本等生产要素过渡向东京等大城市的集中，促进乡村的发展。不同于传统的中央财政对地方转移支付的地方交付税形式，故乡税通过在不同地区之间营造一种竞争氛围，需要故乡所在地政府具备市场营销的能力，需要直接面对终端用户的居民个人。矢部拓也等（2017）通过对比不同财政能力地区与故乡税之间的关系，研究发现，从宏观角度而言，故乡税具有调节不同地区税收差距的功能，促进了税收从高收入的富裕地区向低收入的相对落后地区的转移。因此，故乡税被看作是乡村振兴的有效手段，对提高乡村财政收入、促进乡村产业发展具有积极的影响。①②③ 但是，故乡税政策在推进过程中也面临着种种质疑。例如，乡村为获得城市居民捐赠的税收，会为居民提供高额的礼物，这种将赠送礼物的行为对传统的捐赠文化产生了破坏性影响；④ 存在向捐赠者赠送礼物行为的故乡税制度在一定程度上影响了正常的社会公益捐赠，赠送礼物的行为大幅度降低了基于利他动机的捐赠金额；⑤ 故乡税的制度设计存在偏向于富人的问题，对于一些低收入人群及尚未达到纳税标准的人群而言，难以享受到通过捐赠应缴纳税收而获得的乡村赠送的高额礼物。⑥ 针对上述问题，日本政府出台了一系列的政策，例如，规定为获得城市居民个人捐赠而向捐赠者提供价值超过捐赠资金 30% 的高额礼物或提供的礼物属于非本地区生产的礼物的地方将不被认定为故乡税政策适用对象。

目前，我国正在积极推进乡村振兴，其中，地方政府的财政投入对乡

---

① 野田満・後藤春彦・山崎義人：「中山間地域におけるふるさと納税の活用を契機としたまちづくり体制の構築—福井県今立郡池田町「池田町まちづくり自治委員会」を事例に—」，『日本建築学会計画系論文集』第 80 号，2015 年。

② 保田隆明：「地域活性化とふるさと納税—北海道上士幌町と北海道東川町の事例から—」，『個人金融』，第 10 巻第 2 号，2015 年。

③ 保田隆明・久保雄一郎：「ふるさと納税における返礼品提供業者の属性分析」，『VENTURE REVIEW』，第 33 号，2019 年。

④ 別所俊一郎：「地方財政の格差はいかに是正されるべきか」，『中央公論』，第 3 号，2017 年。

⑤ Yamamura E，Tsutsui Y and Ohtake F，"Altruistic and Selfish Motivations of Charitable Giving：Case of the Hometown Tax Donation System in Japan"，The Institute of Social and Economic Research Discussion Paper，2017.

⑥ 佐藤主光：「ふるさと納税の見直しを」，『地方税』，第 68 巻第 4 号，2017 年。

村振兴具有重要的"挤入效应"和支持作用①②，但是，在一些经济基础差、财政收入不足的地方，如何扩大乡村振兴税源，推动产业发展，日本的案例能够提供一定的启示和借鉴意义。

二、故乡税的制度化

（一）故乡税的基本内涵与主要特点

在日本，所谓的"故乡税"是指居民个人向"故乡"捐赠的资金中，居民个人负担 2000 日元后，超过的部分从个人所得税（国税）和个人居民税（地税）中扣除的一种制度设计③。但是，所谓的故乡税本质上是针对居民的捐赠进行税收扣除，虽然名义上为"税"，但是并不是真正意义上的"税"。从形式上而言，故乡税是城市居民向"故乡"支付部分个人收入，是一种捐赠行为，目的是实现财富的再分配，通过资金在不同地区间的转移，从而实现不同地区间收入再分配的效果。为了获得城市捐赠者的故乡税捐赠，地方政府会根据捐赠者捐赠资金的比例向捐赠者赠送一定的礼物。根据日本总务省的调查，2020 年，从日本全国范围内看，向捐赠者赠送的礼物价值大约为捐赠资金的 26.5%。

在故乡税捐赠流程方面，首先，在捐赠申请方面，有两种方式：一种是捐赠者直接向捐赠意向地政府直接申请；另一种是利用各类故乡税捐赠网站向捐赠意向地政府申请。申请的方法包括互联网、电话、窗口等。其次，在捐赠资金支付方式方面，捐赠者可以直接向捐赠意向地政府直接支

---

① 苟兴朝、张斌儒、杨继瑞：《乡村振兴视角下地方政府财政支农支出对农户固定资产投资的挤入效应研究——基于 2007-2016 年中国省级面板数据的实证》，《青海社会科学》2019 年第 4 期。

② 肖卫东：《财政支持乡村振兴：理论阐释与重要作用》，《理论学刊》2020 年第 4 期。

③ 捐赠者捐赠的资金中，2000 日元是捐赠者需要自己负担，超过的部分从个人所得税和居民税中进行扣除。但是，扣除的部分是有上限的。关于从个人所得税中扣除的资金的计算公式是：（捐赠资金-2000 日元）×个人所得税率×102.1%（102.1% = 100%的所得税+2.1%的东日本大地震恢复重建特别个人所得税）。个人所得税扣除的上限为个人需要缴纳年度综合所得收入的40%。关于居民税的扣除分为基本扣除和特殊扣除，其中，基本扣除的计算公式为（捐赠资金-2000 日元）×居民税率（10%），居民税基本扣除的上限为年度综合所得收入的 30%。特殊扣除是指个人所得税扣除和居民税基本扣除后剩余部分的扣除，其上限为居民税的 20%，计算公式为：（捐赠金额-2000 日元）×（90%-个人所得税率×102.1%）。如果个人捐赠扣除个人负担的2000 日元后，不超过上述限额的话，将全额返还。但是，受捐对象向捐赠者提供的礼物则不计算在内。

付或者通过纳税综合网站等中介进行支付。关于支付方式，不同的地区可以根据本地区的实际情况进行选择，除了在地方政府窗口进行支付外，还可以通过银行转账、信用卡支付、故乡税捐赠网站进行支付。再次，捐赠资金支付完成后，由受捐方的"故乡"所在地政府出具捐赠资金到账证明，捐赠者根据捐赠证明，进行个人所得税和居民税的捐赠扣除申请。一般情况下，受捐方政府除了出具捐赠证明之外，还会向捐赠者赠送一定金额的捐赠礼物。最后，捐赠者进行捐赠扣除申报之后，相关的捐赠信息会被传递到国家税务部门，国家税务部门再将相关的信息传递到捐赠者居住地政府，居住地政府根据捐赠资金情况，从当年捐赠者需要缴纳的个人所得税及第二年需要缴纳的居民税中进行扣除。

通过故乡税的定义可以看出，故乡税具有以下几方面的特点：

第一，捐赠者可以自己指定捐赠的"故乡"，此处的故乡税中的"故乡"并不是单单指捐赠者实际出生地或父母的出生地，也包括捐赠者在精神层面认知的"故乡"。佐藤良指出，这种允许捐赠者自由选择捐赠地区的制度设计，有利于培养捐赠者的捐赠意愿，同时，也有利于促进城市居民退休后自由选择移居的乡村，促进城乡人员的交流。[①]

第二，高收入捐赠人群能够获得更多的税收扣除。由于个人所得税采用累进税制，因此，高收入人群的税收扣除上限越高，可以通过捐赠更多的故乡税，获得更多的税收扣除。同时，由于受捐地政府为捐赠者提供的礼物一般与捐赠资金呈正相关，因而高收入捐赠人群可以获得更多的捐赠礼物。

第三，赠送礼物成为提高故乡税捐赠数量的有效激励手段。须山葱（2020）研究发现，地方政府获得的故乡税捐赠金额与为了获得捐赠向捐赠者提供的礼品的相关费用之间的相关系数为+0.9874，这意味着向捐赠者提供高额的礼品更有利于获得更多的故乡税捐赠。

（二）故乡税的三重属性

鸠田晓文将故乡税分为纯粹捐赠型、故乡代理服务型、区域内资源利用型、区域外资源利用型，其中，纯粹捐赠型是指为受灾地区提供的捐赠或纯粹为了故乡发展进行的捐赠；故乡代理服务型是指为捐赠者提供扫墓、老宅清扫等服务；区域内资源利用型是指向捐赠者提供本地区生产的

---

① 佐藤良：「ふるさと納税の現状と課題」，『調査と情報— ISSUE BRIEF』，第 1020 号，2018 年。

肉类、食品、住宿等产品；区域外资源利用型是指为捐赠者提供电子产品、机票、汽车等非区域内产品的捐赠。① 在此基础上，故乡税整体上可以划分为利他的捐赠行为、利己的消费行为以及利他与利己混合的伦理消费行为。

1. 故乡税的捐赠属性

故乡税的捐赠属性是指城市捐赠者根据自己的捐赠意愿将部分的个人所得税与个人居民税捐赠到乡村，此时的故乡税捐赠是一种利他的行为，也是故乡税政策存在的最主要依据。根据日本总务省的调查统计，故乡税的捐赠金额从制度出台的 2008 年的 81.4 亿日元增加到 2020 年的 6724.9 亿日元。② 须山葱（2020）研究发现，2018 年，日本居民的故乡税捐赠金额平均值为 1567.8 日元，中位数为 1004.9 日元，但是，从捐赠金额的地理空间部分来看，捐赠者主要集中在东京、大阪等经济发达地区。此外，所有的省级政府所在地及政令指定城市③的人均捐赠金额均超过了全国的中位数。城市与非城市之间的捐赠金额呈现较明显的差异，东京捐赠的中位数为 9262 日元，政令指定城市捐赠的中位数为 3652 日元，政令指定城市以外的省级政府所在地的捐赠中位数为 2247 日元。与此相对，其他地区的捐赠中位数为 946 日元。从故乡税捐赠资金的流入方面来看，流入资金的中位数为 2069.7 日元，流向大城市的捐赠资金数量较少，而非城市地区、山区等地区的流入资金较多。因此，可以看出，故乡税的捐赠呈现出城市向农村、经济发达地区向经济不发达地区流动的趋势；此外，经济发达的大城市成为故乡税的净流出地区，这也证实了故乡税较好地发挥了再分配应当具有的功能。

2. 故乡税的消费属性

故乡税的消费属性是指捐赠者向乡村捐赠部分的个人所得税和个人居民税，作为回报，部分地方政府会为捐赠者提供当地生产的商品或服务等，以此希望获得更多的捐赠以及与捐赠者之间建立长期的捐赠关系。从捐赠者角度而言，通过捐赠原本应当缴纳到城市地区个人所得税和个人居民税，获得额外的礼物与服务，是一种利己的行为。但是，故乡税的消费

---

① 鸠田晓文：「「ふるさと納税」再考—その問題点と制度見直しを踏まえて—」，『地方自治ふくおか』，第 69 号，2019 年。

② https：//www.soumu.go.jp/main_sosiki/jichi_zeisei/czaisei/czaisei_seido/furusato/file/report20210730.pdf，2021 年 8 月 13 日。

③ 所谓的政令指定城市是指人口在 50 万以上，由政府认定的具有都道府县省级政府类似权限的城市，与我国的计划单列市有一定的相同之处。

面向并不是在政策设计之初就预设的内容，而是在故乡税的发展过程中，一些地方政府尝试通过为捐赠者提供礼物，由此，在政策扩散的影响下，提供礼物几乎成为故乡税政策的一种标配。根据日本 NTT 公司 2020 年 2 月针对 1122 名人员的调查结果显示，关于居民选择故乡税的捐赠理由中，38.4%的人选择"对礼物感兴趣"，与此相对，选择"为社会做贡献"人的比例只有 17.8%，选择"为故乡做贡献"人的比例只有 11.6%。[①] 可以看出，故乡税的消费面向已经成为捐赠者捐赠的主要动机之一，研究也证明，礼物与捐赠金额之间是一种正相关关系，Yamamura 等（2017）通过对 2008 年至 2015 年故乡税捐赠面板数据的分析发现，地方政府在礼物支出方面每增加 1%，那么该政府获得的捐赠资金就会增加 0.61%。[②]

3. 故乡税的伦理消费属性

故乡税的伦理消费属性是指在纯粹利他和纯粹利己的捐赠行为光谱两级的中间还存在一类伦理消费（Ethical Consumption），也被称为社会消费（Social Consumption）环节，即通过捐赠行为既能获得相应的礼物，同时也有助于社会问题的解决。大平久（2021）认为，伦理消费就是在消费的过程中，关注环境、社会和地区，其中，关注环境强调的是绿色消费；关注社会强调的是购买公平贸易（Fair Trade）类商品、社会弱势群体生产的商品及附带配捐的商品；关注地区强调的是从地区产业发展，购买本地产商品。伦理消费视角下的故乡税捐赠，一方面为通过捐赠为受灾地区以及乡村提供资金支持，另一方面从受捐地政府获得礼物的赠送，是一种"援助消费"行为，包含着礼物消费的利己属性以及促进乡村产业发展的利他属性双重属性。

---

① https：//research. nttcoms. com/database/data/002157/#：~：text ＝% E3% 80% 8C% E3% 81%B5%E3%82%8B%E3%81%95%E3%81%A8%E7%B4%8D%E7%A8%8E%E3%80%8D%E3% 81%AB%E3%82%88%E3%82%8B%E5%AF%84%E4%BB%98%E3%81%AE%E5%8B%95%E6% A9%9F%E3%81%A8%E3%81%97%E3%81%A6%E5%A4%9A%E3%81%8F%E8%A6%8B%E3% 82%89%E3%82%8C,%E5%B9%B2%E7%89%A9%E3%80%81%E3%86%E3%81%AA%E3% 8E%E3%80%81%E7%BC%B6%E8%A9%B0%E3%81%AA%E3%81%A9%E3%80%82，2021－08－13。

② Yamamura E，Tsutsui Y and Ohtake F，Altruistic and Selfish Motivations of Charitable Giving：Case of the Hometown Tax Donation System in Japan，The Institute of Social and Economic Research Discussion Paper，2017.

三、故乡税促进乡村振兴的机制

故乡税政策在设计之初的目的就是解决城乡差距和地区差距扩大化的问题，特别是随着 2014 年日本乡村振兴（地域创生、地方创生）概念的提出，如何发挥税收再分配在乡村振兴中的功能与作用是故乡税政策改革和发展的主要目标。整体而言，故乡税促进乡村振兴的机制主要体现在众筹机制；"礼物经济"机制和竞争机制。

（一）故乡税的众筹机制

Griffin（2013）将众筹划分为四种类型，分别是捐赠型（Donation Model）、奖励型（Reward and Pre-Purchase Models）、融资型（Lending Model）和投资型（Equity Model）。其中，捐赠型是投资者不计回报的模式；奖励型是投资者投资后期望获得一定的回报；融资型是指整合小额投资资金，并将整合后的资金投入到资金需求方，投资者们期望获得本金和利息；投资型是指投资者投入到特定的项目，并获得项目收益分配。在此基础上，保田隆明（2014）将故乡税看作是捐赠型众筹和奖励型众筹。其中，捐赠型故乡税众筹是故乡税制度设计的应有之意，主要是鼓励个人捐赠者为支持故乡发展提供捐赠；奖励型故乡税众筹是指以获得受捐地政府提供的礼品为目的而进行的捐赠行为。无论是捐赠型众筹还是奖励型众筹，从乡村发展的角度而言，都属于筹款的一种方式。但是，众筹筹款的方式，需要筹款主体具有良好的信用度和透明性，相较于传统的企业和个人的众筹筹款主体，故乡税的众筹筹款主体是地方政府，因此，更具有信用度；此外，在透明性方面，根据日本总务省调查发现，2020 年，获得故乡税捐赠的地区中，77.8% 的地区向捐赠者公开了捐赠资金的使用去向，42.3% 的地区向捐赠者提供了资金使用项目报告。

（二）故乡税的"礼物经济"机制

为了进一步扩大城市居民对故乡税的认知以及提升城市居民利用故乡税的便利性，出现了多家专门以介绍各地方政府为捐赠者准备的礼物的网站，如 FURUSATO-TAX、SATOFULL、FURU-PO 等网站。类似于购物网站的故乡税捐赠网站，不仅为各地方政府宣传介绍本地特色和特色产品提供了平台，同时对于捐赠者而言，简化了捐赠程序，将捐赠和购物融合为一体，提升了民众对故乡税的认知度和捐赠的便利性。为了进一步规范受捐地政府向捐赠者提供礼物的行为，真正发挥故乡税促进乡村振兴的作用，日本政府从 2015 年开始陆续出台了多项政策，要求受捐地政府向捐赠者提供的礼物必须是当地生产的产品或服务。对于单独以获得捐赠资金为目的而向捐赠者提供电器类商品或现金代购券的地区，日本政府于 2019 年出台了"故乡税认定制度"，对于这些地区，将排除在故乡税政策的适用范围之外。

故乡税捐赠中呈现的"礼物经济"，对促进乡村发展主要体现在下述三个方面：第一，"礼物经济"的发展，促进了受捐地本地企业发展以及提高了企业员工的收入。对此，重藤佐和子等（2020）研究指出，如果受捐地政府向个人捐赠者赠送的礼品主要以当地产品为主且生产该产品法人的员工主要来自当地的话，那么礼品销售额的 40% ~ 70% 将转化为当地员工的收入。因此，礼品的生产、加工和销售的完整体系都在当地完成的话，那么，故乡税捐赠所带来的礼品赠送产生的经济效应最大；如果仅仅是加工环节在当地进行，原材料采购等其他环节是非本地化的话，那么只有 10% 左右的礼品销售额会转化为当地员工的收入。第二，"礼物经济"是一种新的经济形式，虽然地方政府是向捐赠者赠送礼物的主要采购方，但是，礼物的包装、邮寄等业务需要企业负责，对于一些缺少直接面对终端个人用户经验的地方企业而言，促进了企业经营模式由 B2B 向 B2C 的拓展。第三，在"礼物经济"的带动下，企业的发展也为当地创造了更多的税收，这些税收一部分将流向乡村的发展。

（三）竞争机制

故乡税属于一种税收的再分配，从全国角度而言，是一种零和博弈的再分配机制，虽然对于那些原本属于地方交付税[①]适用对象的地域，因为故乡税捐赠造成的损失中，75% 由中央政府的地府交付税进行填补；从地方角度而言，仍然要承担 25% 的损失。为此，为获得故乡税捐赠，需要地方政府创新乡村治理模式。柳下正和（2019）提出，故乡税促进了地方管理体制的范式转变。一是从新公共管理（NPM）向新公共治理（NPG）

---

① 所谓的地方交付税是指本来应当属于地方的税收，为了从全国范围内调节不同地区财政收入不均衡的现象，以及维持地方政府财政收入的基本稳定，由国家征收的一种国税，征收后，国家再根据不同地区财政收入情况，对于符合标准的地区，以中央转移支付的方式，向地方分配的一种税收资金。

的转变。要求政府发挥平台的作用，促进居民、企业等多元主体的参与，构建以乡村公共价值为目标的社会网络。反映在故乡税方面，就是要求地方政府构建开放性的政策体系，吸纳本地区外的个人等捐赠者的参与。二是财政监管范式转变。不同于传统的财政主要是由纳税人、地方债债权人及中央政府财税部门进行监管，引进故乡税制度后，外部的捐赠者也将成为财政监管者之一。三是乡村产业政策的范式转变。"礼物经济"的发展，为乡村产业的发展提供新的销售渠道、宣传渠道，要求作为受捐者的地方政府积极学习和掌握互联网、网络购物、市场营销等新技术和技能。四是财务经营方式的范式转变。由于故乡税捐赠受到国家宏观政策、竞争对手的策略、提供礼物的种类和质量等因素的影响，每个地区获得的捐赠呈现离散状态，难以将其转化为要求具有稳定性和连续性的一般财政支出，为此，地方政府对捐赠资金一般进行基金化管理。

四、故乡税政策面临的困境与挑战

虽然，日本故乡税政策通过众筹机制、"礼物经济"机制和竞争机制对促进乡村振兴具有重要的意义，但是，在实际的操作过程中，故乡税政策依然面临着一些困境与挑战。

第一，法律定位不清晰。故乡税捐赠的个人所得税和个人居民税中，个人所得税属于国税，而个人居民税属于地税。日本地税具有受益性、负担分担性、普遍性、稳定性和灵活性原则，其中，受益性原则强调税收负担的分配以纳税人从政府所提供的公共服务中受益大小为分配标准。但是，在故乡税的制度设计中，纳税人可以将本来应当由实际居住地的城市收取的个人居民税以捐赠的方式捐赠到其他地区，这对于为捐赠者提供公共服务的城市地区而言造成了税收流失。此外，根据负担分担性原则，地方所有的居民共同负担地税。但是，由于故乡税以捐赠的方式流向了非捐赠者实际居住地，违反了税收的负担分担性原则。此外，故乡税是城市居民向乡村捐赠的个人所得税和个人居民税，因此，严格意义上来说，属于个人向政府的捐赠行为。根据日本《所得税法》第79条第2项的相关规定，如果捐赠者从捐赠给地方政府的资金产生的"特别收益"中获益的话，那么该捐赠行为不属于捐赠扣除对象。因此，对于一些以获得受捐方政府提供的礼物为目的的捐赠行为，或者捐赠方政府提供的礼品经济价值明显过高的情况下，受捐方政府提供的礼物就属于捐赠行为所产生的"特别利益"，原则上应当不属于捐赠扣除的对象。

第二，影响传统公益慈善捐赠体系。在日本，传统上针对 NPO 和 NGO 等社会组织的捐赠不属于税收扣除的对象，即使是对属于税收扣除对象的"认定 NPO"的捐赠，也仅仅进行了一定的税收扣除，并不会增加捐赠者的实际经济利益。但是，故乡税的捐赠不仅具有税收扣除的功能，同时，受捐地政府也会为捐赠者提供相当于捐赠资金一定比例的礼物。因此，从利己的角度而言，故乡税相比一般的公益捐赠更具有优势，会对传统的公益慈善捐赠体系带来一定的不利影响。其一，向捐赠者赠送礼物行为的故乡税制度在一定程度上影响了正常的社会公益捐赠，赠送礼物的行为大幅度降低了基于利他动机的捐赠金额。片山善博（2014）研究发现，故乡税是一种对捐赠者有利的制度，但是，这种制度设计也造成了社会组织、学校法人和福利法人等的筹款愈发困难。因此，故乡税本身是一种弱化公民社会的制度设计。其二，不利于传统社会捐赠文化的培育。传统的社会捐赠文化是一种利他的文化，但是，故乡税的捐赠不仅具有利他的属性，也有利己的属性，因此，存在将传统的利他捐赠文化引向利己的捐赠文化，从长期角度而言，不利于市民社会的培育。高桥祐介（2018）指出，那种将缺少自我牺牲精神的制度称之为"捐赠"本身就非常奇怪。通过捐赠能够获得具有经济价值礼物的故乡税具有等价性，因此，本身就不属于"捐赠行为"。作为捐赠税收的一种方式的故乡税的最大问题在于本身不是纯粹的捐赠资金，但是在实际操作过程中又被当作捐赠资金。

第三，可能造成新的地区发展不均衡。为获得故乡税捐赠，需要地方政府转变思维方式，运用市场化手段，吸引城市捐赠的关注，同时还需要根据捐赠者的偏好，提供相应的礼物。但是，对于一些不擅长宣传和营销以及缺少吸引捐赠者的本地礼物的地区而言，可能沦为新的税收流失的地区，从而扩大地区发展差距。例如，山村英司（2018）指出，2011 年发生的东日本大地震，原本获得大量故乡税捐赠的受灾地区，由于其他地区通过向捐赠者提供礼物等方式，在不同地区间造成了"礼物竞争"，向受灾地区捐赠的故乡税数量受到很大影响。

五、结语

故乡税作为一种再分配机制，目的是引导城市居民为乡村进行捐赠，缩小城乡地区财政收入差距，为乡村发展提供资金支持。作为故乡税附属产物的"礼物经济"则在一定程度上为乡村产业提供了新的销售市场和就业市场，并将互联网、网络购物等现代信息经济要素嵌入传统乡村产业中。作为故乡税主要执行主体的地方政府为获得捐赠，需要培育竞争意识，转变传统的社会经济管理范式，提升自身在市场营销、地区品牌宣传等方面的能力。虽然，故乡税对乡村振兴具有积极的正向作用，但是，其政策本身依然存在一定的不足，特别是向捐赠者提供礼物这种吸引捐赠的方式，不仅可能会影响传统社会组织的发展和捐赠文化，同时也可能造成新的地区发展不均衡。

虽然日本的故乡税的制度具有一些不足，但其政策设计仍然具有一定的启发和参考价值。

第一，探索故乡税类似的政策，鼓励城市资金向乡村的流动。传统的城乡二元结构固化了城市和乡村不均衡发展的模式。特别是农民工进城务工和大学生进城就业将更多的税收留在了城市，使乡村不仅面临劳动力短缺的问题，更导致乡村所在地区财政收入不足，使当地与乡村发展密切相关的产业缺少财政的支持。

第二，构建开放性的故乡税政策。日本故乡税中"故乡"的概念采用广义的概念，不仅包括居民个人的出生地、父母出生地，也包括自己在思想认知层面认同的"故乡"，其目的不仅是着眼于通过故乡税捐赠短期内弥补乡村发展资金的问题，更是从长远的目标出发，希望通过故乡税政策推动城乡人员要素的自由流动，特别是促进城市居民到乡村的定居，一方面缓解大城市人口拥挤现象，另一方面弥补乡村劳动力不足的问题。通过构建开放性的故乡税政策，可以为城市居民提供更多自由的选择，对于那些出生在乡村的城市居民来说，可以选择自己的出生地作为捐赠目标地；对于那些原本出生在城市，但是希望退休后体验乡村田园生活的城市居民而言，可以选择将自己退休后希望移居的理想乡村作为自己的"故乡"进行捐赠，为乡村发展提供支持的同时，也在一定程度上为自己退休后的乡村生活进行前期的投资。

第三，探索"礼物经济"与消费扶贫的整合的可能性。目前，针对贫困地区产业发展和产品销售的扶持方面，消费扶贫政策发挥了较大的作用，但是还面临着生产水平不高、产品质量不高、供应链水平落后、消费体验不好、短期热情较高、长期持续不足等问题。① 为实现消费扶贫的可持续发展和对乡村振兴的长期支撑，可以参考日本故乡税中的"礼物经济"模式，将捐赠金额 30% 以内的资金用于购买当地的产品和服务提供给捐赠者，一是锻炼了地方政府的市场经营能力，二是可以培育捐赠者持续的捐赠意识，三是为乡村产业发展提供长期的资金支持。

第四，推进故乡税的前提是提升基层政府的市场营销能力和筹款能力。大平修司等（2021）指出，在故乡税政策实施方面，地方政府缺少市场营销的能力，难以预测消费者的行为模式，此外，缺少向纳税人筹款的技能。因此，在乡村振兴视阈下，地方政府参与乡村振兴，除了依靠财政投资、政策支持等传统手段外，还应当积极学习和掌握市场营销能力，特别是筹款能力。

参考文献

Griffin Z J, "Crowdfunding: Fleecing the American Masses", *Journal of Law, Technology & the Internet* 4, No. 2, 2013.

矢部拓也・笠井明日香・木下斉：「「ふるさと納税」は東京一極集中を是正し、地方を活性化しているのか—都道府県・市町村収支データと財政力との関係から考える—」,『徳島大学社会科学研究』, 第 31 号, 2017 年。

須山聡：「ふるさと納税にみる所得再配分機能と地域振興」,『駒澤地理』, 第 56 号, 2020 年。

今井久：「エシカル消費に関する一考察」,『研究年報社会科学研究』, 第 41 号, 2021 年。

保田隆明：「地方自治体のふるさと納税を通じたクラウドファンディングの成功要因」,『商学討究』, 第 64 巻第 4 号, 2014 年。

重藤さわ子・織田竜輔・森山慶久・藤山浩・青木大介：「ふるさと納税返礼品へのLM3調査手法適用による地域経済効果分析」,『事業構想研究』, 第 3 号, 2020 年。

柳下正和：「ふるさと納税と地域経営—埼玉県坂戸市の事例分析—」,『城西大学大学院経営学研究科紀要』, 第 14 巻第 1 号, 2019 年。

---

① 魏延安：《消费扶贫：政策、理论与实践》,《陕西行政学院学报》2020 年第 1 期。

片山善博：「自治を蝕む『ふるさと納税』」，『世界』，第 10 号，
　　2014 年。

山村英司：「ふるさと納税見直しへ」，『日本経済新聞』，第 10 号，
　　2018 年。

大平修司・スタニスロスキースミレ・日高優一郎・水越康介：「クラウ
　　ドファンディングとしてのふるさと納税―寄付と寄付つき商品によ
　　る理解―」，『マーケティングジャーナル』，第 40 巻第 3 号，
　　2021 年。

书　评

反贫困理论的新发展主义转向

——基于对《贫困的终结》的思考[*]

李怀瑞　陈　熠^{**}

摘　要　改革开放以来，发展的含义发生了深刻的变化，这种变化暗含着从发展主义向新发展主义的话语转向。从发展主义的角度，贫困与"欠发达"可以画等号，这种霸权式话语引出的"贫困的元问题"的本质是一种不平等，因此"扶贫的元方案"是将现代性扩张到贫困群体。李小云教授的《贫困的终结》对此进行了深入的思考，其开展的"河边扶贫实验"最初也遵循"传统对接现代"的扶贫元方案，但却造成了"现代消解传统"的结果，显示出发展主义扶贫范式的某些困境。乡村振兴阶段仍然面临发展主义的巨大挑战，如何基于新发展主义寻找新的发展方案并持续建构中国特色反贫困理论，是不得不面对的问题。

关键词　贫困　发展主义　新发展主义

贫困与人类社会相伴生，反贫困也是历来执政者关注的重要目标。在改革开放以来的语境中，反贫困一直被表述为"扶贫开发"。自1986年"国务院贫困地区经济开发领导小组"成立以来，中国持续制定并实施各项扶贫措施。党的十八大以来，扶贫开发进入"滴灌式"精准扶贫新阶段。经过八年持续奋斗，到2020年底，中国如期完成新时代脱贫攻坚目标任务，现行标准下9899万农村贫困人口全部脱贫，832个贫困县全部摘帽，12.8万个贫困村全部出列，区域性整体贫困得到解决，完成消除绝

---

 *　本文系北京市习近平新时代中国特色社会主义思想研究中心重点项目"习近平总书记关于脱贫攻坚与乡村振兴有效衔接的重要论述研究"（项目编号：21LLSMB058）的阶段性研究成果。

**　李怀瑞，中国政法大学社会学院讲师；陈熠，中国政法大学社会学院硕士。

对贫困的艰巨任务。① 脱贫攻坚战全面胜利，中华民族在几千年发展历史上首次整体消除绝对贫困，实现了中国人民的千年梦想、百年夙愿。

在脱贫攻坚的宏大叙事里，无数微小的力量参与其中，共同推动了这一伟大的历史洪流。这其中不乏众多企业和社会组织为代表的社会力量的参与，也包括投身其中的研究者和行动者。在这样的时代背景下，作为国内外知名的发展学家和贫困问题专家，中国农业大学文科资深讲席教授李小云结合自身几十年参与扶贫的经验，及其扎根云南勐腊县的瑶族村落所开展的著名的"河边扶贫实验"，写作了《贫困的终结》一书。该书汇集了作者多年来扶贫实践中的感想与反思，以通俗朴实的语言阐释了贫困的根源、消除贫困的困难及脱贫为何要攻坚等社会关注的问题，并进一步生动展示了作者自2015年开始在一个贫困的瑶族村庄开展扶贫实践的个人经历，在从微观层面呈现出中国消除绝对贫困的伟大成就的同时，也给人们带来诸多困惑与迷思。本文即是以该书作为思维起点，深层次挖掘有关贫困与发展的理论阐释，并结合李小云教授对自身开展的扶贫行动所进行的发展主义视角下的反思，进而提出在中国当下的现实情境下，反贫困理论是否应该以及如何向新发展主义进行话语转向的问题。

一、贫困的根源

在《贫困的终结》一书中，作者首先给出了关于贫困的三种理论流派：第一种观点认为穷人的特定属性导致了他们的贫困，将贫困归咎于懒惰、道德、教育水平、缺乏技能等个体的失败；第二种观点认为贫困的环境产生贫困文化，陷入贫困文化的群体将无法摆脱贫困；第三种观点认为贫困是社会、政治、经济制度层面结构性的问题。② 实际上，学术界对于贫困的分析和研究由来已久，关于贫困的理论解释视角非常多元。例如，沈红也曾经借用胡格维尔特（A Hoogvelt）在《发展中社会的社会学》的叙述框架，对贫困研究进行过社会学视角的评述，她将贫困研究同样划分为三种——作为过程的贫困研究（关注贫困发生学和贫困类型学）、作为互动的贫困研究（用互动关系来看待贫困问题）、作为行动的贫困研究

---

① 中华人民共和国国务院新闻办公室：《人类减贫的中国实践白皮书》，http：//www. scio. gov. cn/ztk/dtzt/44689/45216/index. htm。

② 李小云：《贫困的终结》，中信出版社，2021年。

（包括扶贫方式、传递系统、瞄准机制和参与式扶贫分析），① 并一一做了非常系统化的评述。对于贫困，笔者也曾跳出财富分配的逻辑，从分配正义的角度将贫困阐述为风险分配正义和能力分配正义问题，前者基于贝克的风险社会理论认为贫困是一种兼具个人和社会双重性的风险，后者则以阿马蒂亚·森和玛莎·纳斯鲍姆为代表的能力进路的分配正义为基础，认为贫困不是单纯由于低收入造成的，很大程度上是因为基本能力或所谓"可行能力"的缺失造成的。② 本文无意在有关贫困的文献研究上进行系统性评述，而是在《贫困的终结》中关于贫困根源的解读中，对贫困做一种新的理解。

贫困的根源到底是什么？正如作者在书中所说："贫困为什么那样顽固地存在？"为了回答这一问题，作者首先抛出"贫困的元问题"的概念以对其做学理上的表述。从发展主义的角度，贫困与"欠发达"可以画等号，在"发达"群体的概念中，那些"欠发达"状态的群体则是处于贫困状态。这个视角下的扶贫，实际上主要是指按照现代化的道路，促进经济增长和经济社会转型的过程。③ 这种对于贫困的理解暗含着现代化范式下的不平等因素，因此，这种不平等本身便可以用以描述"贫困的元问题"的本质，用书中原文表述即是：生存型竞争导致的基于物质获取差异的社会化过程，基于对物质的崇拜和基于物质贫乏而产生的耻辱，社会化的道德出现；社会阶层对于差异的固化以及现代社会理性扩张导致的不同种群和国家之间的物质供给方面的差异。④ 由此构成的扶贫的隐喻便是：国家需要协助落后于现代化的群体接近和把握现代性伦理，以及由此产生的扶贫的元方案便是：把现代性扩张到没有掌握现代性伦理的群体。因此，贫困问题可以被归结为现代性的掌握和缺失之间的不平等问题。而在笔者看来，不得不承认，这种不平等的产生来自于发展主义范式，要解决这种不平等，便会给发展主义带来巨大的挑战甚至深层次的解构。思考这一问题，或许仍然需要重新回到"发展"的概念本身去寻找答案。

---

① 沈红：《中国贫困研究的社会学评述》，《社会学研究》2000 年第 2 期。
② 李怀瑞、田思钰、邓国胜：《风险-能力耦合：精准扶贫中的分配正义研究》，《华中农业大学学报（社会科学版）》2020 年第 3 期。
③④ 李小云：《贫困的终结》，中信出版社，2021 年。

二、发展主义及其解构

当今世界，人们对于发展坚信不疑。埃斯科瓦尔（Arturo Escobar）对发展进行了知识考古学分析后发现："发展"并不是解决全球问题的常识性手段，而是被发明出来的——"二战"结束后初期，亚洲、非洲、拉美大规模的贫困现象被西方"发现"，按照西方的标准，他们成为"欠发达"的第三世界。[①] 在西方主导的话语体系下，发展成为普世化的概念。然而几十年过去，"发展"究竟带来了什么？一方面是意识形态上不发达与发达的二元对立，另一方面则是现实中大规模的欠发达和贫穷以及难以言说的社会不平等。如萨克斯所言："第二次世界大战后，'发展'就像一个面向海岸高耸的灯塔，成为指导新兴国家前进方向的思想……到了今天，这个灯塔出现裂缝并开始倒塌，发展思想变成了学术风景线上的一个废墟。错觉与失望、失败与罪恶始终伴随着发展，它们在诉说着一个相同的故事：发展并不管用。"[②]

传统发展主义范式的土崩瓦解在农村发展领域遇到了同样的情形。在20 世纪的大部分时间里，特别是"二战"后的一段时期，农村发展一词实际上是与一种狭隘的、"现代化的"进步相联系的。无论是刘易斯（Lewis）的"二元部门模型"，还是罗斯托（Rostow）的"增长阶段论"，都最终没能给农村发展带来期望的结果。农村长期存在着的贫困、剥夺与不安全足以证明，现代化范式下的农村发展观存在缺陷，农村发展范式和战略转型势在必行。基于对发展主义或者现代化范式主导下的农村发展的反思，人们开始向"新发展范式"转向，期望达成"参与性的、在环境上可持续的、建立在脱贫基础上的增长"。[③]

可见，发展主义带来的种种问题已经使学者们思考如何对其进行解构，并重新建构新的发展范式。因此，在后现代主义的引领下，以批判发展主义为基础、强调差别、提倡文化多样性的新发展主义（或后发展主

---

① 阿图罗·埃斯科瓦尔：《遭遇发展：第三世界的形成与瓦解》，汪淳玉、吴惠、潘璐、叶敬忠译，社会科学文献出版社，2011 年。

② 凯蒂·加德纳、大卫·刘易斯：《人类学、发展与后现代挑战》，张有春译，中国人民大学出版社，2008 年。

③ 安东尼·哈尔、詹姆斯·梅志里：《发展型社会政策》，罗敏译，社会科学文献出版社，2006 年。

义）范式应运而生，并俨然已成思潮。① 而这种打破传统—现代二元对立范式，提倡"多元化""多中心""反基础主义"等原则的新发展主义范式显然对于当下的中国更为贴切，并且对于提出"新发展理念"、构建中国特色的反贫困理论及中国式现代化的具体内涵提供了镜鉴。众所周知，中国的飞速发展曾经受惠于发展主义支撑下的现代化范式，但需要清醒地面对增长的成就和繁荣背后的危机。发展中累积的一系列社会问题作为发展的"副作用"，在 21 世纪逐渐显现并愈演愈烈：城乡、区域、经济社会发展不平衡，住房、医疗、收入分配等问题非常突出。因此传统的发展主义范式遭到挑战，对发展话语体系的霸权统治和发展主义的反思和批判，对分析和思考中国的发展具有现实意义，特别是在中国成为世界第二大经济体的当下。实际上，在最近二十年的时间里，中国也正在逐步摆脱对发展主义的盲从，更多地探索更适合实际的新发展理念。

三、"河边实验"：一项扶贫行动的发展主义反思

在《贫困的终结》中的最后一部分，作者简单呈现了他在云南一个村庄的扶贫实验，这就是著名的"河边扶贫实验"。关于作者在云南勐腊县河边村开展的扶贫项目，媒体有过大量的报道。作者在书中对自己的行动做如下评价："我是一个发展主义者，也是一个发展实践的工作者，我的工作是让更多的人接近和把握现代性伦理，从而改善福利。但我不希望自己的发展实践是盲目的，不希望自己做的事情没有框架，我希望这个发展路径可以自圆其说。我要找一个把村庄和现代性连接在一起的对接点，我想用一个实验来说明我们有可能突破一个结构、改变一个社会。"②

虽然从理论脉络上来说，发展主义遭到了诸多批判，并经由诸多理论家们的建构，产生了多样化的新发展主义理论视角。然而，从实践层面看，从发展主义向新发展主义的转型并非易事。"河边扶贫实验"其实只是脱贫攻坚中采用现代化方式扶贫的一个个案，但却具有广泛的代表性，它所经历的成就和遭遇，以及作者在行动中的自我反思，对于反思发展主义视角下的脱贫攻坚以及后续的乡村振兴中将会面对的严峻挑战，具有参考意义。因此作者也曾专文就此进行学术论述。

①　叶敬忠、孙睿昕：《发展主义研究述评》，《中国农业大学学报（社会科学版）》2012 年第 6 期。

②　李小云：《贫困的终结》，中信出版社，2021 年。

在"河边扶贫试验"中，作者首先基于发展主义知识路径中通过增加收入和改善消费来实现扶贫的思路，对河边村进行了贫困诊断，发现该村是一个陷入贫困陷阱的、群体性贫困的深度贫困村。基于收入和消费分析而形成的对河边村贫困状况的认识也直接推动形成了向河边村投入资源的扶贫计划，其主要思路就是推动河边村的现代化改造，通过传统与现代的有机衔接实现脱贫。① 显然，这一"现代对接传统"的扶贫框架和思路是基于作者对于"贫困的元问题"及"扶贫的元方案"而提出的，但经过作者的"自我民族志"过程，作者自身就已经开始反思其中的问题，并提出一些自我批判的观点：这样的贫困诊断实际上就很难把握农户所嵌入的外部多元因素对贫困的影响，因此造成了其后形成的扶贫方案对很多结构性因素的忽视；而"现代对接传统"的扶贫元方案也在河边实验中遭遇了两者之间巨大的张力。

这种张力在其实验中的核心项目——"瑶族妈妈的客房"中体现得尤为明显。根据河边村的现实条件和优势，实验团队与村民共同讨论形成了通过建设"瑶族妈妈的客房"带动河边村新业态产业发展的规划。"瑶族妈妈的客房"的设计是在村民的住宅中单独建造一套客房，即把客房建在瑶族村民的家里，客主同屋，实现乡村康养旅游的真实性和客居真正意义上的社会性，在农户层面找到扶贫和乡村振兴的有机衔接点。② 鉴于收入和支出模式分析在河边村贫困诊断时的重要性，"河边扶贫实验"自然非常关注项目实施后村民的收入和支出变化。根据李小云教授的统计，2015年，河边村农户收入中工资性收入约占 21%，农业收入约占 52%；到2018 年，来自新业态的收入约占 40%，而农业收入下降到约 9.7%。新业态收入的高占比和农业收入占比的大幅下降显示了河边村村民的生计结构发生了根本的变化，村民的收入呈现了"去农化"的特点。如果说新业态产业主导农户收入是"去农化"的象征，那么，村民尤其是年轻村民的技能和知识等方面的改变则是实质性的"去农化"。③

可见，"河边扶贫实验"最初遵循"传统对接现代"的扶贫元方案所采取的举措，虽然成功地实现了村庄的经济社会结构转型，但却在一定程度上造成了"现代消解传统"的结果；且"去农化"扶贫也给村庄带来潜在的巨大风险，在增加村民收入的同时，导致村民生计结构的脆弱性增强。因此，"河边扶贫实验"显示出基于发展主义的扶贫范式的某些困境，

---

①②③　李小云：《河边扶贫实验：发展主义的实践困惑》，《开放时代》2020 年第 6 期。

暴露了乡村现代化建设进程中现代与传统之间的结构性张力。

四、结语

距离 1992 年邓小平在南方谈话中提出"发展才是硬道理"已经过去了整整三十年的时间，当时的"发展"实际上重点关注的是经济发展。21 世纪以来，中国共产党对于发展的理解不断加深，持续为其注入新的内涵和维度。尤其是中国特色社会主义进入新时代以来，习近平同志提出的创新、协调、绿色、开放、共享的新发展理念，已经成为指导我国经济社会发展的核心理念。当前，我国继续提出以实现"高质量发展"推动实现共同富裕，更加为发展的内涵增加了新的含义。总而言之，此时人们对于发展的理解已经超越了三十年前发展的含义，这其中暗含着从发展主义向新发展主义的话语转向，如何深刻理解这一转向，对于未来的发展道路至关重要，当然这也会深刻影响反贫困理论的进一步建构。

"河边扶贫实验"作为发展主义范式主导下的扶贫行动遭遇到的困境具有普遍的代表性，它的结果也展现出脱贫行动普遍具有的现代性路径依赖，而这一路径的可持续性将面临巨大挑战。在脱贫攻坚结束后，在已经全面进入乡村振兴阶段的当下，我们不禁要问：发展主义是否仍将在乡村振兴阶段面临严峻挑战？新发展主义何为？或许，现在作出解答还为时过早，我们只能在未来无数的具体实践中找到答案。

Table of Contents & Abstracts

Articles of Rural Revitalization

The Connotation, Principles and Strategic Priorities of High Quality Rural Revitalization

Zhang Qi, Zhuang Jiakun & Kong Mei / 3

Abstract: High-quality rural revitalization is an important way to promote high-quality rural development and achieve common prosperity for farmers and rural areas. In order to prevent the rural revitalization strategy from being simplified into rural engineering project construction, and ensure that the rural revitalization is more complete and brighter, it is necessary to have a comprehensive understanding and grasp of high-quality rural revitalization. Firstly, on the basis of expounding the scientific connotation of high-quality rural revitalization, this paper analyzes the multi-dimensional, epochal and dynamic characteristics of high-quality rural revitalization. Secondly, this paper further expounds the significance and key principles of high-quality rural revitalization. Finally, this paper analyzes the strategic focus of high-quality rural revitalization from four aspects: High-efficiency institutional supply, high-starting point planning and layout, high-level urban and rural overall planning and high-standard index system, in order to provide feasible suggestions for high-quality rural revitalization strategy.

Keywords: High-quality Rural Revitalization; Scientific Connotation; Key Principles; Strategic Focus

From Absolute Poverty to Relative Poverty: The Evolution of Poverty Governance Paradigm in China

Wan Jun & Yang Mingyu / 15

Abstract: By the end of 2020, China has eliminated absolute poverty under the current poverty standard, and relative poverty will become the focus and difficulty of poverty governance. Since the founding of the people's Republic of China, China has walked out of a way of poverty reduction with Chinese characteristics, and formed a set of effective poverty governance paradigm. This paper attempts to establish a three-dimensional interpretation framework of "subject means (mode)-goal", analyze the transformation of poverty governance paradigm from absolute poverty to relative poverty in China, and put forward corresponding suggestions on the transformation of poverty governance paradigm after 2020 based on practice and theory.

Keywords: Absolute Poverty; Relative Poverty; Poverty Governance Paradigm

The Landscape of Rural Language under Self-Gazing
—A Case Study of Waibi Village in Yongchun County of Fujian Province

Hu Keyun / 30

Abstract: Since the 1980s, the phenomenon of genealogy revision and the reconstruction of ancestral hall in southern Fujian has gradually emerged, and some landscapes of genealogy family motto that can reflect clan culture have appeared in rural areas. However, a series of local policies related to family customs and civilization have been announced with the construction of "beautiful villages" and the promotion of traditional culture. All regions in Yongchun County have actively explored local historical and cultural resources and transformed genealogy family motto into personalized landscapes of language and architectural, which makes it part of public culture and shared resources. The production of language landscape in Yongchun is designed and built with the key words of "beautiful village", "soul of people" and "nostalgia", which reflects the logic of consensus production through the consultation and cooperation between the government, villagers, local sages, overseas Chinese and other parties. Different from the tourist landscape centered on the "tourists-gazing", the producers of landscape in Yongchun carries out the "self-gazing", which emphasizes the self-consciousness and reflective awareness of subject. Thence, rural landscapes as a material intermediary promote villagers to realize visual cultural performances. To some extent, it creates a new form of "genealogy" for villages in the new era and plays a role in maintaining relations of clan, showing ideal rural life, and educating and regulating villagers. In this way, the tradition and the present, the past and the future of the village are accordingly connected.

Keywords: Southern Fujian; Clan; Family Customs and Civilization; Language Landscape; Self-gazing

Rural Construction Art and Rural Folklore
—A Case Study on the Artistic Practice by Yangdeng Art Cooperatives
Huo Wen / 48

Abstract: In recent years, the rural construction through art has drown high attention and research interest from scholars, but the rela-tionship between rural construction art and rural folklore has not been seriously discussed. In the past, there have been two main theoretical understandings: First, that local artistic practice is a kind of "narcissistic self-refurbishing" that cannot be confused with folk culture itself; second, that artists' practice creates "fakelore". According to practical folklore, the study of folklore itself is a kind of practice. And reviewing the participatory artistic practice of the Yangdeng Art Cooperative in Yangdeng Township, Guizhou Province from the standpoint of practical folklore, it can be discovered that there is not an unchanging or homogenized "village folklore" and the artists who practice art in the countryside themselves are part of the varying folklore. The practical folklore approach of following and listening to the art and folklore of the countryside is an effective way to improve understanding of the characters of 'new age folklore'.

Keywords: Rural Construction Art; Rural Folklore; Yangdeng Art Cooperatives

Action Strategy Research on the legitimacy Construction of New Rural Fund Mutual Society
—Taking X Fund Mutual Society of L Province as an Example

Zhu Xingtao & Zhang Wei / 64

Abstract: As a new type of financial cooperation organization, the rural fund mutual association is one of the most important supporting conditions for the rural revitalization strategy. The legitimacy construction is the necessary strategy for the survival and development of the rural fund mutual association. Based on the understanding of the legitimacy mechanism of the new institutionalism, this paper constructs the legitimacy framework of the mutual fund from the three dimensions of social legitimacy, policy legitimacy and market legitimacy. In the preparation stage, the BX Fund Mutual Association of LS

County adopted the action strategy of inheriting tradition, building reputation and regulating operation to obtain social legitimacy and establish the survival basis of the village. In the development stage, the action strategy of signal transmission, interaction and formal registration obtained the policy legitimacy and expanded the development space of the village periphery. In the growth stage, market cooperation, industry alliance and radiation – driven action strategies have gained market legitimacy and formed an important path for sustainable development. The three kinds of legitimacy finally realize the coordinated development, hoping to take this opportunity to provide some reference for the legalization of other rural fund cooperatives in our country.

Keywords: Capital Mutual Aid Society; Legality Construction; Action Strategy

Research on Classification and Grading of Cooperative Members and Corresponding Rights and Obligations

Chen Lin / 89

Abstract: Cooperative economy is widely applicable and has its unique value in agriculture and rural areas. In order to standardize and consolidate the cooperative economy, taking into account the reality of farmers' differentiation and mobility, this paper systematically proposes the classification and grading of cooperative members and further discusses the corresponding institutional arrangements such as the setting of shares (including qualifying shares, preference shares), additional voting rights, and trading quotas. Cooperative members may not have to contribute capital, and the rural cooperatives that receive key support shall be mainly engaged in agriculture. The dual membership system and the "federal" structure adopted by the joint organization are conducive to strengthening its authority and foundation, and are also conducive to compatibility with the traditional collective economy.

Reorganizing the basic logic of cooperative economy, innovating and introducing the system arrangement of classification and grading of members is conducive to absorbing various forces and resources, encouraging and expanding the economic participation of members, balancing the responsibilities, rights and interests of all parties, while maintaining the standard of cooperatives and the leading direction of serving agriculture. It not only considers the current situation, unites the majority, but also endows it with endogenous motivation, which is of great significance to the exploration of the Chinese road of cooperative economy.

Keywords: Cooperative Economy; Classification Members; Grading of Members; Preference Shares

How to Establish a Community of Interests in the Process of Rural Collective Entrepreneurship?
—Taking the Common Prosperity Practice in Yuanjiacun, Shanxi as an Example

Lin Haiying / 117

Abstract: As common prosperity becomes an important national target, it is important to explore how a rural community organizes collective entrepreneurship to pursue the goal in the context of rural revitalization. This paper traces the collective entrepreneurial organization model of a unique pioneer village (Yuan Village of Shaanxi Province in China), and explores what organizational mechanisms can effectively transform farmers' individual rationality into collective rationality, thereby establishing a community of interests that benefits every member. The research compares the acquaintance reciprocity model in the early stage of Yuan village's collective entrepreneurship, and the stranger reciprocity model after the expansion of the collective entre-preneurship. The research results revealed that the reciprocal rela-tionship based on neighbors and face—to—face gradual interaction can no longer manage the complex community rRelationship after the ex-pansion of the village. The village has to purposely adopted a series of reciprocal mechanisms, which include positive reciprocity (such as interest, identity, and spiritual incentives), negative reciprocity (punishment), ideological education (via reflective learning), power sharing, and transparent management to expand and institu-tionalize the realization mechanisms in building a community of inter-ests. These research results expand Nobel Prize winner Ostrom's classic research on reciprocity, enrich the research on organization of social change and collective entrepreneurship with strong policy im-plications.

Keywords: Common Prosperity; Collective Entrepreneurship; A Community of Interests; Joint Mechanism; Reciprocity

The Construction and Interaction of Rural Grassroots Social Governance Community from the Perspective of Meta-governance

—Take the Reform of Agricultural Socialized Service in Z County as an Example

Wu Haojun & Shi Congmei / 137

Abstract: In the context of the diversification of national gover-nance bodies, the rural grassroots government should also strengthen their own governance capacity, which is related to the construction of rural grassroots social governance community. Based on the case analy-sis of the agricultural socialized service in Z County from the perspec-tive of meta—governance theory, the government in the early stage pro-moted the formation of a multi—governance community with the government as the core and the participation of market-oriented, socialized and service-oriented subjects through a combination of various policy tools. The interaction pattern of "one main stem with many other branches" rural grassroots social governance community is finally formed through functional complementation among various subjects, based on contract, negotiation and other interactive ways. However, there are also problems such as unstable resource input, unsound risk sharing mechanism, and asymmetric network relations. In the future, building a rural grass-roots governance community needs to clarify the risk sharing mechanism, optimize the public participation system, and innovate the way farmers participate in governance.

Keywords: Meta-governance; Rural Grassroots Government; Community of Social Governance

Innovative Practice and Development of Homestead Reform under the background of "Three Rights Separation"
—Exploration of the Experimental Reform of Homestead in Shaoxing
Yuan Haiping, Wei Leying & Zhou Yongliang / 153

Abstract: The reform of "Three Rights Separation" in the ownership, qualification rights, and use rights of rural homestead is a major innovation in achieving rural revitalization and common prosperity. Shaoxing, as one of the only three cities to promote the reform of the homestead system in China, has mainly made efforts in practice exploration within the design of the homestead qualification right system, the digital management (transaction) model, and the realization of cross-village for homestead qualification right. This paper conducts an in-depth analysis of the experimental reform in Shaoxing, and summarizes the practices, advantages and disadvantages of reform on the basis of reviewing historical evolution of the homestead system in China. This study found that a market mechanism in the process of homestead withdrawal is introduced to realize the circulation of qualification rights, but the system of "power ticket" still needs to be improved; it is necessary to further form a standardized database in building a digital management (transaction) system for homestead; innovating the realization of cross-village compensation for homestead qualification right requires scientific planning and site selection and strict supervision of implementation.

Keywords: Homestead; Three Rights Separation; The Revitalization of Idle Homesteads

Promoting the Integrated Development of "Three Teas" with the Innovation of Sci-tech Commissioner System (SCS)
—A Case Study of Zhenghe County

Pei Junwei / 166

Abstract: The Sci-tech Commissioner System (SCS) originated in Nanping and has played a role in three agriculture zones. Currently, the Cote extremely needs to achieve mechanism innovation in the transmitted experience mechanism, the entire industry chain integration mechanism and the market mechanism to meet the requirements of rural revitalization. Zhenghe County has carried out innovative explorations from "SCS-ology" at the front-end of the industry, "SCS-Issue" at the mid-end of the industry, and "SCS-Sale" at the rear-end of the industry beyond the characteristic industry of White Tea in order to coordinate the integrated development of "Three Teas" and contribute grassroots strength to promote the development of Cote in the new era.

Keywords: Sci-tech Commissioner System (SCS); Rural Revitalization; Development of Industry

Dual Mechanism of Vocational Education Promoting Rural Revitalization
—A Case Study of Guangdong Country Garden Polytechnic

Li Caihong / 176

Abstract: As a type of education most closely related to economic development, there is a high degree of coupling between the value orientation of vocational education and rural revitalization. At the historical intersection period between the post – poverty alleviation era and the early stage of rural revitalization, how to promote the internal reform of the education system and explore new methods, new models and new forms to serve rural revitalization has become an important opportunity and challenge for vocational education in the future development. Taking Guangdong Country Garden Polytechnic (CCGP) as a typical case, this paper deeply analyzes the talent–cultivating model of " industry – education integration, school – enterprise cooperation and three–stage progression " in vocational education and the transformation and expansion of its mode of targeted poverty alleviation of education in the new era, and thus summarizes the dual mechanism and dual orientation of vocational education serving rural revitalization. It is found that, on the one hand, CCGP continues to cultivate full – time professional and technical talents through the " Professional Talent Supply System " to help poor families get rid of poverty and become better off, and fully enables poor students to feed back their hometown and contribute to the rural organization revitalization; On the other hand, CCGP has developed the " Inclusive Education Support Mechanism " to carry out various non–academic vocational training projects in collaboration with the other four subjects, so as to efficiently train all kinds of talents needed for the rural revitalization in a short time. The two mechanisms correspond to the dichotomous conceptual attributes of "educational" and "social" of vocational education respectively, and they cooperate and complement with each other to play an important and complementary role simultaneously in promoting the comprehensive and effective implementation of vocational education serving rural revitalization strategy.

Keywords: Vocational Education; Rural Revitalization; Industry-education Integration; Talent Supply; Non-academic Training

A Review of Japan's Hometown Tax Policy from the Perspective of Rural Revitalization

Wang Meng / 201

Abstract: In Japan, due to to education and employment needs, many young people migrate to cities, resulting in a decrease in the number of rural taxpayers, and lack of consumer groups in the development of rural industries. The hometown tax policy realizes the redistribution of individual income tax and individual resident tax from the city to the countryside through individual donations, alleviating the problem of insufficient funds for rural development. Through the analysis of Japan's hometown tax policy, this paper finds that the Japanese hometown tax has three attributes: donation attribute, consumption attribute, and ethical consumption attribute. On this basis, the hometown tax promotes rural development through crowdfunding mechanism, "gift economy" mechanism and competition mechanism.

Keywords: Hometown Tax; Rural Revitalization; Gift Economy; Crowdfunding; Redistribution

《乡村振兴研究》稿约

　　《乡村振兴研究》是专注于中国乡村振兴事业的学术出版物，由清华大学公共管理学院社会创新与乡村振兴研究中心主办，暂定每年出版两辑。《乡村振兴研究》秉持学术宗旨，采用专家匿名审稿制度，评审标准以学术价值为基本依据，鼓励创新。

　　《乡村振兴研究》设"乡村振兴专稿""案例研究""他山之石""书评"四个栏目，刊登多种体裁的学术作品。

　　《乡村振兴研究》要求来稿必须符合学术规范，在理论上有所创新，或在资料收集和分析方法上有所贡献；书评以研究为主，其中所涉及的著作内容简介不超过全文篇幅的四分之一，所选著作以近年出版的本领域重要著作为佳。

　　来稿切勿一稿数投。文稿自收到之日起，三个月内编辑部发出是否录用通知。

　　来稿须为作者本人的研究成果。作者应保证对其作品具有著作权并不侵犯其他个人或组织的著作权。译作者应保证译本未侵犯原作者或出版者的任何可能的权利，并在可能的损害产生时自行承担损害赔偿责任。

　　作者投稿时请发送电子稿件，投稿邮箱为 xczhxpl@126.com。

　　《乡村振兴研究》鼓励学术创新、探讨和争鸣，所刊文章不代表编辑立场，未经授权，不得转载、翻译。

　　来稿体例

　　一、各栏目内容和字数要求：

　　"乡村振兴专稿"栏目发表乡村振兴领域的原创性研究，字数不少于10000字。

　　"案例研究"栏目刊登对乡村振兴案例的研究报告，字数以10000字左右为宜。案例须包括以下内容：事实介绍，理论框架，运用理论框架对事实的分析。有关事实内容，要求准确具体。

"他山之石"栏目刊发乡村发展的国际比较研究，或介绍国外乡村建设的研究成果，字数不多于10000字。

"书评"栏目评介重要的乡村振兴研究著作，以5000字左右为宜。

二、稿件第一页应包括如下信息：文章标题，作者姓名、单位、通信地址、邮编、电话与电子邮箱。

三、稿件第二页应提供以下信息：文章中、英文标题，150~400字的中英文摘要，3~5个中英文关键词。书评和随笔无须提供摘要和关键词。

四、稿件正文内各级标题按"一""（一）""1.""（1）"的层次设置，其中"1."以下（不包括"1."）层次标题不单占行，与正文连排。

五、各类表、图等，均分别用阿拉伯数字连续编号，并注明图、表名称；图编号及名称置于图下端，表编号及名称置于表上端。

六、注释体例

（一）本集刊提倡引用正式出版物，根据被引资料性质，作者原创作品格式为作者姓名+冒号+篇名或书名；非原创作品在作者姓名后加"主编""译""编著"等字样。

（二）凡采他人成说，务必加注说明。文中注释一律采用脚注，每页单独注码，注码样式为①②③等。如确有对文章观点有重要启发的著述，未及在脚注中说明的，可在文后以"参考文献"方式列出。请将参考文献中外文分列，中文文献在前，外文文献在后。中文参考文献按照作者姓氏汉语拼音音序排列，外文参考文献按照作者姓氏首字母排序。

（三）具体注释举例

1. 著作类

周雪光：《组织社会学十讲》，社会科学文献出版社，2003年。

2. 文集类

陆学艺主编：《中国社会建设与社会管理：对话·争鸣》，社会科学文献出版社，2010年。

3. 论文类

乔启明：《中国农民生活程度之研究》，载《乔启明文选》，社会科学文献出版社，2012年。

马长山：《智能互联网时代的法律变革》，《法学研究》2018年第4期。

4. 数字出版物或网页文章

王巍：《夏鼐先生与中国考古学》，《考古》2010年第2期，2012年6

月 3 日，http：//mall. cnki. net/magazine/Article/KAGU201002007 htm。

5. 外文文献

Geoffrey C. Ward and Ken Burns, The War：An Intimate History，1941-1945，New York：Knopf，2007.

Walter Blair，"Americanized Comic Braggarts"，*Citical Inquiry* 4，No. 2，1977.